职业教育电子商务
网实一体 特色规划教材

主　编　张成武
副主编　林海青　陈任绯　舒晓钧
参　编　孙　雪　刘海刚　禹晓君　朱靖华
　　　　蔡爱萍　方　琴　朱琳琳

电子商务基础与实务

清华大学出版社
北　京

内 容 简 介

"电子商务基础与实务"是电子商务专业的核心课程之一。本书对电子商务的整体框架进行了系统的介绍，主要内容包括走进电子商务、了解电子商务技术、知悉电子商务模式、浅试电子支付、认识电子商务物流、认识网络营销、熟悉电子商务岗位、电子商务实践8个项目。本书的特色是采用"项目—任务—活动"的方式编写，每个项目设计了2~5个任务，为完成任务，精心设计了49个活动，每个项目还配有一定量的一体化习题，可以满足读者不同的学习需求。

本书可作为职业院校电子商务专业教材，也可作为全国电子商务员考试和在职人员培训用书。

本书封面贴有清华大学出版社防伪标签，无标签者不得销售。
版权所有，侵权必究。举报：010-62782989，beiqinquan@tup.tsinghua.edu.cn。

图书在版编目(CIP)数据

电子商务基础与实务/张成武主编. —北京：清华大学出版社，2017(2023.8重印)
(职业教育电子商务"网实一体"特色规划教材)
ISBN 978-7-302-47510-1

Ⅰ.①电… Ⅱ.①张… Ⅲ.①电子商务—职业教育—教材 Ⅳ.①F713.36

中国版本图书馆CIP数据核字(2017)第142127号

责任编辑：孟毅新
封面设计：傅瑞学
责任校对：赵琳爽
责任印制：宋　林

出版发行：清华大学出版社
网　　址：http://www.tup.com.cn，http://www.wqbook.com
地　　址：北京清华大学学研大厦A座
邮　　编：100084
社 总 机：010-83470000
邮　　购：010-62786544
投稿与读者服务：010-62776969，c-service@tup.tsinghua.edu.cn
质量反馈：010-62772015，zhiliang@tup.tsinghua.edu.cn
课件下载：http://www.tup.com.cn，010-62770175-4278

印 装 者：三河市龙大印装有限公司
经　　销：全国新华书店
开　　本：185mm×260mm　　印　张：18　　字　数：409千字
版　　次：2017年8月第1版　　印　次：2023年8月第7次印刷
定　　价：54.00元

产品编号：070002-02

职业教育电子商务"网实一体"特色规划教材丛书编委会

顾　　问　杨　斌
主　　任　邓顺国
副 主 任　沈凤池　王丽丽　冯子川　晏兴耀
　　　　　　顾　洁　张定方　平　怡　刘俊斌
　　　　　　杜作阳　张青民　庄道坤　马雪文
丛书主编　刘春青
编　　委　（排名不分先后）
　　　　　　吴美慧（中国台湾）　　　刘艾青　张成武　王　菲
　　　　　　甘志兰　房晓东　陈德宝　唐官义　刘海刚　张文柯
　　　　　　张红锋　董　慧　容湘萍　李艳霞　朱靖华　陈　媛
　　　　　　蔡爱萍　罗　维　王曼娜　杨　洋　黄皖毅　黄　静
　　　　　　李艳霞　杜　珺　舒晓钧　张伟尧　黄启婵　孙海峰
　　　　　　郭　艳　夏永文　何秀玲　黄志龙　黄丽莉　陈任绯
　　　　　　郑丹娜　徐小玲　禹晓君　廖文硕　何义勇　曾　永
　　　　　　李翠娴　陈腾伟　钟雪梅　梁雪飞　吴　莹　钟卫敏

前 言

近年来,我国电子商务交易额一直保持快速增长势头,2014年我国全社会电子商务交易额达16.39万亿元,同比增长59.4%。网络零售市场更是发展迅速,2015年11月11日单日交易额达912.17亿元人民币,2016年11月11日单日交易额达1207.49亿元人民币,让人们看到我国网络零售市场发展的巨大潜力。毫无疑问,电子商务正在成为拉动国民经济保持快速可持续增长的重要动力和引擎。

电子商务作为现代服务业中的重要产业,有"朝阳产业、绿色产业"之称,具有"三高""三新""四流合一"的特点。"三高"即高人力资本含量、高技术含量和高附加价值;"三新"是指新技术、新业态和新方式。"四流合一"是人流、物流、资金流、信息流合一,是对电子商务核心价值链的概括。电子商务产业具有市场全球化、交易连续化、成本低廉化、资源集约化等优势。电子商务在我国工业、农业、商贸流通、交通运输、金融、旅游和城乡消费等各个领域的应用不断得到扩展,应用水平不断提高,正在形成与实体经济深入融合的发展态势。随着电子商务的迅猛发展,未来10年中国将有70%的贸易额通过电子交易完成。中国电子商务市场交易规模增长潜力巨大。

国内知名第三方电子商务研究机构中国电子商务研究中心联合专业电子商务人力资源服务商赢动教育发布了《2015年度中国电子商务人才状况调查报告》,该报告显示在调查的电商企业中75%的企业存在人才缺口,其中,处于招聘常态化,每个月都有招聘需求的企业占36%;属于业务规模扩大,人才需求强烈,招聘工作压力大的企业占32%;处于企业人员流失率高,人员不稳定,招聘难度大的企业占7%。截至2016年6月,电子商务服务企业直接从业人员超过285万人,由电子商务间接带动的就业人数已超过2100万人。

中国电子商务人才问题的核心矛盾主要表现在以下两个方面:一是行业快速发展与人才供应不足的矛盾,电商行业每年以数倍GDP的增速快步发展,大量传统企业转型电商引起人才争夺;二是电商属新型产业,人才存量不足,人才培养输出无法满足企业需求,该矛盾形成电商巨大的人才真空。

本书为适应我国经济发展对电子商务人才的需求而编写。其特色是网实一体化,网络和实体相结合,突破知识体系界线,强调岗位综合能力训练,以工作流程(项目)或专业能力标准来划分项目,即采用"项目—任务—活动"的方式编写,每个项目设计了2~5个任务,为完成任务,精心设计了49个活动,全书在任务中贯穿活动,做到讲练结合,每个项目结束,进行项目小结和项目检测,每个项目还配有一定量的一体化习题,书后附有参考答案,真正做到由浅到深,让学生在学中做,做中学。

本书由张成武担任主编，刘春青担任主审，林海青、陈任绯、舒晓钧担任副主编，张成武负责统稿审校等协调工作。全书编写分工如下：项目一由孙雪编写，项目二由刘海刚编写，项目三由陈任绯编写，项目四由禹晓君编写，项目五由舒晓钧编写，项目六由朱靖华编写，项目七由林海青编写，项目八任务1、任务2、任务3分别由福建省莆田职业技术学校方琴、朱琳琳、蔡爱萍编写。

本书在编写过程中得到了丛书主编刘春青的指导，在此表示深深的感谢！同时，我们参阅了有关教材、著作和某些网站的网页资料，在此一并表示感谢！

由于编者水平有限，书中难免有不足之处，恳请广大读者和同行批评、指正。

编　者
2017年6月

目录

项目一　走进电子商务 ·· 1
　任务1　认识电子商务 ·· 2
　　　活动1　认知电子商务 ·· 2
　　　活动2　走访区域电商界代表人物与电商园区 ·· 6
　任务2　了解电子商务的发展趋势 ··· 9
　　　活动1　探究新型电子商务 ··· 10
　　　活动2　了解未来电子商务发展方向 ·· 12
　　　活动3　知悉电子商务立法情况 ·· 13

项目二　了解电子商务技术 ·· 19
　任务1　认识因特网 ·· 20
　　　活动1　初识因特网 ·· 20
　　　活动2　认识IP地址和域名 ··· 23
　　　活动3　熟知因特网的接入方式 ·· 30
　任务2　了解电子商务安全技术 ·· 33
　　　活动1　认识电子商务安全风险 ·· 33
　　　活动2　知悉电子商务安全技术 ·· 37

项目三　知悉电子商务模式 ·· 45
　任务1　知悉B2B电子商务模式 ··· 46
　　　活动1　了解B2B电子商务模式 ··· 46
　　　活动2　分析B2B典型代表网站 ··· 51
　任务2　知悉B2C电子商务模式 ··· 56
　　　活动1　了解B2C电子商务模式 ··· 56
　　　活动2　分析B2C典型代表网站 ··· 64
　任务3　知悉C2C电子商务模式 ··· 68
　　　活动1　了解C2C电子商务模式 ··· 69
　　　活动2　分析C2C典型代表网站 ··· 75
　任务4　知悉O2O电子商务模式 ··· 79
　　　活动1　了解O2O电子商务模式 ··· 80
　　　活动2　分析O2O典型代表网站 ··· 84

项目四 浅试电子支付 88

任务1 认识电子商务支付 89
- 活动1 了解电子商务支付安全技术 89
- 活动2 体验快捷支付 95
- 活动3 尝试移动支付 98

任务2 了解电子银行 102
- 活动1 开通网上银行 103
- 活动2 使用第三方支付 108
- 活动3 使用网上银行给支付宝充值 113

项目五 认识电子商务物流 118

任务1 初识物流 119
- 活动1 走进物流 119
- 活动2 了解物流模式 127

任务2 知悉电子商务物流配送 133
- 活动1 了解电子商务环境下的物流配送 133
- 活动2 认识电子商务物流技术及物流设备 137

项目六 认识网络营销 145

任务1 初识网络营销 146
- 活动1 知悉网络营销 146
- 活动2 认识不同的网络营销方法 148

任务2 开展网络营销 161
- 活动1 熟悉网络营销的内容 162
- 活动2 了解网络推广效果评价 163
- 活动3 了解网络营销促销 164

项目七 熟悉电子商务岗位 176

任务1 走进招聘市场 177
- 活动1 了解电子商务人才需求 177
- 活动2 关注网上招聘 179

任务2 走进网店美工 182
- 活动1 商品拍摄与图片处理 183
- 活动2 网店装修与美化 191

任务3 走进产品编辑 196
- 活动1 优化商品标题与描述 197
- 活动2 商品发布与推荐 200

任务4 走进营销专员 202

　　　　活动1　宣传推广网店 ·· 203
　　　　活动2　网店促销 ·· 215
　　任务5　走进网店客服 ·· 221
　　　　活动1　做好销售客服，促成完美交易 ······························ 222
　　　　活动2　做好售后客服，赢取更多回头客 ··························· 229

项目八　电子商务实践 ··· 237
　　任务1　个人电子商务实践 ·· 238
　　　　活动1　我要买——网上购物 ·· 238
　　　　活动2　我要卖——开网店与运营推广 ······························ 243
　　任务2　企业电子商务实践 ·· 246
　　　　活动1　参与规划企业网站 ·· 247
　　　　活动2　参与策划企业电子商务应用方案 ··························· 249
　　任务3　移动电子商务实践 ·· 255
　　　　活动1　创建微信公众号 ··· 255
　　　　活动2　管理微信公众号 ··· 262

参考答案 ·· 271

参考文献 ·· 276

项目一

走进电子商务

项目综述

如今,越来越多的学生加入网购行列,通过淘宝、京东、当当网等网站选取自己心仪的商品,以支付宝、银行卡等信用担保中介进行支付结算,借助日益迅速的物流配送体系,方便快捷地获得自己喜欢的商品。同时,越来越多的人群加入创业行列,开设网店获得收益。那么什么是电子商务?电子商务为什么受到众多人的青睐呢?

项目目标

通过本项目的学习,应达到的具体目标如下。

知识目标

(1) 了解电子商务的产生背景;

(2) 掌握电子商务的概念;

(3) 理解电子商务的优势;

(4) 理解电子商务的基本组成要素;

(5) 认识不同的电子商务类型,如移动电商、跨境电商、农村电商等;

(6) 了解电子商务的一些基本法律要求。

技能目标

(1) 熟悉淘宝网;

(2) 能够准确描述电子商务各人才岗位需要的技能要求;

(3) 能够简述电子商务的购买过程。

情感目标

(1) 引领学生形成电子商务的意识,将电子商务渗透到学生的生活,并形成创业意识;

(2) 培养学生的语言表达能力和团队合作能力。

项目任务

任务1 走进电子商务

任务2 了解电子商务发展趋势

任务1 认识电子商务

情境设计

随着深圳政府大力扶植服务业,社会上形成了一股电子商务热潮。方清是一名深圳的初中毕业生,他在中考结束后,慎重规划自己的职业生涯,决定去职业院校学习电子商务专业。怀着对电子商务巨大的热情,新学期伊始,他决定先在网上了解一部分电子商务知识,并查找是否有电子商务学生创业成功的案例。

任务分解

本任务主要分为以下两个活动。
活动1 认知电子商务
活动2 走访区域电商界代表人物与电商园区

活动1 认知电子商务

活动背景

方清决定从最常见的"淘宝网"开始了解,首先了解淘宝网的购物流程和交易规则,如图1.1.1所示。

知识探究

1. 淘宝概念及基本参与者

淘宝包括淘宝网(http://www.taobao.com)、天猫(http://www.tmall.com)、一淘网(http://www.etao.com)、阿里旅行(http://www.alitrip.com)。

淘宝用户指具有完全民事行为能力的淘宝各项服务的使用者,包括买家和卖家。在淘宝上浏览或购买商品的用户称为买家。在淘宝上发布商品的会员被叫作卖家。

2. 淘宝会员注册

会员名注册后无法自行修改。淘宝网会员的会员名、店铺名中不得包含旗舰、专卖等词语。会员应当严格遵循淘宝系统设置的注册流程完成注册。

3. 淘宝绑定的支付宝需要通过实名认证

为保障淘宝用户合法权益,维护淘宝正常经营秩序,淘宝网制订了一系列详尽的规则,同学们可以上网查找了解。

小知识

支付宝是阿里巴巴公司联合淘宝开发的国内领先的第三方支付平台,致力于提供"简单、安全、快速"的支付解决方案。它主要提供支付及理财服务。它主要应用于包括网购

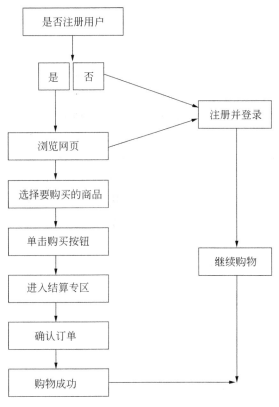

图 1.1.1　网上购物流程

担保交易、网络支付、转账、信用卡还款、手机充值、水电煤缴费、个人理财等多个领域。在进入移动支付领域后,为零售百货、电影院线、连锁商超和出租车等多个行业提供服务。还推出了余额宝等理财服务。

活动实施

通过这次网购体验,方清自己整理了一下自己的感受,请同学们也体验一次网上购物,并填写表 1.1.1 网购新体验。

表 1.1.1　网购新体验

网购平台					
商品名称		网店商品价格		付款方式	
实体店是否有此商品		实体店价格		付款方式	

网购步骤

与实体店相比,网购有哪些方便之处

知识拓展

1. 电子商务的发展条件

电子商务发展之初就展现出其巨大的优势。电子商务最早产生于20世纪60年代，发展于90年代，其产生和发展的重要条件主要如下。

（1）计算机的广泛应用。近30年来计算机的处理速度越来越快，处理能力越来越强，价格越来越低，应用越来越广泛，这为电子商务的应用提供了基础。

（2）网络的普及和成熟。由于Internet逐渐成为全球通信与交易的媒体，全球上网用户呈级数增长趋势，快捷、安全、低成本的特点为电子商务的发展提供了应用条件。

（3）信用卡的普及应用。信用卡以其方便、快捷、安全等优点而成为人们消费支付的重要手段，并由此形成了完善的全球性信用卡计算机网络支付与结算系统，使"一卡在手、走遍全球"成为可能，同时也为电子商务中的网上支付提供重要手段。

（4）电子安全交易协议的制定。1997年5月31日，由美国VISA和MasterCard国际组织等联合指定的SET(Secure Electronic Transfer Protocol)即电子安全交易协议的出台，以及该协议得到大多数厂商的认可和支持，为开发网络上的电子商务提供了一个关键的安全环境。

（5）政府的支持与推动。自1997年欧盟发布了欧洲电子商务协议，美国随后发布"全球电子商务纲要"以后，电子商务受到世界各国政府的重视，许多国家的政府开始尝试"网上采购"，这为电子商务的发展提供了有力的支持。

2. 电子商务的概念

"电子商务"一词可以拆分为"电子"和"商务"，"电子"主要指利用网络技术手段开展活动，"商务"活动是电子商务的本质，这点在理解电子商务的概念中尤为重要。

3. 电子商务的优势

电子商务的优势具体表现在以下几个方面。

（1）不间断服务。7×24小时不间断服务，覆盖全球市场，提供更多商机。与传统商务相比，电子商务不受时间、空间以及地域差别的限制。凡是能够上网的人，不管是在北京还是纽约，都将包容在全球化市场，无论是白天还是黑夜，只要打开网络，就可以随心所欲地登录任何国家的网站，与想交流的人直接沟通，在网上买到心仪的产品。

（2）交易低成本。交易双方通过网络进行直接交易，无须中介参与，减少了交易的有关环节，大大降低了交易成本。电子商务以其无须店铺租金、超越时空限制的经营方式和由此带来的巨大利润，正成为传统企业追逐的热点。

安溪铁观音的网上销售之路

铁观音是中国"十大名茶"之一，一直以来深受消费者的喜爱。如今茶商们也开启了电子商务之路。茶商走上电子商务之路后有什么优势呢？其一，茶农多了销售渠道，不再只依靠批发给茶商。原来一斤茶叶批发利润只有5～10元，现在通过直销利润可以增加到 30～50 元。其二,可以降低成本,通过网络直销,节省开店店租成本、人力成本、物流运输成本。尤其是店租和店面装修,每年可节省 5 万～10 万元。其三,提高茶农自身人力资源利用。茶叶生长是有季节性的,农忙时,茶农可进行茶叶生长管理、采摘、制作,农闲空隙时,可进行网上直销茶叶。这样种植、生产、销售都不耽误。现在茶农家出现父母做种植、制茶工作,儿女们负责茶叶销售,全家人分工明确的现象。其四,茶农自己组织销售,可以即时掌握市场客户信息反馈,根据客户需求分析,按比例来制作适合客户口味的茶叶,这样可避免以前盲目制作,造成后期销售不完的现象。

(3) 高速高效,发展潜力巨大。传统商务中,交易双方通常通过电话、信件和传真的方式传递信息,对于瞬息万变的市场来说是远远不够的。而电子商务使商业报文能在世界各地瞬间完成传递,与计算机自动进行"无纸化"处理,极大地缩短了交易时间。

4. 电子商务的基本组成要素

电子商务的基本组成要素如图 1.1.2 所示。

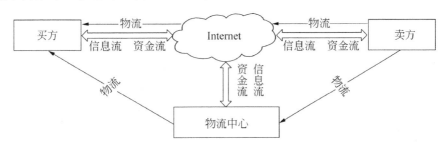

图 1.1.2　电子商务的基本组成要素

电子商务中的任何一笔交易,如"网上购书",都包含着信息流、商流、资金流、物流。

(1) 信息流。信息流可以说是流通体系的神经,它是流通体系存在和运动的内在机制,在商品流通过程中具有十分重要的作用。其功能主要表现在为连接功能。买卖双方是通过信息的交流了解对方的意愿,连接在一起。没有信息交流,买和卖永远不会结合起来。买卖交易的实现,流通过程的顺利进行,仍然要依靠信息流把一个个孤立的环节连接成为连续不断的有序活动。信息流不仅具有连接流通体系的功能,而且具有沟通流通体系与外部系统和环境的功能。

(2) 商流。商流是指物品在流通中发生形态变化的过程,即由货币形态转化为商品形态,以及由商品形态转化为货币形态的过程,随着买卖关系的发生,商品所有权发生转移,具体的商流活动包括买卖交易活动及商情信息活动。具体表现在电子商务交易中,卖家首先收集商品信息,进行市场调查,并按照市场调查的结果对商品生产计划、数量、质量、销售渠道等因素进行调整。

(3) 资金流。资金流是指资金的转移过程,包括支付、转账、结算等,它始于消费者,终于商家账户,中间可能经过银行等金融部门。电子商务中资金流的方式是依靠金融网来实现的,主要有电子现金、电子支票、网上银行等。

(4) 物流。物流是指物品从供应地到接收地的实体流动过程,根据实际需要将运输、储存、装卸搬运、包装、流通加工、信息处理等基本功能有机结合的多项活动。通过中国首届"72小时网络生存实验"发现,在如今的信息化浪潮背景下,如何充分利用现代信息技术来促进和实现物流的发展已成为物流发展的热点问题。

案例1.2

菜 鸟 物 流

2013年5月28日,阿里巴巴集团、银泰集团联合复星集团、富春集团、顺丰集团、三通一达(申通、圆通、中通、韵达),以及相关金融机构共同宣布,"中国智能物流骨干网"项目正式启动,合作各方共同组建的"菜鸟网络科技有限公司"正式成立。力图通过5~8年的努力打造一个开放的社会化物流大平台,在全国任意一个地区都可以做到24小时送达的目标。

菜鸟网络专注打造的"中国智能物流骨干网"将通过自建、共建、合作、改造等多种模式,在全中国范围内形成一套开放的社会化仓储设施网络。同时利用先进的互联网技术,建立开放、透明、共享的数据应用平台,为电子商务企业、物流公司、仓储企业、第三方物流服务商、供应链服务商等各类企业提供优质服务,支持物流行业向高附加值领域发展和升级。最终促使建立社会化资源高效协同机制,提升中国社会化物流服务品质。

活动小结

目前参与电子商务活动的主体主要有政府、企业、个人消费者3种,电子商务基本模式包括B2B、B2C、C2C,还有应用较少的B2G(企业与政府)、G2G、C2G 六种类型。

(1) B2B(企业对企业的电子商务)。B2B方式是电子商务应用最多和最受企业重视的形式,企业可以使用Internet或其他网络对每笔交易寻找最佳合作伙伴,完成从订购到结算的全部交易行为。

(2) B2C(企业对消费者的电子商务)。这种形式的电子商务一般以网络零售业为主,主要借助于Internet开展在线销售活动。

(3) C2C(消费者对消费者的电子商务)。C2C商务平台就是通过为买卖双方提供一个在线交易平台,使卖方可以主动提供商品上网拍卖,而买方可以自行选择商品进行竞价。

活动2 走访区域电商界代表人物与电商园区

活动背景

方清在查找电子商务的信息时,发现许多学校电子商务专业蓬勃发展,电子商务企业立足社会需求,与职业学校合作,培养了一批批电子商务人才。他搜索媒体报道的各种成功案例和招聘网站人才需求,筛选出了以下两则代表性材料。

知识探究

1. 阅读材料

16 岁职校学生创业月营收 9 万元惊爆全城

在某职业院校电子商务专业是充满活力的专业,每一年都会有同学满载毕业,也会有新生力量的成长,不断超越,成为新的标杆性人物。下面一起近距离看看电商专业的代表——杨国庭同学的成长历程。

"马云",这是同学给杨国庭起的"昵称",跟马云相似的脸庞是这个外号由来的一个原因,更重要的原因是大家公认杨国庭跟马云有着相似的生意头脑。

杨国庭 2014 年 9 月踏入校门,刚入学时他对电商一无所知,在老师的悉心指导下,他开始学做网店,一步步完成注册店铺、寻找货源、发布宝贝、店铺运营、售前售后处理等。幸运的是,前期货源选择合理,店铺慢慢火起来,从"0 信誉店铺"成长为"钻石级店铺"。但他开心没多久就碰到了伤脑筋的事情,面对瞬息万变的淘宝市场,他还是感到了自己的渺小,因不懂得怎么适应市场变化,销量一天天下滑。他焦虑起来,寻找突围的方法……这时,学校老师知道他的情况后,与他进行了市场分析,告诫他如何应对市场变化。在老师的指导下,他开始对淘宝环境、规则和货源重新进行了认识和研究,经过 1 个多月的努力后,店铺业绩开始往上攀升。到现在他一共拥有 4 个店铺,两个类目,经营产品主要瞄准棉拖鞋、手机壳以及高端路由器等,繁忙之时一天可以走货几百件,月营业额达 9 万元以上。

杨国庭今年也才 16 岁,性格比较腼腆。当问及他从事电商最大的感受是什么时,他仍然一脸腼腆地笑着说:"终于可以自己养活自己了。"

深圳是职业教育和职校学子的"福地",因为这里企业多,产业旺,人才需求多,产教融和比任何一个地方都急迫、都需要。电子商务毫无疑问已经成为当前最重要的产销方式,它大胆跨界,融和多业,甚至成为正在持续发酵的思维方式,比尔·盖茨说过,这个世界要么就无商可务,要么就是电子商务。电子商务创业的春天来了!

2. 电子商务领域需要的人才类型

近年来,随着电子商务的快速崛起,电子商务专业人才奇缺。当前电子商务领域需要 3 类人才。

首先是高端电商管理人才。电商涉及海关、金融、商检、保险、运输、外贸管理各个环节,它的应用需要各有关方面建立一种相互协作的合作关系。在这一过程中,需要通晓电商全局,能从战略的角度上分析和把握电商发展特点和趋势的复合型人才。

其次是实战能力强的操作人才。这种人才需要精通现代商务活动,充分了解商务需求,同时具备足够的电商知识,善于提出满足商务需求的电商应用方案。这一层次的人员是庞大的群体,他们一般不需要太深入了解电商所涉及的技术细节,但要知道如何在线上开展商务活动,如何使用网络提供的快捷方便的功能来服务于商务活动。

最后是掌握专业能力的技术人才。这类人才能捕捉电子商务技术的最新进展,同时具备足够的现代商务知识,善于理解商务需求,并能够以有效的技术手段予以实施,能着眼于电子商务的技术方面,如网络建设、系统管理、网页制作、程序开发等来开展工作。

根据大量招聘企业资料显示,未来的电子商务企业需要以下岗位,如图 1.1.3 所示。

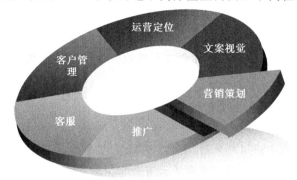

图 1.1.3　电子商务岗位

实用小调查

在阅读完方清收集的材料后,他所在的电子商务专业的同学们也感受到电子商务的巨大魅力。他们在老师的带领下开展了一项走访调研。

【调研目的】

(1)电商风云人物秀:在本市电子商务中是否存在"电商大咖"。

(2)电子商务人才标准:目前企业需要的电子商务人才需要哪些技能。

(3)激励学习法:思考个人未来在电子商务的发展方向,应学习的技能与努力方向,并填写个人简历。

【调查方法】

(1)成立小小记者团,采访本地电子商务学校的杰出人物。

(2)登录招聘网站或者实地访问、考察本地电子商务企业,了解市场人才需求。

【调查结果】

调查完毕,填写表 1.1.2、表 1.1.3 及表 1.1.4。

表 1.1.2　电商风云人物秀

姓名	性别
学校	联系方式
经营类目	
经营业绩	
创业过程	
经验交流	
后记(感想)	
记者寄语	

表 1.1.3　电子商务人才标准

岗　　位	岗位能力要求

表 1.1.4　一封来自电子商务专业的简历

姓　　名		性别		出生年月	
政治面貌		籍贯		联系方式	
毕业院校		专业			
求职意向					
个人专业 技能情况					
电商实践 及成绩					
个人特长					
评价					

活动小结

通过阅读创业故事和了解电子商务岗位需求，对以后的学习"有方可依"。

任务 2　了解电子商务的发展趋势

情境设计

电子商务的产生是 20 世纪世界经济与社会发展发生重大变化的结果。方清认为，了解未来电子商务的发展趋势，遵守电子商务法规非常重要。

任务分解

活动 1　探究新型电子商务
活动 2　了解未来电子商务发展方向
活动 3　知悉电子商务立法情况

活动 1　探究新型电子商务

活动背景

电子商务是在计算机网络上进行的交易活动。方清听说了很多新名词：移动电子商务、跨境电子商务、农村电子商务,他不禁有些兴奋：原来有这么多的电子商务形式可以赚钱。

知识探究

1. 移动电子商务

移动电子商务就是利用手机、PDA 及掌上电脑等无线终端进行的 B2B、B2C、C2C 或 O2O 的电子商务。它将因特网、移动通信技术、短距离通信技术及其他信息处理技术完美结合,使人们可以在任何时间、任何地点进行各种商贸活动,实现随时随地、线上线下的购物与交易、在线电子支付以及各种交易活动、商务活动、金融活动和相关的综合服务活动等,如图 1.2.1 所示。

图 1.2.1　移动电子商务

移动电商的优势：①消费者在使用移动设备时有更强的购买欲。有研究表明,用户使用移动设备进行购物时的心情更为迫切,在得到搜索结果之后,高达 88% 的用户在 24 小时之内都会下订单。②夜间移动购物带来的商机。网民在上下班时间通常是忙于收发电子邮件或使用社交网络,而夜间就是最适合移动购物的时间点。谷歌移动广告指出,来自平板电脑和智能手机的搜索请求,于晚上9点时迎来高峰。

2. 跨境电子商务

跨境电子商务是指分属不同关境的交易主体,通过电子商务平台达成交易、进行支付结算,并通过跨境物流送达商品、完成交易的一种国际商业活动。

根据艾瑞数据显示,2015年上半年,中国跨境电商交易规模为2万亿元,同比增长42.8%,就市场渗透率而言,跨境电商发展潜力依然巨大,预计2017年进口跨境电商规模将达到1.3万亿元,未来3年复合年平均增速为35%。

3. 农村电子商务

农村电子商务是通过网络平台嫁接各种服务于农村的资源,农产品品质的体现必须借助地域特色找出差异化,拓展农村信息服务业务、服务领域,使之兼而成为遍布乡、镇、村的三农信息服务站。作为农村电子商务平台的实体终端直接扎根于农村服务于三农,真正使三农服务落地,使农民成为平台的最大受益者。

农村电子商务服务包含网上农贸市场、特色旅游、特色经济、数字农家乐和招商引资等内容。

(1) 网上农贸市场。迅速传递农林渔牧业供求信息,帮助外商出入属地市场和属地农民开拓国内市场、走向国际市场。进行农产品市场行情和动态快递、商业机会撮合、产品信息发布等内容。

(2) 特色旅游。依托当地旅游资源,通过宣传推介来扩大对外知名度和影响力,从而全方位介绍属地旅游线路和旅游特色产品及企业等信息,发展属地旅游经济。

(3) 特色经济。通过宣传、介绍各个地区的特色经济、特色产业和相关的名优企业、产品等,扩大产品销售通路,加快地区特色经济、名优企业的迅猛发展。

(4) 数字农家乐。为属地的农家乐(有地方风情的各种餐饮娱乐设施或单元)提供网上展示和宣传的渠道。通过运用地理信息系统技术,制作全市农家乐分布情况的电子地图,同时采集农家乐基本信息,使其风景、饮食、娱乐等各方面的特色尽在其中,一目了然。既方便城市百姓的出行,又让农家乐获得广泛的客源,实现城市与农村的互动,促进当地农民增收。

(5) 招商引资。搭建各级政府部门招商引资平台,介绍政府规划发展的开发区、生产基地、投资环境和招商信息,更好地吸引投资者到各地区进行投资生产经营活动。

4. 传统电子商务与移动电子商务的区别

传统电子商务与移动电子商务的区别如表1.2.1所示。

表1.2.1 传统电子商务与移动电子商务的区别

对比角度	传统电子商务	移动电子商务
含义	利用计算机网络技术进行商品贸易	移动信息服务和电子商务融合的产物
网络基础	以家庭和办公网络为主	随时随地,不受时空限制
使用规模	用户规模大	移动终端使用率已超越个人计算机

续表

对比角度	传统电子商务	移动电子商务
信誉认证	主要依靠用户自主填写资料认证,消费信誉成为最大问题	手机号码会提供更准确的身份识别,提高信誉
现实意义	虚拟网络,缺少现实基础	具有现实基础

写一写

在当前经济形势下,促消费已是经济建设的重中之重。请结合当地农村经济特色,根据"知识探究"中的农村电子商务服务内容,侧重某一方面编写一个方案,宣传发展本地农村电子商务特色。

活动小结

电子商务将成为未来跨境贸易的必然趋势。

近几年来,随着电子商务产业环境的变化,外贸电商逐步走入公众的视野。首先,以阿里巴巴、敦煌网为代表的 B2B 经历过一轮火热发展,现在,新浪潮引领者来自外贸 B2C,一批外贸 B2C 势力正在迅速崛起。

外贸 B2C 企业将中国的产品卖到全球市场,省掉了中间贸易环节,海外贸易联合会("海贸会")创始人刘智勇表示,外贸电子商务可以推动外贸方式的转变,推动外贸的转型升级。

商务部此前发布的 2010—2011 年度《中国电子商务发展报告》显示,2011 年我国跨境电商交易规模达到 1.7 万亿元,增长率 40.6%,表现出企稳向好的势头,2015 年更是达到了 5.4 万亿元,同比增长 28.6%,中国外贸在全球市场具有广阔的拓展空间。这表明越来越多具有开拓精神的中国中小企业正在利用电子商务模式发展出口业务,从而在整体不利的传统外贸环境中实现逆势增长。

活动2 了解未来电子商务发展方向

活动背景

了解了电子商务的基础知识后,方清和班级小伙伴们对电子商务充满信心,他观看了 1 号店董事长于刚的视频,总结出电子商务的发展趋势。

知识探究

电子商务的七大发展趋

电子商务未来有七大发展趋势,关键词分别是移动化、平台化、三四五线城市、物联网、社交购物、云服务、精准化营销和个性化服务。

第一个趋势,移动购物。电子商务将来的主战场不是在 PC,而是在移动设备上。移

项目一　走进电子商务

动用户有很多特点,首先购买的频次更高、更零碎,购买的高峰不是在白天,是在晚上和周末、节假日。做好移动购物不能简简单单地把 PC 电子商务搬到移动上面,而要充分地利用这种移动设备的特征,比如说它的扫描特征、图像、语音识别特征、感应特征、地理化、GPS 特征,这些功能可以真正地把移动带到千家万户。

第二个趋势,平台化。电商平台可以最充分利用自己的流量,使自己的商品和服务最大效益化,因为有平台,可以利用全社会的资源弥补自己商品的丰富度,增加自己商品的丰富度,增加自己的服务和地理覆盖。

第三个趋势,电子商务将向三四五线城市渗透。一方面来源于移动设备的继续渗透。由于本地的购物不便、商品可获得性差,所以很多三四五线城市接触互联网是靠手机、PAD 来上网的。另一方面,三四线城市、乡镇等地区将成为电商"渠道下沉"的主战场。随着一二线城市网购渗透率接近饱和,电商城填化布局将成为电商企业发展的重点,同时电商在三四线欠发达地区可以更大地发挥其优势,缩小三四线城市、乡镇、与一二线城市的消费差别,谁先抢占了三四线城市,谁将在未来的竞争中占据更大的优势。

第四个趋势,物联网。可以想象,如果将牛奶放进冰箱,进冰箱的时候自动扫描,自动知道保质期,知道什么时候放进去,知道用量,当要用完的时候,可以自动下订单,商家接到订单马上送货,刚好下订单又会触发电子商务,从供应商那里下订单,而那个订单触发生产,也就是说所有的零售、物流和最后的生产可以全部结合起来。

第五个趋势,社交购物。社交购物可以让大家在社交网络上更加精准地为顾客营销,更个性化地为顾客服务。

第六个趋势,云服务和电子商务解决方案。大量电子商务企业发展了很多能力,这些能力包括物流能力、营销能力、系统能力、各种各样为商家为供应商为合作伙伴提供电子商务解决方案的能力,这些能力希望最大效率地发挥作用。

第七个趋势,精准化营销和个性化服务。以后的营销不再是大众化营销,而是窄众营销。每个人都希望最大效率地应用营销的渠道和营销的工具化是窄众营销,每个人精准化地知道他人的需求,为他人提供个性化的营销和服务。

活动3　知悉电子商务立法情况

活动背景

方清有一个上大学的哥哥方某,有一天他突然接到一个自称是"国家检察院"的电话,对方一上来就说出他的姓名、身份证等信息,并说他涉嫌参与重大洗钱案,警方已经在嫌疑人家里搜到了方某的身份证、存折卡,方某需要立刻配合警方调查。方某是不相信的,对方告诉他他的身份证信息可能被盗用了,然后帮他转接了"北京市公安局"电话。为了清洗自己的嫌疑,方某按照对方提供的网址"金融核查部门",在网站上依次提交了自己的银行卡卡号、密码和 U 盾密码,而后他银行卡上面的钱立马被转走了。

知识探究

电子商务立法已经列入了十二届全国人大常委会五年立法规划,目前已形成法律草案稿。在电子商务立法当中,对电子商务经营的主体责任、交易与服务安全、数据信息的保护、维护消费者权益,以及市场秩序、公平竞争等内容都进行了规范。

电子商务是通过互联网等信息网络进行商品销售和服务提供的新型业态和经营模式。电子商务虽然出现的时间不长,但是对发展经济、改善流通,特别是方便人民群众生活发挥了非常重要的作用。但是电子商务出现以后,也存在一些问题,比如电子商务经营形式的合法性问题、电子商务经营的市场秩序问题,这些都需要用法律规范。另一方面还存在一些侵犯消费者权益的问题,比如假冒伪劣、欺诈侵权,这些问题是在传统经营模式当中就有的,但有一些是属于电子商务发展中新遇到的,比如电商的平台责任问题、数据信息保护问题,这些都需要通过法律加以规范。

1. 关于电子商务合同法的相关规定

国内第一起网站状告网民案件——"易趣网诉用户加里森案"

加里森从2001年3月起在易趣网的交易平台注册,享受免费服务。同年7月1日起,易趣网开始向用户收取使用费,并在网上发布《服务协议》供用户确认,但加里森自言:"协议长达67页,没看细看,就单击了'确认'按钮。"此后一直到9月24日,加里森已欠下网站1300多元的服务费却还不自知,直至被告上法庭才如梦初醒,最后不得不悉数付清服务费。

我国《合同法》第十三条规定,当事人订立合同,采取要约、承诺方式。要约是希望和他人订立合同的意思表示,该意思表示应当符合下列规定。

(1) 内容具体确定。

(2) 表明经受要约人承诺,要约人即受该意思表示约束。

合同是保障当事人各方权利义务的有效方式,在网络世界与电子商务中亦然,具体到网上合同的效力问题,与一般合同相比,问题主要来自两个方面,即以电子文件方式存在的合同如何通过网络以"双击"(double click)与"同意"(I agree)按钮发挥合同效力,订立的合同是否具备承诺的要件而使合同对双方产生约束力。显然,这两个问题对发展电子商务至关重要。在这方面,中国内地目前已出现若干相应案例。

我国《合同法》第十一条规定:"书面形式是指合同书、信件和数据电文(包括电报、电传、传真、电子数据交换和电子邮件)可以有形地表现所载内容的形式"。并且在《联合国国际贸易法委员会电子商务示范法》第十一条第一款中也明确规定:"对于合同的订立而言,除非当事人有其他约定,要约及对要约的承诺可以通过资料信息表达。"

对于通过网络单击"同意"按钮方式订立的合同是否具备承诺的要件及合同的效力问题,在中国这种合同可以归为格式合同(即合同的内容是由一方确立的,另一方只有选择签与不签的权利,没有修改合同内容的权利)的一种,与软件销售中经常使用的拆封授权契约(shrink-wrap agreement)(不仅属于定型化契约,当事人在拆封前往往无法知道合同的内容)十分类似,虽然国外法院在有关拆封授权契约的案例中有着不同的判决,但也基本承认了其应具备承诺的效力。

2. 关于电子签名法的相关规定

案例 1.4

2004年1月,杨先生结识了女孩韩某。同年8月27日,韩某发短信给杨先生,向他借钱应急,短信中说:"我需要5000元,刚回北京做了眼睛手术,不能出门,你汇到我卡里。"杨先生随即将钱汇给了韩某。一个多星期后,杨先生再次收到韩某的短信,又借给韩某6000元。因都是短信来往,两次汇款杨先生都没有索要借据。

此后,因韩某一直没提过借款的事,而且又再次向杨先生借款,杨先生产生了警惕,于是向韩某催要。但一直索要未果,于是起诉至北京市海淀区法院,要求韩某归还其11000元钱,并提交了银行汇款单存单两张。但韩某却称这是杨先生归还以前欠她的欠款。

为此在庭审中杨先生在向法院提交的证据中,除了提供银行汇款单存单两张外,还提交了自己使用的号码为1391166×××的飞利浦移动电话一部,其中记载了部分短信息内容。后经法官核实,杨先生提供的发送短信的手机号码拨打后接听者是韩某本人。而韩某本人也承认,自己从2006年7月开始使用这个手机号码。

2004年8月28日,全国人大常委会通过了《中华人民共和国电子签名法》,2005年4月1日,《电子签名法》正式实施。该法第2条进一步将数据电文定义为"以电子、光学、磁或者类似手段生成、发送、接收或者储存的信息",并对数据电文作为法律文件的适用范围和认定标准作了较具体的规定。

《电子签名法》第十四条确认了"可靠的电子签名"与手写签名或盖章具有同等的法律效力,同时为解决电子签名的可靠性和使用电子签名的交易安全问题,《电子签名法》参照了联合国贸法会(UNCITRAL)《电子签字示范法》和其他各国已有的《电子商务法》中关于"电子签名"的规定,设立了电子签名第三方认证制度。

值得注意的是,《电子签名法》对于电子签名的法律界定依从"技术中立"原则,即原则上承认各种形态电子签名的合法性,而不在法律中确定电子签名应使用的某种具体技术和手段,同时对于"可靠的电子签名"作一般描述性界定。也就是说,只要技术上能满足"可靠的电子签名"(第十三条)的法律要求,就可认定以该技术设定的电子签名属于"可靠的电子签名",与手写签名或盖章具有同等的法律效力。

从目前各国电子商务实践来看,数字签名作为电子签名中的一种,无论在交易安全性、合同真实性、完整性及使用成本方面都有其独特的优势,在信息技术发展的现阶段已成为公认的"可靠的电子签名"技术。而所谓"数字签名"是指使用非对称加密系统算法和散列函数算法,也称哈希(Harsh)函数算法来变换电子记录,形成的用以确认签名人身份、证明电子记录完整性的技术。

3. 电子商务案例示例

案例 1.5

山寨版"万家灯火"网站被判不正当竞争

万家灯火装饰公司称,他们旗下有一名为"万家灯火"的网站(www.mywjdh.com)专为该公司的商户做广告。2009年年初,北京中商网电子商务科技有限公司经营的网站

(www.bjwjdh.cn)也取名"万家灯火",该网站显示的"公司地址"与万家灯火装饰公司的经营地址相同,而且网站中做广告的商户也都是本公司商户。万家灯火装饰公司认为,被告网站冒充自己,收费为商户做广告,构成不正当竞争,要求法院判令注销该网站,并赔偿500万元损失。

中商网并不认为自己构成不正当竞争。该公司称,之所以将网站命名为"万家灯火"是因为网站上做广告的商户都是万家灯火装饰城的商户。

该公司表示,其既没有打着"万家灯火"官方网站的旗号招揽商户,也没有通过网站向消费者销售商品,仅仅是为消费者提供一个了解万家灯火装饰城商户的平台。

【法院审理结果】北京市海淀区人民法院审理后认为,中商网擅自使用万家灯火装饰公司的企业名称,并在网站上标注公司经营地址等信息,给消费者造成混淆,构成不正当竞争。法院判决中商网立即停止经营以"万家灯火"命名的网站,并赔偿万家灯火装饰公司经济损失人民币2万元。

案例1.6

全国首例网络运营垄断案一审宣判
盛大网络等未构成滥用市场支配地位行为

北京书生电子技术公司运营的"读吧网"是一家经营电子图书的门户网站。2008年5月,两作者以"不吃西红柿"为笔名在读吧网上陆续发表连载作品《星辰变后传》。而在《星辰变后传》创作之前,上海玄霆娱乐公司曾委托朱洪志以笔名"我吃西红柿"创作《星辰变》并在"起点中文网"上连载,双方约定该作品的著作权归玄霆公司。

2009年1月1日,《星辰变后传》的两位作者在起点中文网上发表致歉声明,表示《星辰变后传》的写作没有经过《星辰变》著作权人允许,大量使用了《星辰变》中的人物、情节、环境等各种要素,特别是在故事结构、情节发展上,《星辰变后传》对《星辰变》有非常大的依赖性,同时对《星辰变》作者"我吃西红柿"和《星辰变》著作权人起点中文网致歉。从即日起立即停止未经授权作品《星辰变后传》的继续创作行为……

北京书生公司由此认为起点中文网的运营者以胁迫手段要求《星辰变后传》的两位作者停止为读吧网继续创作,并在起点中文网上发表致歉声明,还限制其他网站转载该部作品,属于滥用市场支配地位限定交易的行为,遂提起反垄断之诉,要求确认共同经营网站的盛大网络和玄霆公司的行为构成滥用市场(中国网络文学市场)支配地位的行为;判令两被告删除起点中文网上刊登的两位作者的道歉声明;在读吧网、起点中文网上赔礼道歉;赔偿经济损失包括公证费和律师费共计人民币16 820元。

【法院审理结果】2009年10月23日,一中院审理后认为,仅凭北京书生公司提供的宣传内容难以认定盛大网络与玄霆公司在中国网络文学市场已经具有支配地位,其提供的证据也不能证明该两公司曾采取胁迫手段。《星辰变后传》的作者采用与《星辰变》作者相似的笔名,并在创作时沿用《星辰变》中的人物、情节、环境等要素,这种创作方式会使读者误认为《星辰变后传》与《星辰变》之间存在关联,其目的在于借助《星辰变》在网络上积累的人气,吸引那些喜爱《星辰变》的读者去关注《星辰变后传》,上述行为确有不当之处,故即便盛大网络等确有要求两位作者停止继续创作或要求其他网站停止转载《星辰变后传》的行为,其行为亦在情理之中。从盛大、玄霆公司行为的正当性判断,认定两被告未构成滥用市场支配地位的行为。

项目总结

随着技术的进步和消费者需求的多样化,电子商务渗透到生活的方方面面,电子商务企业的人才缺口扩大化和人才结构多元化已迫在眉睫,作为中职生,首先要了解电子商务的发展趋势,寻找自己的兴趣点,深入学习,勇于实践,与现代消费观念相结合,夯实技术,与企业市场需求接轨,努力做到"一专多才"。

项目检测

一、单选题

1. 下列不是目前移动办公的主要实现方式的是(　　)。
   A. 通过短信实现公文、邮件提醒服务
   B. 通过 WAP 服务浏览器浏览公文、邮件内容
   C. 通过无线局域网实现在公司内部的移动办公
   D. 通过卫星定位系统实现移动办公
2. 下列不是电子商务的基本要素的是(　　)。
   A. 商流　　　　B. 物流　　　　C. 资金流　　　　D. 装卸
3. 下列关于电子商务与传统商务的描述,说法最准确的是(　　)。
   A. 传统商务受到地域的限制,通常其贸易伙伴是固定的,而电子商务充分利用 Internet,其贸易伙伴可以不受地域的限制,选择范围很大
   B. 随着计算机网络技术的发展,电子商务将完全取代传统商务
   C. 客户服务只能采用传统的服务方式,电子商务在这一方面还无能为力
   D. 用户购买的任何产品都只能通过人工送达,采用计算机的用户无法收到其购买的产品

二、多选题

1. 一般来说,移动商务用户希在(　　)方面得到他们的技术投资的回报。
   A. 增加利润　　B. 提高效率　　C. 降低价格　　D. 降低成本
2. 目前移动办公终端设备主要包括(　　)。
   A. 手机　　　　　　　　　　　B. 笔记本电脑
   C. PSP　　　　　　　　　　　D. PAD
3. 驱动电子商务发展的主要因素有(　　)。
   A. 现代工业的发展　　　　　　B. 信息产业的发展
   C. 各国政府的推动　　　　　　D. 新闻媒体的炒作
   E. 军事竞争的需要

三、简答题

1. 电子商务的优势有哪些?

2. 未来电子商务有什么发展趋势？

四、实训题

周小姐系张杰上海歌迷会成员，2007年10月上海某贸易公司通过网络联系周小姐，称将在2008年1月举办张杰签名演唱会，若订购10张张杰唱片便可获1张签名见面会门票。此后，周小姐代歌迷会成员出面分6次共向对方支付了13.35万元订购4500张唱片，然而该公司却一直未将张杰唱片交付周小姐，张杰的签唱会也是几度推迟。2008年8月，周小姐向上海市南汇区人民法院提起诉讼，请求解除双方之间的买卖关系，判令上海某贸易公司退回其唱片款13.35万元。上海某贸易公司未到庭应诉，也未作书面答辩。你认为法院将如何判决？

了解电子商务技术

项目综述

玄德科技有限公司正式成立于 2010 年 10 月,是一家专注于智能产品自主研发的移动互联网公司。公司拥有自营网上商城,月销售订单 30 万余件,年营业收入 265.83 亿元人民币,营业利润约 4.86 亿元,净利润为 3.47 亿元,净利润率为 1.3%。公司的自营网上商城远远满足不了公司的发展需求,去年公司在淘宝 C 店、天猫、京东 3 大平台上开设了 3 家店铺。小白是职业院校毕业生,有幸被招进美工部,负责网店装修、商品图片处理等工作。由于工作勤奋,点子又多,深受领导的赏识。这不,今年公司要提拔一批中层干部,小白有幸被推选为候选人。为促进公司各部门的沟通与交流,候选人们被分配到了其他不同部门进行交流学习 1 个月,并由相关部门根据知识、能力、态度、职业素养等方面综合评定,决定最终的选聘。小白最后被分到了技术部,这让她大感不妙,在信息技术方面的知识储备几乎为零,这让她萌生退意。好在小白技术部的师傅大海,为人和善,有问必答,这让小白宽心不少,小白决定在技术部虚心请教,好好学习。

项目目标

通过本项目的学习,应达到的具体目标如下。

知识目标

(1) 了解因特网的定义、发展;
(2) 熟知因特网的接入方式;
(3) 理解 IP 地址和域名;
(4) 认识电子商务交易风险;
(5) 了解电子商务安全技术。

技能目标

(1) 熟练使用域名访问常用网站;
(2) 能够使用常用的接入方式连接因特网;
(3) 掌握 IP 地址的查询和设置方法;
(4) 会查询常见域名的 IP 地址;
(5) 能使用中文域名访问常见网站。

情感目标

(1) 培养学生自主探究的精神;
(2) 培养学生耐心和细心的工作态度。

任务1　认识因特网
任务2　了解电子商务安全技术

任务1　认识因特网

情境设计

小白平时很喜欢上网,比如QQ聊天、听音乐、看电影、写博客、玩游戏等,可是一直以来她对上的这个"网"很有疑惑。小白想了想还是去找师傅大海指点迷津吧!

活动1　初识因特网

活动背景

人们平时上的网,有人说是互联网,有人说是因特网,还有人说是万维网,到底什么是互联网?什么是因特网?什么是万维网?它们之间究竟是怎样的关系呢?让我们和小白一起探个究竟吧!

知识探究

1. 互联网、因特网、万维网之间的区别与联系

在不少人看来,互联网、因特网、万维网没有大多的区别,其实这三者之间的关系应该是互联网包含因特网,因特网包含万维网,如图2.1.1所示。

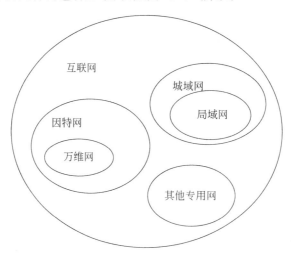

图2.1.1　互联网、因特网、万维网的关系

(1)凡是由能彼此通信的设备组成的网络就叫互联网,即使仅有两台机器(计算机、

项目二 了解电子商务技术

手机等),不论用何种技术使其彼此通信,都叫互联网,所以互联网有广域网、城域网及局域网之分。国际标准的互联网写法是 internet,字母 i 一定要小写!

(2) 因特网是互联网中的一种,它可不是仅有两台机器组成的网络,而是由上千万台设备组成的网络(该网络具备一定规模)。国际标准的因特网写法是 Internet,字母 I 一定要大写。Internet 以相互交流信息资源为目的,基于 TCP/IP 协议,并通过许多路由器和公共互联网而组成。一旦你连接到它的任何一个节点上,就意味着您的计算机已经连入 Internet 了。

(3) 因特网是基于 TCP/IP 协议实现的。因特网提供的服务一般包括 WWW(万维网)服务、电子邮件服务(E-mail)、远程登录服务(Telnet)、文件传送服务(FTP)、网络电话等。只要应用层使用的是 HTTP 协议,就称为万维网(World Wide Web)。之所以在浏览器里输入百度网址时,能看见百度网提供的网页,就是因为您的个人浏览器和百度网的服务器之间使用的是 HTTP 协议进行交流。

2. 因特网的发展

因特网大致经历了 3 个阶段的发展。

(1) 从 ARPANET 向互联网发展。1969 年美国国防部创建了第一个分组交换网 ARPANET。1983 年 TCP/IP 协议成为 ARPANET 上的标准协议。同年,ARPANET 分解为两个网络。一个仍然称为 ARPANET,是实验研究用的科研网。另一个是军用的计算机网络 MILNET(MILNET 拥有 ARPANET 当时的 113 个节点中的 68 个)。这样 1983—1984 年因特网就形成了。

(2) 三级结构的因特网的形成。ARPANET 的发展使美国国家科学基金会 NSF(National Science Foundation)认识到计算机网络对科学研究的重要性,因此从 1985 年起美国国家科学基金会就围绕 6 个大型计算机中心建设计算机网络。1986 年,NSF 建立了国家科学基金网 NSFNET。它是一个三级计算机网络,分为主干网、地区网和校园网。这种三级计算机网络覆盖了全美国主要的大学和研究所。1989 年 NSFNET 主干网的速率提高到 1.544Mb/s,即 T1 速率,并且成为因特网中的主要部分。

(3) 多级结构的因特网的形成。从 1993 年开始,由美国政府资助的 NSFNET 逐渐被若干个商用的因特网主干网替代。任何人只要向因特网服务提供者 ISP(Internet Service Provider)交纳规定的费用,就可通过该 ISP 接入到因特网。从 1994 年开始创建了 4 个网络接入点 NAP(Network Access Point),分别由 4 个电信公司经营。这样从 1994 年到现在,因特网逐渐演变成多级结构。

3. 我国互联网的发展

中国互联网的产生虽然比较晚,但是经过几十年的发展,依托于中国民营经济和政府体制改革的成果,已经显露出巨大的发展潜力。中国已经成为国际互联网的一部分,并且将会成为最大的互联网用户群体。图 2.1.2 所示为 CERNET 主干网。

(1) 1986 年 8 月 25 日,瑞士日内瓦时间 4 点 11 分 24 秒(北京时间 11 点 11 分 24 秒),中国科学院高能物理研究所的吴为民在北京 710 所的一台 IBM-PC 上,通过卫星连接远程登录到日内瓦 CERN 一台机器 VXCRNA 王淑琴的账户上,向位于日内瓦的 Steinberger 发出了一封电子邮件。

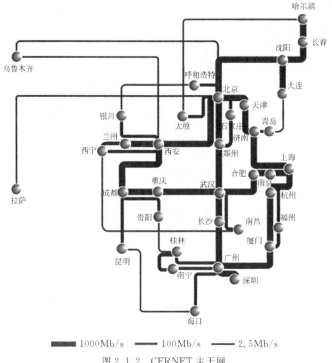

图 2.1.2　CERNET 主干网

（2）1994 年 4 月 20 日，NCFC 工程通过美国 Sprint 公司连入 Internet 的 64kb/s 国际专线开通，实现了与 Internet 的全功能连接。从此中国被国际上正式承认为真正拥有全功能 Internet 的国家。此事被中国新闻界评为 1994 年中国十大科技新闻之一，被国家统计公报列为中国 1994 年重大科技成就之一。

（3）1997 年 11 月，中国互联网络信息中心（CNNIC）发布了第一次《中国互联网络发展状况统计报告》：截至 1997 年 10 月 31 日，中国共有上网计算机 29.9 万台，上网用户数 62 万，CN 下注册的域名 4066 个，WWW 站点约 1500 个，国际出口带宽 25.408Mb/s。

（4）1999 年 9 月，招商银行率先在国内全面启动"一网通"网上银行服务，建立了由网上企业银行、网上个人银行、网上支付、网上证券及网上商城为核心的网络银行服务体系，并经中国人民银行批准首家开展网上个人银行业务，成为国内首先实现全国联通"网上银行"的商业银行。

（5）2013 年电子商务快速发展，网络零售交易额达到 1.85 万亿元。中国超过美国（根据 eMarketer 数据显示，2013 年美国网络零售交易额为 2589 亿美元成为全球第一大网络零售市场。

（6）2016 年 1 月，中国互联网络信息中心（CNNIC）发布了第 37 次《中国互联网络发展状况统计报告》：截至 2015 年 12 月，我国 IPv4 地址数量为 3.37 亿个，拥有 IPv6 地址 20 594 块/32。我国域名总数为 3102 万个，我国网站总数为 423 万个，CN 网站数为 213 万个。我国网民规模达 6.88 亿，全年共计新增网民 3951 万人。全国开展在线销售的企业比例为 32.6%，开展在线采购的企业比例为 31.5%。受中国网络零售市场发展带动,开展网上销售业务的企业数量、销售规模增长迅速。

(7) 2016年8月,中国互联网络信息中心(CNNIC)发布了第38次《中国互联网络发展状况统计报告》:截至2016年6月,我国IPv4地址数量为3.38亿个,拥有IPv6地址20 781块/32。我国域名总数增至3698万个,中国国家域名.cn注册量达到1950万个。我国网民规模达7.10亿,上半年新增网民2132万人,增长率为3.1%。我国互联网普及率达到51.7%。手机网民规模达6.56亿,手机上网主导地位强化。我国网络购物用户规模达到4.48亿,较2015年年底增加3448万,增长率为8.3%,我国网络购物市场依然保持快速、稳健增长趋势。

活动2 认识IP地址和域名

活动背景

平时上网使用的连接到因特网的各种设备在网上是如何标识的?打开网站时要输入的网址又是怎么回事?这些问题一直困扰着小白。

知识探究

1. IP地址(IP Address)

IP地址是给每个连接在因特网上的主机(或路由器)分配一个在全世界范围内唯一的32位的标识符。现在是由因特网名字与号码指派公司ICANN(Internet Corporation for Assigned Names and Numbers)进行分配的。用于确保互联网上每台主机在通信时都能互相识别,每台主机都必须有一个唯一的地址来标识,即用IP地址表示该主机在网络上的位置,也叫主机网际协议地址,这犹如电话系统中每台接入电话网络的具有标识效用的电话号码。

一般用户在拨号上网时,由互联网服务提供商(ISP)自动随机分配一个IP地址,而且每次拨号时IP地址都不固定,这就叫作动态IP地址。一般大型网站都向他们的域名服务商申请一个固定不变的IP地址,称为固定IP地址。

1) IPv4地址

(1) IPv4地址的组成

IP(IPv4)地址按层次结构组织,包含两部分:网络地址与主机地址,记为

IP地址={<网络号>,<主机号>}

前者用以区分在互联网上互联的各个网络;后者用来表示同一网络上的不同计算机(或主机)。IP地址由32位二进制数构成,分为4段(4字节),每段8位(1字节),可以用点分十进制表示,即每8位二进制数用一个十进制数表示,段间用圆点隔开。

例如,192.168.1.2(二进制数为11000000.10101000.00000001.00000010)。

(2) IP地址的分类

按照网络号,将IP地址分为A类地址、B类地址、C类地址、D类地址、E类地址,共5类,如图2.1.3所示。

① A类地址:以0开头,网络段长为8位,可变部分为7位。

图 2.1.3 分类的 IP 地址

网络号范围：000000000～01111111，即 0～127，但只有 126 个可用的 A 类网络，原因是：第一，IP 地址中的全 0 表示"这个"意思，网络号字段全为 0 的 IP 地址是个保留地址，意思是"本网络"；第二，网络号为 127（即 0111111）保留作为本地软件环回测试（loopback test）本主机进程之间的通信之用。

② B 类地址：以 10 开头，网络段长为 16 位，可变部分为 14 位。128.0.0.0 网络地址不指派。

③ C 类地址：以 110 开头，网络段长为 24 位，可变部分为 21 位。192.0.0.0 网络地址不指派。

④ D 类地址：以 1110 开始，它是一个专门保留的地址。它并不指向特定的网络，目前这一类地址被用在多点广播（Multicast）中。多点广播地址用来一次寻址一组计算机，它标识共享同一协议的一组计算机。地址范围 224.0.0.1～239.255.255.254。

⑤ E 类地址：保留为以后使用。

⑥ 私有地址：该地址不可以在公网上使用，多用于局域网，若路由器遇到目的地为私有地址的数据包，一律不转发到外网，如表 2.1.1 所示。

表 2.1.1 私有 IP 地址列表

类 别	地 址 范 围	网络数	每个网络主机数量
A	10.0.0.0～10.255.255.255	1	$2^{24}-2$
B	172.16.0.0～172.31.255.255	16	$2^{16}-2$
C	192.168.0.0～192.168.255.255	256	2^8-2

2．IPv6 地址

IPv6 是 Internet Protocol version 6 的缩写，它是 IETF（Internet Engineering Task Force）从 20 世纪 90 年代初开始制定的用于替代现行版本 IPv4 的下一代 IP 协议。

1）IPv6 地址表示方法

IPv6 地址类似 x:x:x:x:x:x:x:x 的格式，它是 128 位的，用":"分成 8 段，用十六进制表示（冒号十六进制表示法）。

一个完整的 IPv6 地址的表示法为 xxxx:xxxx:xxxx:xxxx:xxxx:xxxx:xxxx:xxxx。例如，2001:0000:1F1F:0000:0000:0100:11A0:ADDF。

其中 A、D、F 等字母代表十六进制数字,相当于十进制的 10、13 和 15。

为了简化其表示法,每段中前面的 0 可以省略,连续的 0 可省略为::,但只能出现一次。例如,1080:0:0:0:8:800:200C:417A 可简写为 1080::8:800:200C:417A。

2) IPv6 地址空间

128 位 IPv6 地址有 $2^{128}\approx 3.4\times 10^{38}$ 个。如果地球表面铺上一层沙子,那么每一粒沙子都可以拥有一个 IP 地址。

IPv6 使得几乎每种设备都有一个全球的可达地址。例如,计算机、IP 电话、IP 传真、TV 机顶盒、照相机、传呼机、无线 PDA、802.11b 设备、蜂窝电话、家庭网络、汽车等。它将是无时不在、无处不在地深入社会每个角落的真正的宽带网。它所带来的经济效益将非常巨大。

动动手

(1) 查询本机 IP 地址。按键盘上的 Win+R 键,在弹出的"运行"对话框中,输入"cmd"并单击"确定"按钮,如图 2.1.4 所示。

图 2.1.4 "运行"对话框

在命令提示符窗口中,输入 ipconfig/all,并按 Enter 键,即可查看本机 IP 信息,如图 2.1.5 所示。

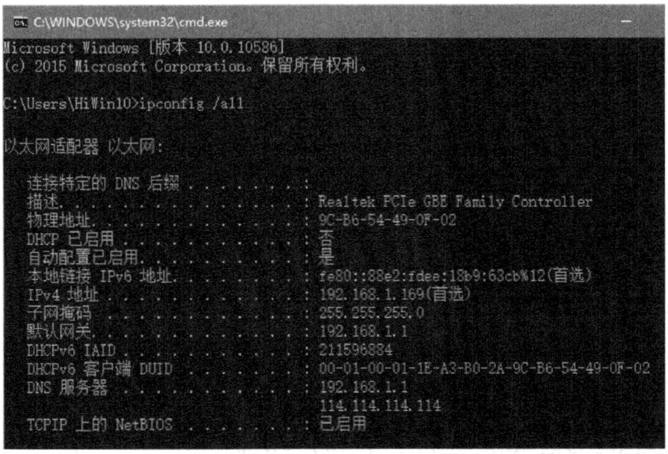

图 2.1.5 ipconfig 命令

(2) 设置本机 IP 地址。

① 依次单击"开始"菜单→"设置"按钮,打开"设置"窗口,如图 2.1.6 所示。

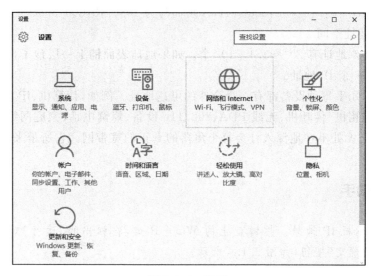

图 2.1.6　设置

② 单击"网络和 Internet"按钮,打开"网络和 Internet"窗口,如图 2.1.7 所示。

图 2.1.7　网络和 Internet

③ 单击"更改适配器设置"按钮,打开"网络连接"窗口,如图 2.1.8 所示。

④ 右击"以太网"图标,单击"属性"命令,打开"以太网属性"对话框,如图 2.1.9 所示。

⑤ 选择"Internet 协议版本 4(TCP/IPv4)",单击"属性"按钮,打开"Internet 协议版本 4(TCP/IPv4)属性"对话框。选择"使用下面的 IP 地址",配置 IP 地址、子网掩码、DNS

图 2.1.8　网络连接

图 2.1.9　"以太网属性"对话框

等属性,单击"确定"按钮即可,如图 2.1.10 所示。

⑥ 配置完成后,可使用 ipconfig 命令查看设置结果,如图 2.1.11 所示。

2. 域名(Domain Name)

1)定义

由于 IP 地址是数字标识,因此在 IP 地址的基础上又发展出便于记忆的、富有一定含义的字符形地址——域名。每一个符号化的地址都与特定的 IP 地址对应,这样网络上的

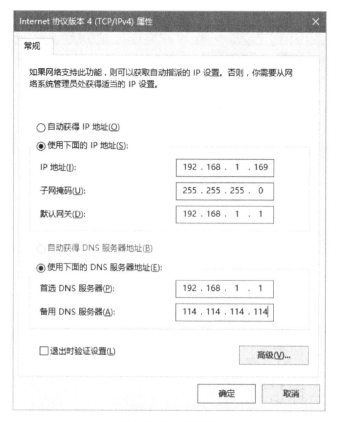

图 2.1.10　IP 属性

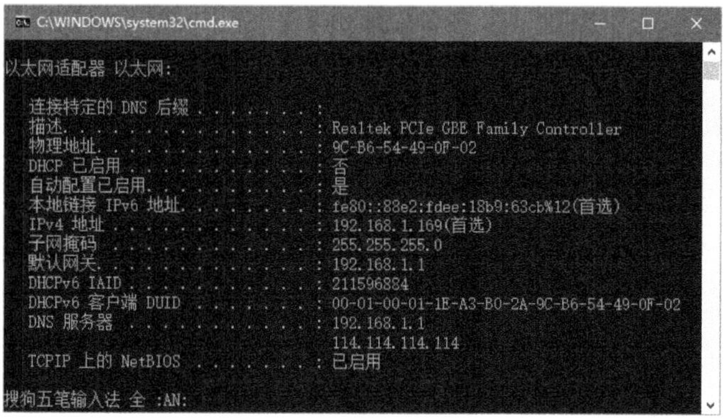

图 2.1.11　设置结果

资源访问起来就容易得多了。这个与网络上的数字型 IP 地址相对应的字符型地址就被称为域名(Domain Name)。

域名在互联网上是唯一的。为此互联网规定了一套命名机制,称为域名系统 DNS (Domain Name System)。域名和 IP 地址之间是一对一或一对多的关系,只要有了域名,无须知道 IP 地址就可以访问网站。

2）构成和命名规则

互联网的域名系统采用分层结构。域名由若干子域构成，子域间以圆点相隔，最右边的子域是顶级域名，至右向左层次逐级降低，最左边的子域是主机名。域名的一般形式如图 2.1.12 所示。

图 2.1.12　域名图解

由于 Internet 上的各级域名分别由不同的机构管理，所以各个机构管理域名的方式和域名命名的规则也有所不同。但域名的命名也有一些共同规则，主要有以下几点。

（1）只能包含的字符。域名中只能包含以下字符：26 个英文字母，0～9 十个数字，-（英文中的连词号）。

（2）字符组合规则。

① 在域名中，不区分英文字母的大小写。

② 域名的长度有一定限制。

3）种类

（1）顶级域名。顶级域名又分为两类：一是国家或地区顶级域名（National Top-level Domain Names，nTLDs），200 多个国家都按照 ISO 3166 国家或地区代码分配了顶级域名，例如中国是 cn，美国是 us，日本是 jp 等；二是国际顶级域名（International Top-level Domain Names，iTDs），例如表示工商企业的 .com，表示网络提供商的 .net，表示非营利组织的 .org 等。

（2）二级域名。二级域名是指顶级域名之下的域名，在国家或地区顶级域名下，它是指域名注册人的网上名称，如 163、baidu、taobao 等；在国家或地区顶级域名下，它是表示注册企业类别的符号，如 com、edu、gov、net 等。

中国在国际互联网络信息中心（InterNIC）正式注册并运行的顶级域名是 cn，这也是中国的一级域名。在顶级域名之下，中国的二级域名又分为类别域名和行政区域名两类。其中，类别域名如表 2.1.2 所示，而行政区域名，如表 2.1.3 所示。

表 2.1.2　类别域名示例

域　名	类　　别	域　名	类　　别
.ac	科研机构	.gov	政府部门
.edu	教育机构	.org	非营利性组织
.com	工、商、金融等企业	.net	互联网络服务机构

表 2.1.3 行政区域名示例

域名	行政区	域名	行政区	域名	行政区
.bj	北京市	.ah	安徽省	.sc	四川省
.sh	上海市	.fj	福建省	.gz	贵州省
.tj	天津市	.jx	江西省	.yn	云南省

（3）三级域名。三级域名用字母（A～Z,a～z,不区分大小写）、数字（0～9）和连接符（一）组成，各级域名之间用实点（.）连接，三级域名的长度不能超过20个字符。如无特殊原因，建议采用申请人的英文名（或者缩写）或者汉语拼音名（或者缩写）作为三级域名，以保持域名的清晰性和简洁性。

（4）中文域名。中文域名，顾名思义，就是以中文表现的域名。中国互联网络信息中心（CNNIC）负责运行和管理以.cn、中国、公司、网络结尾的4种中文域名，比如"人民网.中国"。

查询常用网站的IP地址，并通过IP地址访问网站（以 http://www.baidu.com 为例）。

打开命令提示符窗口（具体操作方法前面已经提到），输入 ping www.baidu.com 后按 Enter 键，如图 2.1.13 所示。

图 2.1.13 查询网站IP

其中 61.135.169.125 即为百度网站的IP地址。

在浏览器中输入 http://61.135.169.125 后按 Enter 键也可以访问百度网站。

活动3 熟知因特网的接入方式

活动背景

通过上面知识的学习小白对因特网有了初步的了解，可是她对自己的计算机、手机、iPad是如何接入因特网的依然困惑，因此她又过来找大海师傅请教了。

知识探究

常见的因特网接入方式主要有拨号接入方式、专线接入方式、无线接入方式和局域网接入方式。

1. ADSL 虚拟拨号接入方式

ADSL(Asymmetrical Digital Subscriber Line,非对称数字用户环路)是一种能够通过普通电话线提供宽带数据业务的技术,它具有下行速率高、频带宽、性能优、安装方便、不需交纳电话费等优点。ADSL 方案的最大特点是不需要改造信号传输线路,完全可以利用普通铜质电话线作为传输介质,配上专用的 Modem 即可实现数据高速传输。ADSL 支持上行速率 640Kb/s~1Mb/s,下行速率 1~8Mb/s,其有效的传输距离为 3~5km。在 ADSL 接入方案中,每个用户都有单独的一条线路与 ADSL 局端相连,它的结构可以看作星状结构,数据传输带宽是由每一个用户独享的,如图 2.1.14 所示。

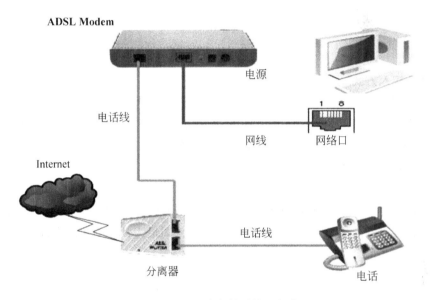

图 2.1.14　虚拟拨号接入方式

2. DDN 专线接入方式

DDN(Digital Data Network)是随着数据通信业务发展而迅速发展起来的一种新型网络。DDN 的主干网传输媒介有光纤、数字微波、卫星信道等,用户端多使用普通电缆和双绞线。DDN 将数字通信技术、计算机技术、光纤通信技术以及数字交叉连接技术有机地结合在一起,提供了高速度、高质量的通信环境,可以向用户提供点对点、点对多点透明传输的数据专线出租电路,为用户传输数据、图像、声音等信息。DDN 的通信速率可根据用户需要在 $N\times 64$Kb/s($N=1\sim32$)之间进行选择,当然速度越快租用费用也越高。用户租用 DDN 业务需要申请开户。DDN 的收费一般可以采用包月制和计流量制,这与一般用户拨号上网的按时计费方式不同。DDN 的租用费较贵,普通个人用户负担不起,因此 DDN 主要面向集团公司等需要综合运用的单位。

3. GPRS 接入方式

通用分组无线业务(General Packet Radio Service,GPRS)是一种新的分组数据承载业务。下载资料和通话是可以同时进行的。目前 GPRS 达到 115Kb/s，是常用 56Kb/s Modem 理想速率的两倍，如图 2.1.15 所示。

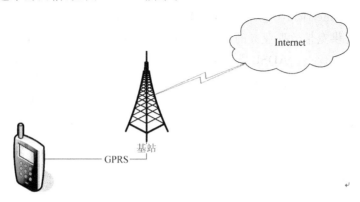

图 2.1.15　GPRS 接入方式

4．光纤接入方式

光纤能提供 1～10Gb/s 的宽带接入，具有通信容量大、损耗低、不受电磁干扰的优点，能够确保通信畅通无阻。随着技术的发展，电信运营商也为家庭用户提供了光纤到户服务，这样普通家庭也可以享受光纤带来的高速网络服务。

5．局域网接入方式

局域网接入方式一般可以采用 NAT（网络地址转换）或代理服务器技术利用宽带路由器共享宽带上网。使用网络或者 WiFi 技术就可以轻松地将计算机、手机、PAD、智能电视等接入互联网。这是目前家庭、学校、网吧、商品、小型公司最为常见的接入方式，如图 2.1.16 所示。

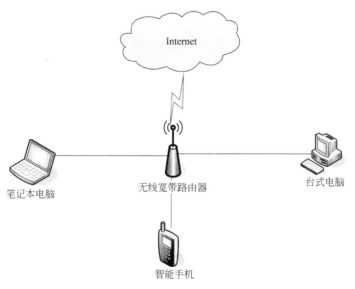

图 2.1.16　局域网接入方式

任务 2　了解电子商务安全技术

情境设计

2016年元旦期间,唐小姐收到号码为95555发来的短信,要求进行手机App升级,并附有升级链接。于是按其提示进行了简单操作,输了卡号、密码、验证码信息。但随后唐小姐就收到了招行发来的提示短信,说唐小姐进行了转账操作,先后转给王明金额9万元和8万余元。随后,唐小姐向110报警。而从警方处获得的答复却是:这并非银行发来的短信!是犯罪嫌疑人冒用银行号码发出的信息。至此,唐小姐此卡上两笔定期存款共计17余万元全部被转走。

2016年1月,据《燕赵都市报》报道,近日有不少人收到短信,内容很简单:"我给你发了一份请帖,时间地点都在里面,在此恭候光临。"短信中有个链接,最后还有发信息好友本人的署名。受害人一看署名是朋友名字便会放松警惕,可一旦点开链接,手机会突然间不受控制,疯狂对通讯录好友群发此短信,并且通过窃取支付验证码,盗刷手机银行资金!这起"手机自传播"木马病毒案已被侦破,短短几天就有5.5万人中招!

2016年4月,一名北京网友发布的"为什么一条短信就能骗走我所有的财产?"的文章在网络广为传播。据网友爆料,他在收到一条"订阅增值业务"的短信,根据提示回复了"取消+验证码"之后,半天之内支付宝、银行卡上的资金被席卷一空。

看了上面的这些新闻,小白十分担心自己的财产安全,她自己的全部家当可都在余额宝里啊,赶紧去找师傅请教吧。

任务分解

活动1　认识电子商务安全风险
活动2　了解电子商务安全技术

活动1　认识电子商务安全风险

活动背景

在电子商务的发展过程中,企业与社会已经对网络出现了一定程度的依赖性。随着信息化进程的加快,病毒泛滥、黑客破坏、交易欺诈等电子商务安全问题也日益严重。

虽然近年来未发生重大网络安全事件,但目前我国信息安全环境仍然不容乐观,中国互联网络信息中心(CNNIC)在2013年发布的《中国网民信息安全状况研究报告》显示,有74.1%的网民在过去半年内遇到过信息安全问题,总人数达4.38亿。以直接获取经济利益的手机恶意软件、假冒网站/诈骗网站、个人信息泄露的比例都有较大幅度上升,其中手机恶意软件在网民中的发生率上升了13.2%,遇到假冒网站/诈骗网站的比例上升了4.0%,遇到个人信息泄露的比例上升了6.2%。

2015年中国网民各种安全问题的整体发生率如图2.2.1所示。

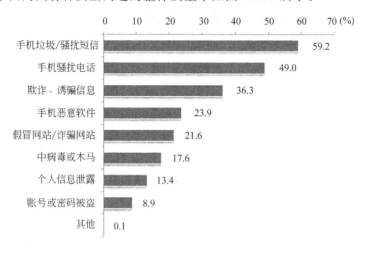

图 2.2.1　安全问题发生率

知识探究

由于网络的复杂性和脆弱性,以因特网为主要平台的电子商务的发展面临着严峻的安全问题。一般来说,电子商务普遍存在以下几个安全风险。

1. 信息风险

信息风险指信息虚假、信息滞后、信息不完善、信息过滥、信息垄断等有可能带来的损失。在信息传递过程中,如果市场行为主体不能及时得到完备的信息,就无法对信息进行正确地分析和判断,无法做出符合理性的决策。而信息虚假、信息滞后和信息不完善性对电子商务的运行安全也会产生威胁。此外,信息作为一种资源在电子商务的开展中起到了决定性作用,但同时也带来了信息过滥问题。

2. 拒绝服务

DDoS(Distributed Denial of Service,分布式拒绝服务攻击)是最常见的一类拒绝服务。拒绝服务是指在一定时间内,网络系统或服务器服务系统的作用完全失效。其主要原因是来自黑客和病毒的攻击以及计算机硬件的人为破坏。黑客会从地下黑市购买"肉鸡"(被植入木马,可远程控制的计算机),远程控制成千上万台计算机,同时访问某个网站,使得瞬间访问容量超出电商网站所能容纳的上限,这时候就会造成网站瘫痪,给电商带来巨大损失,如图2.2.2所示。

2016年10月22日,美国各大热门网站都出现了无法访问的情况,根据用户反馈,包括Twitter、Spotify、Netflix、Github、Airbnb、Visa、CNN、华尔街日报等上百家网站都无法访问或登录。可以断定的是,此次"断网"事件是由于美国最主要DNS服务商Dyn遭遇了大规模DDoS攻击所致。媒体将此次事件形容为"史上最严重DDoS攻击",不仅规模惊人,而且对人们的生活产生了严重影响。

项目二　了解电子商务技术

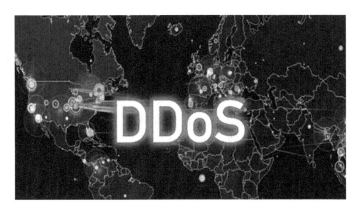

图 2.2.2　分布式拒绝服务攻击

3．系统资源失窃问题

在网络系统环境中,系统资源失窃是常见的安全威胁。

 案例 2.1

2011 年 4 月,日本索尼公司的 Play Station 游戏网络(PSN)遭到黑客袭击,7700 万在线游戏用户的资料被盗,其中包括姓名、出生日期、信用卡号等重要信息。分析人士称,这可能是史上最严重的黑客入侵窃取数据事件。

4．信息的假冒

信息的假冒是指当攻击者掌握了网络信息数据规律或解密了商务信息后,可以假冒合法用户或假冒信息来欺骗其他用户。主要表现形式有假冒客户进行非法交易,伪造电子邮件等。

案例 2.2

男子身份证遭伪造,银行卡里 6 万元从支付宝被盗

无缘无故地,手机突然就不能用了,之后从未离身的银行卡里面的钱也不翼而飞。丽水龙泉的周先生遭遇了这样一件怪事。

经查实,甘某与黄某等人首先通过网络购买大量个人信息和银行账户信息,然后伪造被害人的身份证,并持伪造的身份证到丽水龙泉查田、缙云五云等地的移动、联通营业厅补办手机卡。在获得手机卡后,迅速以被害人的名义完成支付宝账户的注册,再将被害人持有的银行卡与支付宝绑定,最后通过支付宝快捷支付等转账方式成功盗走被害人卡内资金。

通过上述方式,甘某等人在 2013 年 10 月 17 日至 19 日,22 日和 23 日,短短 5 日内就成功盗得被害人周某、赵某、吴某、徐某银行卡内的资金 254 722 元。2014 年 12 月犯罪嫌疑人甘某被抓获,以盗窃罪被判处有期徒刑 5 年,并处罚金人民币 26 万元。

5．交易安全风险

由于 Internet 使用 TCP/IP 协议和开放的体系结构,强调高效通信而不强调安全性,所以网上交易安全也是传统企业发展电子商务普遍关心的问题之一。若不妥善解决安全性问题，则电子商务很难推广。

首先，从网上交易来看，电子商务给人类带来的最大风险是由于网上交易极大程度上依赖于计算机和软件，经其进行的交易大多是瞬间的、不受地理距离限制的，控制传统经济行为的理论和方法对软件往往不再适用或不起作用，从而有可能使周期性的经济动荡变得更为频繁，幅度更大，还可能引发灾难性的价格战。

其次，网上交易有着极大的不确定性，交易数据的更改、交易信息的泄露、交易流程的破坏，都很大程度上依赖于网络交易的安全保障。

最后，实行电子商务后可以在短时间内完成大规模的资金调运，政府可能对此完全失去监控。总之，电子商务使交易更为便捷，但随之而来的网上交易安全问题也更加突出。

6. 法律政策风险

电子商务法律和政策方面的风险主要起因于相关电子商务立法的滞后和全球化环境下各国法律和制度的差异。法律政策风险具体表现在以下3个方面。

（1）电子商务交易法律风险。由于电子商务是在虚拟的网络空间进行，电子商务交易可以看作是无纸贸易，这样就容易引发种种新的法律问题，如电子合同、电子签名、电子商务认证、电子数据证据、网上交易与支付、电子商务管辖权及在线争议解决等。而规范这些数字交易的法律体制尚不成熟，这就使得某些合同、签名和承诺的合法性难以保证，因此而给企业带来新的风险。

（2）隐私风险。电子商务时代，消费者的隐私受到前所未有的威胁。由于网络可以连接世界各地乃至每一个家庭，各种信息将呈开放或者无序状态，并且直接涉及并威胁到每个家庭和个人的信息（隐私）。如何有效制止利用传输信息的信息网络，公开或者侵犯他人的隐私等，将是电子商务面临的重要法律问题之一。

2015年2月，根据漏洞盒子平台安全报告，国内多家知名连锁酒店、高端酒店如万豪酒店集团、喜达屋集团、洲际酒店集团等都存在严重安全漏洞，房客开房信息一览无余，甚至可对酒店订单进行修改和取消。黑客可轻松获取到千万级的酒店顾客的订单信息，包括顾客姓名、身份证、手机号、房间号、房型、开房时间、退房时间、家庭住址、信用卡后4位、信用卡截止日期、邮件等大量敏感信息。

（3）知识产权风险。在电子商务时代，知识产权风险主要表现为电子商务时代信息的新特性与知识产权具有的特征的强烈冲突。比如，知识产权最突出的特征之一就是它的"专有性"，而网络上应受到知识产权保护的信息则是公开的、公用的，也很难受到权利人的控制。"地域性"是知识产权的又一特征，而网络传输的特点则是"无国界性"。正因如此，电子商务活动涉及的知识产权风险就应引起企业的重视。一般来讲，作为电子商务活动涉及的知识产权问题包括域名、网页上各种各样的文章、图像、多媒体、数据库、软件及菜单设计等元素都会牵涉到专利权、商标权、版权、著作权等知识产权问题，造成多种权利互相重叠和冲突。

活动2　知悉电子商务安全技术

活动背景

听了大海的介绍,小白心惊胆战,原来电子商务活动中存在如此多的风险,那么应该如何应对呢？有没有相关的信息技术来保障电子商务活动的正常开展呢？

知识探究

1．电子商务的安全要素

1）可靠性

可靠性是指为防止计算机失效、程序错误、传输错误、硬件故障、系统软件错误、计算机病毒与自然灾害等所产生的潜在威胁,通过控制与预防等来确保系统安全可靠。电子商务系统的可靠性是保证数据传输与存储、进行电子商务完整性检查的基础。系统的可靠性可以通过各种网络安全技术来实现。

2）真实性

真实性是指商务活动中交易者身份的真实性,也就是要确定交易双方是真实存在的。身份认证通常采用电子签名、数字证书等技术来实现。

3）机密性

信息的机密性是指交易过程中必须保证信息不会泄露给非授权的人或实体。电子商务的交易信息直接代表着个人、企业的商业机密。个人的信用卡号和密码在网上传送时如被他人截获,就可能被盗用；企业的订货和付款信息如被竞争对手获悉,该企业就可能贻误商机。信息机密性的保护一般通过数据加密技术来实现。

4）完整性

信息的完整性是指数据在传输或存储过程中不会受到非法修改、删除或重放,以确保信息的顺序完整性和内容完整性。数据完整性的保护通过安全散列函数（如数字摘要）与电子签名技术来实现。

5）不可否认性

交易的不可否认性是指保证发送方不能否认自己发送了信息,同时接收方也不能否认自己已接收到信息。交易的不可否认性通过电子签名技术来实现。

2．电子商务技术

防火墙技术、密码技术、数字签名技术、CA认证与数字证书等。

1）防火墙技术

防火墙是一个系统或一组系统,它在企业内部网与互联网间执行一定的安全策略。一个有效的防火墙应该能够确保所有从互联网流入或流向互联网的信息都将经过防火墙；所有流经防火墙的信息都应接受检查；防火墙是设置在被保护网络（如企业内部网）和外部网络（如互联网）之间的一道屏障,以防止发生不可预测的、潜在破坏性的侵入（如图2.2.3所示）。

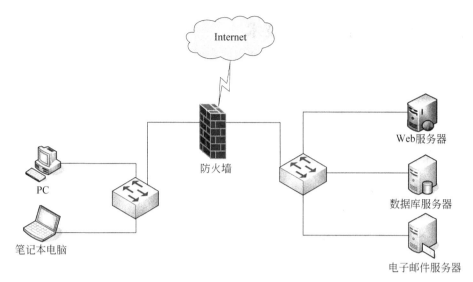

图 2.2.3　防火墙示意图

(1) 防火墙的功能

设立防火墙的目的是保护内部网络不受外部网络的攻击,以及防止内部网络的用户向外泄密。

具体来说,防火墙系统可以保护计算机免受以下几类攻击。

① 未经授权的内部访问:在互联网上的未被授权用户想访问内部网的数据或使用其中的服务。

② 危害证明:一个外部用户通过非法手段(如复制、复用密码)来取得访问权限。

③ 未经授权的外部访问:内部用户试图在互联网上取得未经授权的访问权限或服务(如公司内部雇员试图访问一些娱乐网址)。

④ 电子欺骗:攻击者通过伪装的互联网用户进行远程登录,从事各种破坏活动。

⑤ 特洛伊木马:通过在合法命令中隐藏非法指令来达到破坏目的(如在进行 E-mail 发送连接时将指令转为打开一个文件)。

⑥ 渗透:攻击者通过一个假装的主机隐蔽其攻击企图。

⑦ 泛洪:攻击者试图用增加访问服务器次数的方法使其过载。

(2) 防火墙的局限性

防火墙是保护 Intranet 免受外部攻击的极有效方式,防火墙应是整体网络安全计划中的重要组成部分,但同时必须注意到防火墙并非是万能的,防火墙具有以下局限性。

① 防火墙不能阻止来自内部的破坏。

② 防火墙不能保护绕过它的连接。

③ 防火墙无法完全防止新出现的网络威胁。

④ 防火墙不能防止病毒。

2）密码技术

密码是实现秘密通信的主要手段,是隐蔽语言、文字、图像的特种符号。凡是用特种符号按照通信双方约定的方法把电文的原形隐蔽起来,不为第三者所识别的通信方式称为密码通信。在计算机通信中,采用密码技术将信息隐蔽起来,再将隐蔽后的信息传输出去,使信息在传输过程中即使被窃取或截获,窃取者也不能了解信息的内容,从而保证信息传输的安全。比如 QQ、微信、网银、微博账号等在使用过程中都需要用到密码技术。

(1) 密码技术的 4 种基本服务

① 秘密性:可以避免敏感信息泄露的威胁。

② 不可否认:防止交易伙伴否认曾经发送或者接收过某种文件或数据。

③ 验证:消息的接收者应能确认消息的来源,入侵者不可能伪装成他人。

④ 完整性:应能够验证在传递过程中消息没有被篡改,入侵者不能用假消息代替合法消息。

(2) 加密与解密

密码技术包括"加密"和"解密"两部分。加密是将原始信息(明文)变换成只有授权用户才能解读的密码形式(密文);解密是将密文重新恢复成明文。其基本思想是伪装信息,使局外人不能理解信息的真正含义;中心内容就是数据加密和解密的方法。一切秘密寓于密钥之中。

任何一个加密系统至少包括下面 4 个组成部分:明文、密文、密钥和加密解密设备或算法。

发送方用加密密钥,通过加密设备或算法,将信息加密后发送出去。接收方在收到密文后,用解密密钥将密文解密,恢复为明文。如果传输中有人窃取,他只能得到无法理解的密文,从而对信息起到保密作用。

算法和密钥在加密和解密过程中是相互配合的,两者缺一不可。目前存在的加密算法也只有屈指可数的几种,一般来说,加密算法是不变的,但是密钥是变化的。

例如,发送者 A 将信息 hello 经过密钥加密后发给接收者 B。"将字母的自然顺序保持不变,但使之分别与相差 1 个字母的字母相对应",这条规则就是加密算法,其中 1 为密钥。若原信息为 hello,则按照这个加密算法进行加密,加密后的密文就是 ifmmp;接收者 B 使用密钥将接收到的密文 ifmmp 进行解密即可得到 hello,如图 2.2.4 所示。

图 2.2.4 对称加密解密过程

(3) 加密算法

数据加密算法有很多种,密码算法标准化是信息化社会发展的必然趋势,是世界各国保密通信领域的一个重要课题。按照发展进程来分,经历了古典密码、对称密钥密码和公开密钥密码阶段。古典密码算法有替代加密、置换加密;对称加密算法包括 DES 和 AES;非对称加密算法包括 RSA、背包密码、McEliece 密码、Rabin、椭圆曲线、ElGamal D_H 等。目前在数据通信中使用最普遍的算法有 DES 算法和 RSA 算法等。

3) 数字签名技术

对信息进行加密只解决了电子商务安全的第一个问题,而要防止他人破坏传输的数据,还要确定发送信息人的身份,这就需要采取另外一种手段——电子签名(也称数字签名)。数字签名可以保证数据的完整性、真实性和不可否认性。

电子签名技术采用电子签名来模拟手写签名,解决了电子商务中不可否认的安全需求。电子签名可以保证接收者能够核实发送者对电子文件的签名,发送者事后不能抵赖对文件的签名,接收者不能伪造对电子文件的签名。它能够在电子文件中识别双方交易人的真实身份,保证交易的安全性和真实性以及不可否认性,起到与手写签名或者盖章同等作用。电子签名主要有 3 种应用广泛的方法:RSA 签名、DSS 签名和 Hash 签名。

4) CA 认证与数字证书

为了解决身份验证、交易的不可否认这两个问题,就必须引入一个公正的裁判,一个交易双方均信任的第三方,对买卖双方进行身份验证,以使交易的参与者确信自己确实是在与对方交易。同时在公开密钥体系中,公开密钥的真实性鉴别是一个重要问题。这个各方均信任的裁判就是 CA 安全认证机构。目前在全球处于领导地位的认证中心是美国的 VeriSign 公司。该公司创建于 1995 年 4 月,总部在美国加州的 Mountain View。

(1) CA 认证。CA(Certification Authority)是认证机构的国际通称,它是对数字证书的申请者发放、管理、取消数字证书的机构。认证机构相当于一个权威可信的中间人,它的职责是核实交易各方的身份,负责电子证书的发放和管理。

(2) 数字证书的概念与内容。数字证书又称为数字凭证或数字标识(Digital Certificate,Digital ID),也被称作 CA 证书,实际是一串很长的数学编码,包含有客户的基本信息及 CA 的签字,通常保存在计算机硬盘或 IC 卡中。

支付宝数字证书的申请和安装。

① 登录支付宝账户,单击"安全管家"找到数字证书,再单击"申请";在"详情介绍"中,单击"申请数字证书",如图 2.2.6 所示。

② 填写身份证号码和验证码,选择使用地点,单击"提交"按钮,如图 2.2.6 所示。

③ 输入手机上收到的校验码后单击"确定"按钮,如图 2.2.7 所示。

④ 此时账户的首页会提示"正在安装证书",稍等片刻后会提示"恭喜您,数字证书已经安装成功。",如图 2.2.8 所示。

图 2.2.5 数字证书申请 1

5）电子商务安全协议

（1）安全套接层协议（SSL 协议）

SSL（Secure Socket Layer）是 Netscape 公司率先采用的一种网络安全协议。它是在网络传输层之上提供的一种基于 RSA 和保密密钥的用于浏览器和 Web 服务器之间的安全连接技术，它能把在网页和服务器之间传输的数据加密。SSL 协议是目前购物网站中经常使用的一种安全协议。

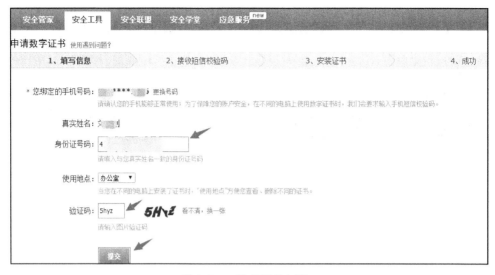

图 2.2.6　数字证书申请 2

图 2.2.7　数字证书申请 3

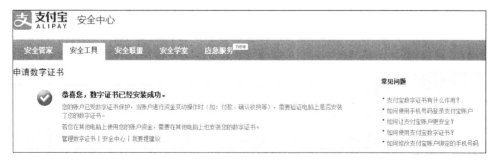

图 2.2.8　数字证书申请 4

SSL 安全协议的缺点主要有不能自动更新证书,认证机构编码困难,浏览器的口令具有随意性,不能自动检测证书撤销表,用户的密钥信息在服务器上是以明文方式存储的。

由于 SSL 处在互联网协议集中 TCP/IP 层的上面,实现 SSL 的协议是 HTTP 的安全版,名为 HTTPS。

2015 年百度搜索引擎启用了全站 HTTPS 安全加密服务,对传统 HTTP 通道添加 SSL 安全套接层,将用户发出的所有百度搜索请求全部变成加密状态。继百度之后,阿里巴巴旗下淘宝、天猫、1688 等电商平台及其移动客户端支持全站 HTTPS,为用户提供了更加安全的购物环境。

(2) 安全电子交易协议

安全电子交易协议(Secure Electronic Transaction,SET)是由 VISA 与 MasterCard 两家信用卡组织共同推出,并且与众多 IT 公司,如 Microsoft、Netscape、RSA 等共同发展而成的。SET 在保留对客户信用卡认证的前提下,又增加了对商家身份的认证,由于设计合理,SET 协议得到了 IBM、Microsoft 等许多大公司的支持,已成为事实上的工业标准。

SET 是一种以信用卡为基础的、在互联网上交易的付款协议书,是授权业务信息传输安全的标准,它采用 RSA 密码算法,利用公钥体系对通信双方进行认证,用 DES 等标准加密算法对信息加密传输,并用散列函数来鉴别信息的完整性。

在 SET 的交易中,成员主要有持卡人(消费者)、网上商家、收单银行、支付网关、发卡银行、认证中心 CA。SET 系统的运作是通过 4 个软件来完成的,包括电子钱包、商店服务器、支付网关和认证中心软件,这 4 个软件分别存储在持卡人、网上商店、银行以及认证中心的计算机中,相互运作来完成整个 SET 交易服务。

 项目总结

一个月的时间过得真,小白在技术部大海师傅这里真是学到不少东西,经过考核和自己的努力,小白如愿以偿地被聘为部门的副主管。

近 10 年来电子商务技术在中国取得了长足的发展,目前已经走到世界前列。在电子商务中技术部分占 30%,商务部分占 70%,可这 30% 却给电子商务提供了整个支撑和保障。电子商务技术还包括网站技术、数据库技术、网络通信技术等,由于篇幅有限,在此只对网络技术和安全技术做简单的介绍,希望读者对因特网有更深层次的认识,解除内心的一些疑惑;同时,对网络安全风险和安全技术有个初步的认识和了解。

 项目检测

一、单选题

1. IPv4 地址按层次结构组织,包含(　　)与主机地址。
   A. 寄件地址　　B. 收件地址　　C. 网络地址　　D. 网上地址

2. 中国互联网络信息中心(CNNIC)负责运行和管理以 .cn、". 公司"". 网络"和(　　)结尾的 4 种中文域名。

A. ".中华"　　　B. ".中国"　　　C. .com　　　D. .net
3. 电子商务安全协议主要有安全套接层协议和（　　）。
　　A. TCP/IP 协议　　　　　　　B. UTP 协议
　　C. 安全电子交易协议　　　　　D. 网络协议
4. 互联网的域名系统采用（　　）结构。
　　A. 分层　　　B. 分级　　　C. 总线形　　　D. 环形
5. 交易的不可否认性通过（　　）技术来实现。
　　A. 防火墙　　B. 加密　　　C. 解密　　　　D. 电子签名

二、多选题

1. 在分类的 IP 地址中，按照网络号将 IP 地址分为了（　　）。
　　A. A 类地址　　　B. B 类地址　　　C. C 类地址
　　D. F 类地址　　　E. D 类地址
2. 常见的因特网的接入方式有（　　）。
　　A. 光纤接入方式　　　　　　B. GPRS 接入方式
　　C. 电线接入方式　　　　　　D. DDN 专线接入方式
　　E. 局域网接入方式
3. 电子商务的安全要素有（　　）。
　　A. 可靠性　　　B. 真实性　　　C. 机密性
　　D. 完整性　　　E. 不可否认性
4. 常见的数字证书有（　　）。
　　A. 个人证书　　　　　　　　B. 企业（服务器）证书（Server ID）
　　C. 软件（开发者）证书　　　　D. 硬件证书
5. 加密系统由以下几部分组成（　　）。
　　A. 密文　　　B. 密钥　　　C. 算法　　　D. 明文

三、判断题

1. 互联网就是因特网，没有什么区别。（　　）
2. 因特网是基于 TCP/IP 协议实现的。（　　）
3. IP 地址采用点分十进制进行表示，如 1.2.3.4。（　　）
4. 网络安全风险无处不在，不能从事电子商务活动。（　　）
5. 防火墙可以防止病毒和木马的破坏。（　　）

四、简答题

1. 说说互联网、因特网、万维网三者之间的关系。
2. 常用的私有 IP 地址有哪些？
3. 常用的电子商务安全技术有哪些？

五、实训题

1. 查一下网站 www.so.com 的 IP 地址，看能否直接用 IP 地址进行访问。
2. 支付宝数字证书的申请和安装。

知悉电子商务模式

 项目综述

张晓明是某职业学校一年级的新生,他专门选择报读了电子商务专业。为什么报读这个专业呢?原来他家里开了一间小型的服装公司——"杭州悦"女装有限公司(以下简称"悦"女装),并创建了"悦"女装品牌,主要面向25~35岁的白领青年生产职业女装,在当地还开设了5间实体店。以前生意还不错,很多批发商或零售商会找他们拿货。但近几年由于受到网上业务的冲击,他们家的生意是越来越不好做,5间店面关了2间。看着网上的业务如日中天,而传统实体店的道路却越走越窄,张晓明下定决心一定要报考电子商务专业,并把专业学好,为传统企业向互联网转型做好准备。

如果要将"悦"女装的业务放到网上,应该怎么做呢?是自己搭建企业官方网站,还是通过电子商务中介平台来开展?应该怎么选择电子商务中介平台呢?他决定先从几种常见的电子商务模式入手,学习这些模式,并分析不同模式的优秀网站及其核心业务,再有针对性地进行选择。

 项目目标

通过本项目的学习,应达到的具体目标如下。

知识目标

(1) 知悉B2B电子商务模式,包括B2B电子商务的定义、优势、交易模式、盈利模式、交易过程和代表网站;

(2) 知悉B2C电子商务模式,包括B2C电子商务的定义、分类、盈利模式、交易过程、成功因素和代表网站;

(3) 知悉C2C电子商务模式,包括C2C电子商务的定义、优势、业务模式、交易过程、盈利模式和代表网站;

(4) 知悉O2O电子商务模式,包括O2O电子商务的定义、优势、模式分类、盈利模式和代表网站。

技能目标

(1) 通过分析B2B典型代表网站,懂得如何利用B2B平台来开展企业业务;

(2) 通过分析B2C典型代表网站,懂得B2C网站的购物流程,以及企业进驻B2C网站的流程;

(3) 通过分析C2C典型代表网站,懂得C2C网站的购物流程,以及企业在C2C网站开店的流程；

(4) 通过分析O2O典型代表网站,懂得企业开展O2O业务的流程。

情感目标

(1) 培养业务的操作能力,提升电子商务创业意识；

(2) 培养团队合作精神,提升团队合作能力；

(3) 培养分析问题的能力,提高解决问题的能力。

任务1　知悉B2B电子商务模式

任务2　知悉B2C电子商务模式

任务3　知悉C2C电子商务模式

任务4　知悉O2O电子商务模式

电子商务模式的定义和分类

电子商务模式是指在网络环境中基于一定技术基础的商务运作方式和赢利模式。研究和分析电子商务模式的分类体系,有助于挖掘新的电子商务模式,为电子商务模式创新提供途径,也有助于企业制定特定的电子商务策略和实施步骤。

电子商务最常见的分类模式有B2B、B2C、C2C、O2O、C2B、B2B2C等(本书只探讨最常见的前面4种模式)。

任务1　知悉B2B电子商务模式

情境设计

随着电子商务的快速发展,很多服装业同行都已经将业务扩展到网上了。张晓明知道,自己家的公司如果不改革创新,很快就会被社会淘汰。可是要把传统企业的业务放到网上,应该怎么做呢？怎么样才能让更多的人知晓？带着这些疑问,张晓明决定先学习研究B2B电子商务模式。

任务分解

关于B2B电子商务模式的任务分解如图3.1.1所示。

活动1　了解B2B电子商务模式

活动背景

张晓明打开电脑,登录百度网站(http://www.baidu.com),搜索自己家的品牌"悦"

项目三　知悉电子商务模式

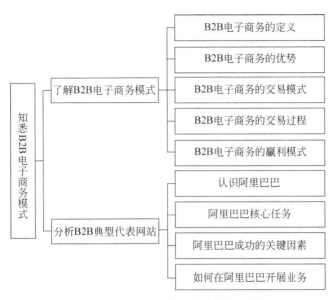

图 3.1.1　B2B 电子商务模式的任务分解

女装,发现并没有相关的搜索结果,反而出现了很多竞争对手的信息。这些服装企业有出现在阿里巴巴的,也有出现在中国女装网的,或者就是企业自身的官方网站,但这些有什么区别呢？B2B 电子商务模式有哪些优势呢？自己应该如何充分利用该模式来推广公司呢？张晓明首先要了解 B2B 电子商务模式。

知识探究

1. B2B 电子商务的定义

B2B(Business to Business)电子商务也称企业对企业的电子商务,或商家对商家的电子商务,是指企业与企业之间通过互联网进行产品、服务及信息交换的商务活动。

通俗的说法是指进行电子商务交易的供需双方都是商家(或企业、公司),他们使用 Internet 的技术或各种商务网络平台,来完成商务交易的过程。

B2B 电子商务既是电子商务发展最早和最快的一个领域,也是目前电子商务市场的主流部分。其参与的企业一般从事大宗交易,能够从中获得大量收益。

B2B 电子商务的典型代表网站有阿里巴巴、慧聪网、中国制造网、中国供应商网等。

　做一做

登录阿里巴巴(http://www.1688.com)、慧聪网(http://www.hc360.com)、中国制造网(http://www.made-in-china.com)、中国供应商网(http://www.china.cn),了解以上 B2B 网站的业务,对比各网站的异同,思考"悦"女装是否适合在这些网站开展业务。

2. B2B 电子商务的优势

与传统商务活动相比,B2B 电子商务具有以下 5 项竞争优势。

1) 买卖双方信息交流低廉、快捷

信息交流是买卖双方实现交易的基础。通过 Internet,买卖双方信息以 Web 超文本(包含图像、声音、文本信息)传输,而传统商务活动的信息交流是通过电话、电报或传真等工具,B2B 电子商务信息交流较传统商务更低廉和快捷。

2) 降低企业间的交易成本

首先对于卖方而言,B2B 电子商务可以降低企业的促销成本。即通过 Internet 发布企业相关信息(如企业产品价目表,新产品介绍,经营信息等)和宣传企业形象,与传统的电视、报纸广告相比,可以更省钱,更有效。因为在网上提供企业的照片、产品档案等多媒体信息有时胜过传统媒体的"千言万语"。

其次对于买方而言,B2B 电子商务可以降低采购成本。传统的原材料采购是一个程序烦琐的过程。而利用 Internet,企业可以加强与主要供应商之间的协作,将原材料采购和产品制造过程两者有机地结合起来,形成一体化的信息传递和处理系统。

3) 减少企业的库存

企业为应付变化莫测的市场需求,通常需保持一定的库存量。但企业高库存政策将增加资金占用成本,且不一定能保证产品或材料是适销货品;而企业低库存政策可能使生产计划受阻,交货延期。因此寻求最优库存控制是企业管理的目标之一。以信息技术为基础的 B2B 电子商务则可以改变企业决策中信息不确切和不及时问题。通过 Internet 可以将市场需求信息传递给企业决策生产,同时也把需求信息及时传递给供应商而适时得到补充供给,从而实现"零库存管理"。

4) 缩短企业生产周期

一个产品的生产是许多企业相互协作的结果,因此产品的设计开发和生产销售可能涉及许多关联企业,通过 B2B 电子商务可以改变过去由于信息封闭而无谓等待的现象。

5) 一天 24 小时无间断运作,增加了商机

传统的交易受到时间和空间的限制,而基于 Internet 的 B2B 电子商务则是一周 7 天、一天 24 小时无间断运作,网上业务可以开展到传统营销人员和广告促销所达不到的市场范围。

3. B2B 电子商务的交易模式

B2B 电子商务的交易模式可分为两类:企业自建 B2B 电子商务平台模式和第三方 B2B 电子商务平台模式。

1) 企业自建 B2B 电子商务平台

企业自建 B2B 电子商务平台是指经营者必须是经过工商行政管理部门或政府其他主管部门和税务机关登记注册的独立法人或法人委派的具备行为主体资格的单位,在互联网上开设交易网站并负责经营和管理。此类平台可细分为卖方电子交易平台,例如戴尔、联想等公司建立了自己的网上销售平台;买方电子交易平台,例如海尔原材料采购系统。图 3.1.2 所示为戴尔网站(http://www.dell.com.cn)首页。

2) 第三方 B2B 电子商务平台

第三方 B2B 电子商务平台模式可分为综合型 B2B 电子商务平台和垂直型 B2B 电子商务平台。

图 3.1.2 戴尔网站首页

（1）综合型 B2B 电子商务平台

综合型 B2B 电子商务平台又称为面向中间交易市场的水平 B2B 电子商务交易模式，是指利用网上中介服务网站，将买方和卖方集中到一个市场上来进行信息交流、广告促销、拍卖竞标、商品交易、仓储配送等商业活动。

这种模式之所以称为"水平"B2B 电子商务，是因为利用这种模式的行业广泛、企业众多，很多行业和企业都可以在同一个网站上进行商务贸易活动。这种交易模式将各个行业中相近的交易过程集中到一个场所，为企业的采购方和供应方提供交易机会。

综合型 B2B 典型网站有阿里巴巴、慧聪网、中国制造网、环球资源网等。图 3.1.3 所示为慧聪网（http://www.hc360.com）首页。

图 3.1.3 慧聪网首页

（2）垂直型 B2B 电子商务平台

垂直型 B2B 电子商务平台又称为面向制造业或商业的垂直 B2B 电子商务交易模式，是指将买卖双方集合在一个特定的专业领域市场进行交易的电子商务模式。其特点是专业性强，聚焦于一个行业做深、做透。

垂直 B2B 可以分为两个方向，即上游和下游。生产商或商业零售商可以与上游的供应商形成供货关系，比如 Dell 公司与上游的芯片和主板制造商就是通过这种方式进行合作。生产商与下游的经销商可以形成销货关系,比如 Cisco 与其分销商之间进行的交易。

垂直 B2B 通常拥有该行业的资源背景,更容易集中行业资源,吸引行业生态系统内多数成员的参与,同时也容易引起国际采购商和大宗买主的关注。因此,近一个时期以来,垂直 B2B 网站成为了企业间电子商务中备受推崇的发展模式。但因为其涉及面窄,所以客户数量的扩展受到一定限制。

垂直型 B2B 典型网站有中国服装网、中国化工网、全球五金网等。图 3.1.4 所示为中国服装网(http://www.efu.com.cn)首页。

图 3.1.4　中国服装网首页

4. B2B 电子商务的交易过程

B2B 电子商务的交易过程包括 6 个步骤,如图 3.1.5 所示。

图 3.1.5　B2B 电子商务交易的基本流程

(1) 买方寻找商品:买方通过 B2B 电子商务网站,注册成为会员,然后搜索寻找自己想要的商品。

(2) 找到卖方进行谈判:买方找到心仪的商品后,在线跟卖方进行沟通交流,确定好商品的规格、型号、品种、质量等信息,并洽谈好价格。

(3) 支付货款:谈判完毕,买方下单购买商品,并在线支付货款。

(4) 卖方接收货款:卖方接收买方支付的货款,然后进行发货操作,说明运输公司、交货地点、运输设备、包装信息等信息。如果是在第三方 B2B 电子商务平台交易,卖方的货款是在买方确认收到商品后才能到达卖方的账户。

(5) 买方请求售后服务:买方收到商品后,若有售后问题,如退换货,保修服务等,及时向卖家提出。

(6) 卖方提供售后服务:卖方回应买方的售后服务请求,及时提供售后服务。

项目三 知悉电子商务模式

5. B2B 电子商务的赢利模式

B2B 电子商务网站分为两大类,其赢利模式不尽相同,主要如下。

(1)企业自建 B2B 电子商务网站,企业通过自建网站来缩减交易环节,从而降低交易成本、提高销售量来赢利。

(2)第三方电子商务平台,其赢利的模式如表 3.1.1 所示。

表 3.1.1 B2B 电子商务盈利模式

盈利来源	模式介绍
会员费	企业通过第三方电子商务平台参与电子商务交易,必须注册为 B2B 网站的会员,每年要交纳一定的会员费才能享受网站提供的各种服务,目前会员费已成为我国 B2B 网站最主要的收入来源
广告费	网络广告是门户网站的主要赢利来源,同时也是 B2B 电子商务网站的主要收入来源。网络广告主要根据广告类型来收费,如首页广告、弹出广告、漂浮广告、Banner 广告、文字广告等多种表现形式
竞价排名	企业为了促进产品的销售,都希望在 B2B 网站的信息搜索中将自己的排名靠前,而网站在确保信息准确的基础上,根据会员交费的不同对排名顺序作相应的调整
增值服务	B2B 网站通常除了为企业提供贸易供求信息以外,还会提供一些独特的增值服务,包括企业认证,独立域名,专家在线资讯服务,提供行业数据分析报告,搜索引擎优化等
线下服务	主要包括培训、展会、期刊、行业商会、研讨会等。通过展会,供应商和采购商面对面地交流,一般的中小企业还是比较青睐这种方式。期刊主要是关于行业资讯等信息,期刊里也可以植入广告
商务合作	包括广告联盟,政府、行业协会合作,传统媒体的合作,企业合作等。广告联盟通常是网络广告联盟,国内做得比较成熟的几家广告联盟有百度联盟、谷歌联盟等
按询盘付费	区别于传统的会员包年付费模式,按询盘付费模式是指从事国际贸易的企业不是按照时间来付费,而是按照海外推广带来的实际效果,也就是海外买家实际的有效询盘来付费

活动小结

张晓明通过学习 B2B 电子商务模式,了解了企业开展 B2B 电子商务的各种优势,可选择的几种 B2B 电子商务交易模式,还有 B2B 电子商务的交易过程,以及 B2B 电子商务的赢利模式。经过思考分析,他认为刚接触电子商务,"悦"女装可以先通过第三方的 B2B 电子交易平台来开展业务,等深入学习了其他专业课程,再考虑自建一个企业官方网站。

活动 2 分析 B2B 典型代表网站

活动背景

在知悉了 B2B 这种电子商务模式后,张晓明选择了 B2B 的典型代表网站——阿里巴巴进行分析。张晓明希望通过了解阿里巴巴的业务,学习其获得成功的地方,然后可以借助阿里巴巴的平台来推广"悦"女装。

知识探究

1. 认识阿里巴巴

阿里巴巴集团成立于 1999 年,是由英语教师马云与另外 17 个合作伙伴一起在杭州创办的公司,而阿里巴巴网站(http://www.1688.com,如图 3.1.6 所示)是为中小型制造商提供产品销售的贸易平台。经过 8 年的发展,阿里巴巴网络有限公司于 2007 年 11 月 6 日在香港联合交易所上市,现为阿里巴巴集团的旗舰业务。"让天下没有难做的生意"是阿里巴巴集团永恒的使命,培育开放、协同、繁荣的电子商务生态圈,是阿里巴巴集团的战略目标。

图 3.1.6 阿里巴巴首页

阿里巴巴的企业愿景是"为千万中小企业服务,让天下没有难做的生意"。阿里巴巴以批发和采购业务为核心,通过专业化运营,完善客户体验,全面优化企业电子商务的业务模式。

阿里巴巴经过十几年的发展,成为全球首个 B 类注册用户超过 1.2 亿的平台。每天超过 1200 万客户来访,产生 1.5 亿次在线浏览。有 1000 万企业开通公司商铺,覆盖服装、家居、工业品等 49 个一级行业,1709 个二级行业。目前,阿里巴巴已和全国百强产业签约达成合作,带动产业、带动政府实现电商化,更加高效率地服务更多线上的采购批发商。

良好的定位,稳固的结构,优秀的服务使阿里巴巴成为全球商人网络推广的首选网站,被商人们评为"最受欢迎的 B2B 网站"。

2. 阿里巴巴的核心业务

1)阿里巴巴提供的服务

(1)基本服务

买家服务:搜索和浏览供应信息、在线反馈和洽谈(用贸易通)、发布求购信息。

卖家服务:搜索和浏览求购信息、发布供应信息、在线反馈和洽谈。

(2) 增值服务

诚信通会员服务：诚信认证、提供网上店铺，可全面展示商品、独享采购信息、发布产品信息，享受竞价排名服务、库存拍卖服务。

中国供应商会员服务：主要基于阿里巴巴英文网站向海外展示及推广企业和产品的收费会员服务。2007年4月，阿里巴巴中文网站推出中国香港"中国供应商"服务，促进出口贸易。2008年11月，国际交易市场推出低门槛会员服务——Gold Supplier 出口通版。2009年9月，国际交易市场试验性地推出"全球速卖通"批发平台，促进网上小额批发交易。

2) 阿里巴巴的付费服务产品

阿里巴巴的付费服务产品见表3.1.2所示。

表3.1.2 阿里巴巴的付费服务产品

产品名称	诚信通	竞价排名（诚信通会员专享）	黄金展位（诚信通会员专享）	页面广告	中国供应商
产品价格	从2013年1月1日起，阿里巴巴诚信通会员服务全面升级，将原有的多种诚信通套餐服务整合为统一的诚信通会员服务，年服务价格也统一为3688元	关键词起拍价从100元到300元共分5档，最低100元	不同关键词对应的"黄金展位"价格不同	位置不同价格不同，首页banner价格高达80 000元/天	不同年度会员费不同
服务内容	排名优先服务、诚信认证服务、独享买家信息、企业网站与独立域名、500强采购专场、诚信通免费培训、竞价排名服务、商铺直达	中标者竞价企业的信息将排在该关键词搜索结果的前5位，投放时间为一个月	投放在指定关键词的各大主要搜索结果页面的右侧显著位置。每个关键词6个黄金广告位，3个月为一周期	在相应页面展示图片或者文字广告信息	提供一站式的店铺装修、产品展示、营销推广、生意洽谈及店铺管理等全系列线上服务和工具，帮助企业降低成本、高效率地开拓外贸大市场
销售方式	按年销售	网上竞价，按月销售	按3个月销售	按天销售	按年销售

3. 阿里巴巴成功的关键因素

阿里巴巴的高速发展得益于成功的产品设计和推广，这些产品满足了客户的需求，为客户带来了利益，从而推动阿里巴巴自身的发展。

(1) 从业务角度，可以将阿里巴巴的成功因素做如下归纳。

① 打造诚信安全的平台。诚信通会员服务通过第三方评估认证，定期进行榜单追踪，网上企业诚信指数一目了然。使用电子支付系统——支付宝，确保买卖双方资金的安全流动。

② 良好的品牌资质。目前，阿里巴巴是中国最大的B2B网站，并连续5年被福布斯

评为全球最佳 B2B 网站。

③ 交易快捷方便。即使相隔千里,照样实现点对点的沟通和交易。

④ 服务成本低廉。免费注册会员,普通会员交易不收任何费用就可享受基本服务。而附加服务如诚信通会员,只须交纳 3688 元年费就可开展国内贸易,无须交纳其他附加费用。

⑤ 业务渠道广阔。阿里巴巴的网络覆盖亚、欧、美,真正做到足不出户,照样把产品卖到国外。

⑥ 海量供求信息。提供海量供求信息,传统渠道无法获取的供求信息在阿里巴巴网站上都能找到。

(2) 从纯粹的商业模式出发,阿里巴巴运营模式取得成功主要有以下几个的原因。

① 中国经济的高速发展。众多中小企业开展国际国内贸易的客观需求为阿里巴巴的创立与发展提供了根本条件。

② 定位准确,专做信息流,汇聚大量的市场供求信息。阿里巴巴在充分调研企业需求的基础上,将企业登录汇聚的信息整合分类,形成网站独具特色的栏目,使企业用户获得有效的信息和服务。

③ 优秀的创业团队与企业文化。在互联网泡沫破灭时,阿里巴巴的团队成员却没有一人离开,正是这种非凡的团队凝聚力为阿里巴巴的发展提供了最有力的保障。马云作为团队领导核心,其过人的商业天赋,独特的人格魅力,是阿里巴巴成功的重要因素。

④ 采用本土化的网站建设方式。针对不同国家采用不同的语言,简易可读,这种便利性和亲和力将各国市场有机地融为一体。

⑤ 在起步阶段,网站放低会员准入门槛,以免费会员制吸引企业登录平台进行注册。阿里巴巴的会员多数为中小企业,免费会员制是吸引中小企业的最主要因素。

⑥ 阿里巴巴通过增值服务为会员提供了优越的市场服务。尽管目前阿里巴巴不向会员收费,但阿里巴巴网站通过增值服务来赢利,如中国供应商、诚信通产品。

⑦ 适度但比较成功的市场运作,比如福布斯评选,提升了阿里巴巴的品牌价值和融资能力。通过各类成功的宣传运作,阿里巴巴多次被选为全球最佳 B2B 站点之一。

4. 如何在阿里巴巴开展业务

1) 买家入门

在阿里巴巴做生意,买家入门只需 3 步,如图 3.1.7 所示。

图 3.1.7　阿里巴巴买家交易流程图

第一步:采购准备。采购前的基础准备,让采购更加顺利便捷。

(1) 完成会员认证,增加信任度。

(2) 绑定支付宝,为网上交易护航。

(3) 下载买家版旺旺,开启与卖家的沟通之门。

(4) 进入新版"我的阿里",熟悉买家后台界面操作。

第二步:找卖家。搜索供应信息,快速找到好宝贝。

第三步:在线采购。下单采购,在线付款,轻松买到心仪的货品。

(1) 在线下单,遇到心仪的宝贝赶紧下手。
(2) 付款,使用在线付款更安全。
(3) 确认收货,宝贝不错就确认。
(4) 评价,注重评价和口碑。

2. 卖家入门

在阿里巴巴做生意,卖家入门只需要4步,如图3.1.8所示。

1.开店准备　　2.开通旺铺　　3.发布产品　　4.在线销售

图3.1.8　阿里巴巴卖家交易流程图

第一步:开店准备。做好开店前的基础准备,可以让网店起步更加顺利。
(1) 完成会员认证,增加信任度。
(2) 绑定支付宝,为网上交易护航。
(3) 下载千牛工作平台,开启与买家的沟通之门。
(4) 进入新版"我的阿里",熟悉卖家后台界面操作。

第二步:开通旺铺。开通网上店面,打响自己的品牌。
(1) 发布公司介绍,展现企业实力,吸引买家。
(2) 开通旺铺,网上开店,让买家找上门。

第三步:发布产品。把产品放上货架,让买家多来挑选。
(1) 发布供应信息,上架产品,吸引买家。
(2) 管理供应信息,产品信息,随心管理。

第四步:在线销售。网上销售货品,足不出户把货卖。
(1) 查看订单,体验生意进门的喜悦。
(2) 发货,快速发货给买家。
(3) 评价,注重评价和口碑。
(4) 提现,把货款放入口袋。

 做一做

登录阿里巴巴网站(http://www.1688.com),注册账号,为"悦"女装发布供应信息,体验企业发布信息流程。

活动小结

分析完阿里巴巴网站,张晓明了解了阿里巴巴的核心业务,以及其取得成功的关键因素,还有开展业务的流程。经过分析思考,张晓明认为"悦"女装若开展对内 B2B 业务,可以选择诚信通服务,对外的话可以选择中国供应商服务。而目前张晓明决定先做好对内的批发业务,可以选择使用诚信通服务来推广。

合作实训

全班同学分为若干组(5~8人一组),分别选取一个 B2B 电子商务网站进行分析,介绍该网站的企业背景以及核心业务,并说明该网站是否适合"悦"女装的发布推广。每个小组成员进行分工,然后制作成 PPT,派小组代表上台演示。最终评分细则如表 3.1.3 所示。

表 3.1.3 评分细则

评分内容	分 数	评 分
内容充实、详细	50	
态度认真,分工合作	20	
PPT 制作图文结合,突出重点	20	
演讲表述清晰、流利	10	
总评		

任务 2　知悉 B2C 电子商务模式

情境设计

知悉完 B2B 电子商务模式后,张晓明发现对于大多数的用户来说,并不是以商家的身份在网上交易,而是以个人的身份去交易,那么有没有专门企业对个人的交易模式,这个过程又是如何进行的?自己可以怎样利用好这种模式呢?张晓明决定好好学习一下 B2C 电子商务模式。

任务分解

关于 B2C 电子商务模式的任务分解如图 3.2.1 所示。

活动1　了解 B2C 电子商务模式

活动背景

"悦"女装除了开展批发业务外,也开展零售业务。如何在网上开展针对个人消费者的零售业务呢?因此,张晓明还要了解 B2C 电子商务模式。

项目三　知悉电子商务模式

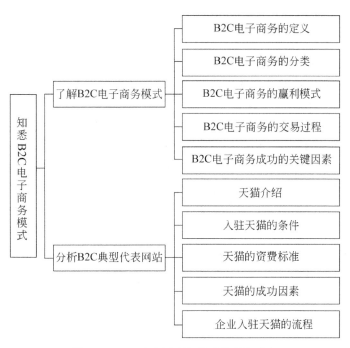

图 3.2.1　B2C 电子商务模式的任务分解

知识探究

1. B2C 电子商务的定义

B2C(Business to Customer)电子商务也称企业对消费者的电子商务,指的是企业针对个人开展的电子商务活动的总称。它是以互联网为主要手段,由商家或企业通过网站向消费者提供商品和服务的一种商务模式。

B2C 是企业对消费者直接开展商业活动的一种电子商务模式。这种形式的电子商务一般以直接面向客户开展零售业务为主,主要借助于互联网开展在线销售活动,故又称为电子零售(电子销售)或网络销售。

B2C 模式是我国最早产生的电子商务模式。在今天,B2C 电子商务以完备的双向信息沟通、灵活的交易手段、快捷的物流配送、低成本高效益的运作方式等在各行各业展现了其强大的生命力。联合国贸易和发展会议(贸发会议)发布《2015 年信息经济报告》称,在全球 130 个经济体中,小型欧洲经济体在"企业对消费者(B2C)电子商务"领域最为发达,发展中经济体则在迅速迎头赶上,中国实际上已经成为全球最大的"企业对消费者电子商务"市场。

如今的 B2C 电子商务网站非常多,比较大型的有天猫、京东商城、亚马逊网站、一号店等。

 做一做

登录天猫(http://www.tmall.com),京东(http://www.jd.com),亚马逊网站

57

(http://www.amazon.cn)、1号店(http://www.yhd.com)，了解以上B2C网站的业务，对比各网站的异同，思考是否适合"悦"女装零售业务的开展。

2．B2C电子商务的分类

1) 按企业和消费者买卖关系分类

(1) 卖方企业—买方个人模式

这是商家出售商品和服务给消费者个人的电子商务模式。首先，商家在网站上开设网上商店，公布商品的品种、规格、价格、性能等，或者提供服务种类、价格和方式，由消费者个人选购、下订单、在线或离线付款，然后商家再负责送货上门。这种网上购物方式对于消费者来说，可以使消费者获得更多的商品信息，虽足不出户却可货比千家，买到价格较低的商品，节省购物的时间。对商家来说，与传统的店铺销售相比，B2C的优点关键在于可以节省店铺租赁的开销以及销售人员的人工开销，而且网上销售范围几乎不受企业大小的限制。商家还可以通过动态监测商品的点击率、购买率、用户反馈，随时调整商品的进货计划，同样也可以起到减少积压的情况出现。当然，这种电子商务模式的发展需要高效率和低成本的物流体系的配合。这种模式的典型代表网站如亚马逊书店(http://www.amazon.cn)，如图3.2.2所示。

图3.2.2　亚马逊书店首页

(2) 买方企业—卖方个人模式

这是企业在网上向个人求购商品或服务的一种电子商务模式，这种模式应用最多的就是企业用于网上招聘人才。在这种模式中，企业首先在网上发布需求信息，然后由个人上网洽谈。这种方式在当今人才流动量大的社会中极为流行，因为它建立起了企业与个人之间的联系平台，使得人力资源得以充分利用。这种模式的典型代表网站如前程无忧网(http://www.51job.com)，如图3.2.3所示。

2) 按交易客体分类

B2C电子商务按交易客体划分，可以分为3类：无形商品和服务的电子商务模式，有形商品和服务的电子商务模式，无形和有形商品和服务相结合的电子商务模式。第一种可以完整地通过网络来完成交易，第二种和第三种只能在网上完成部分交易，还要借助传统手段的配合才能完成交易。

图 3.2.3　前程无忧网首页

（1）无形商品和服务的电子商务模式

① 网上订阅模式。网上订阅模式指的是企业通过网页安排向消费者提供网上直接订阅，消费者直接浏览信息的电子商务模式。网上订阅模式主要被商业在线机构用来销售报纸杂志、有线电视节目等。

② 付费浏览模式。付费浏览模式指的是企业通过网页安排向消费者提供计次收费性网上信息浏览和信息下载的电子商务模式。付费浏览模式让消费者根据自己的需要，在网址上有选择地购买一篇文章、一章书的内容或者参考书的一页。在数据库里查询的内容也可付费获取。另外一次性付费参与游戏娱乐将会是很流行的付费浏览方式之一。

③ 广告支持模式。广告支持模式是指在线服务商免费向消费者或用户提供信息在线服务，而营业活动全部用广告收入支持。此模式是目前最成功的电子商务模式之一。由于广告支持模式需要上网企业的广告收入来维持，因此该企业网页能否吸引大量的广告就成为该模式能否成功的关键。而能否吸引网上广告又主要靠网站的知名度，知名度又要看该网站被访问的次数。广告网站必须对广告效果提供客观的评价和测度方法，以便公平地确定广告费用的计费方法和计费额。

④ 网上赠予模式。网上赠予模式是一种非传统的商业运作模式，是企业借助于国际互联网用户遍及全球的优势，向互联网用户赠送软件产品，以扩大企业的知名度和市场份额。通过让消费者使用该产品，让消费者下载一新版本的软件或购买另外一个相关的软件。由于所赠送的是无形的计算机软件产品，而用户是通过国际互联网自行下载，因而企业所投入的分拨成本很低。因此，如果软件确有其实用特点，那么是很容易让消费者接受的。

（2）有形商品和服务的电子商务模式

有形商品是指传统的实物商品，采用这种模式，有形商品和服务的查询、订购、付款等活动在网上进行，但最终的交付不能通过网络实现，还是用传统的方法完成。这种电子商务模式也叫在线销售。目前，企业实现在线销售主要有两种方式：一种是在网上开设独立的虚拟商店；另一种是参与并成为网上购物中心的一部分。有形商品和服务的在线销售使企业扩大了销售渠道，增加了市场机会。与传统的店铺销售相比，即使企业的规模很小,网上销售也可将业务伸展到世界的各个角落。网上商店不需要像一般的实物商店那样保持很多库存,如果是纯粹的虚拟商店,则可以直接向厂家或批发商订货,省去了商品存储的阶段,从而大大节省了库存成本。

(3) 综合模式

实际上,多数企业的网上销售并不仅仅采用一种电子商务模式,而往往采用综合模式,即将各种模式结合起来实施电子商务。如 Golf Web 网站,它是一个拥有 3500 页有关高尔夫球信息的网站。这家网站采用的就是综合模式,其中 40%的收入来自于订阅费和服务费,35%的收入来自于广告,还有 25%的收入是该网址专业零售点的销售收入。该网站已经吸引了许多大公司的广告,如美洲银行、美国电报电话公司等。专业零售点开始两个月的收入就高达 10 万美元。

3. B2C 电子商务的赢利模式

B2C 电子商务企业主要的赢利模式有以下 4 种。

1) 产品销售营业收入模式

以产品交易作为收入的主要来源,多数 B2C 网站采用这种模式。可分为销售平台式网站,自主销售式网站,以及两者相结合的网站 3 种模式。

(1) 销售平台式网站

网站并不直接销售产品,而是为商家提供 B2C 的平台服务,通过收取虚拟店铺出租费、交易手续费、加盟费等来实现盈利。天猫(http://www.tmall.com)就是其典型代表。天猫收取加入商城商家一定的费用,并根据提供服务级别的不同,收取不同的服务费和保证金,如图 3.2.4 所示。

图 3.2.4　天猫首页

(2) 自主销售式网站

自主销售式网站直接销售产品。与销售平台相比运营成本较高,需要自行开拓产品供应渠道,并构建一个完整的仓储和物流配送体系或者发展第三方物流加盟商,将物流服务外包。凡客诚品(http://www.vancl.com)就是典型代表,主要以销售服装为主,通过销售自主产品而获得盈利,如图 3.2.5 所示。

图 3.2.5　凡客诚品首页

(3) 平台式＋销售式网站

这种综合网站融合了销售平台式网站和自主销售式网站的特点,既通过提供 B2C 平台来赢利,也通过销售自有产品来赢利。京东(http://www.jd.com)就是典型代表网站,京东通过销售自营产品,并构建了自营物流配送体系,还搭建了京东商城平台,让商家入驻,通过以上两种方式来赢利,如图 3.2.6 所示。

图 3.2.6　京东商城首页

2) 网络广告收益模式

网络广告收益是互联网经济中比较普遍的模式,B2C 网站通过免费向顾客提供产品或服务吸引足够的"注意力"从而吸引广告主投入广告,通过广告赢利。相对于传统媒体来说,广告主在网络上投放广告具有独特的优势:一方面,网络广告投放的效率较高,一般按照广告点击的次数收费;另一方面,B2C 网站可以充分利用网站自身提供的产品或服务来划分消费群体,这对广告主的吸引力也很大。

3) 收费会员制收益模式

B2C 网站为会员提供便捷的在线加盟注册程序、实时的用户购买行为跟踪记录、准确的在线销售统计资料查询及完善的信息保障等。收费会员是网站的主体会员,会员数量在一定程度上决定了网站通过会员最终获得的收益。网站收益量的大小主要取决于自身推广的努力。比如网络可以适时地举办一些优惠活动并给予收费会员更优惠的会员价,与免费会员形成差异,以吸引更多长期顾客。

4) 网站的间接收益模式

除了能够将自身创造的价值变为现实的利润,企业还可以通过价值链的其他环节实现赢利。

(1) 网上支付收益模式

当 B2C 网上支付拥有足够的用户时,就可以开始考虑通过其他方式来获取收入。以天猫(淘宝网)为例,有 90% 以上的天猫(淘宝网)用户通过支付宝支付,这给天猫(淘宝网)带来了巨大的利润空间。天猫(淘宝网)不仅可以通过支付宝收取一定的交易服务费用,而且可以充分利用用户存款和支付时间差所产生的巨额资金进行其他投资赢利。

(2) 网站物流收益模式

我国 B2C 电子商务的交易规模已经达到数百亿元,由此产生的物流市场也很大。将物流纳为自身服务,网站不仅能够占有物流利润,还使得用户创造的价值得到增值。如京东就是靠高效的自营物流服务,大大地提升了用户的满意度和忠诚度。不过,物流行业与互联网信息服务有很大差异,B2C 网站将物流纳为自身服务的成本非常高,需要建立实体配送系统,而这需要有强大的资金做后盾,这一点大多数网站很难做到。

4. B2C 电子商务的交易流程

从买家的角度到 B2C 网站进行购物交易,其流程如图 3.2.7 所示。

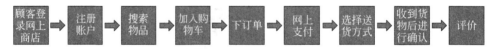

图 3.2.7　B2C 网站交易流程图

登录亚马逊中文网站(http://www.amazon.cn),购买自己喜欢的商品,了解 B2C 网站的购物流程,体验网上购物的乐趣。

5. B2C 电子商务成功的关键因素

一个 B2C 电子商务企业取得成功的关键因素应该包括以下几点。

1) 创造成功的品牌

创造一个好的品牌对 B2C 网络零售商来说是至关重要的。在虚拟的网络世界里,顾客可以不受任何时间和空间限制地从一个商店转到另一个商店,他们在网络上感受到的品牌所代表的商店和商品都是无形的。网络零售商建立顾客关系的重要途径就是向顾客灌输对其提供产品和服务等综合能力的一种信任感,优秀的品牌可以使顾客建立起对网络零售商的信任感,这种信任感反过来又给网络零售商造就了广阔的空间去进一步提高产品质量和服务。所以,在虚拟世界中过硬的品牌更容易取得成功。一个新品牌要想取得成功必须不断提高自身的知名度,并在网上建立起良好的顾客信任感和偏爱。

2) 创建良好的购物体验

网上商店是一种可以随时随地进入的商店,网上商店就是售货现场。网上商店的感官效果,购物体验是网上销售品牌塑造的关键因素。在线购物主要是一种视觉感受,如优美的页面可以得到顾客的青睐促进商品的销售,网站的设计要确保页面布局合理、文字清楚易读、按键使用快捷方便,避免长时间的登录过程;网上商店的设计还必须考虑使购物过程更简便,如在顾客为选购商品而犹豫不决时向他们提供更为丰富的商品信息,优化搜索工具和购物车的功能。

3) 建立忠诚的顾客关系

随着电子商务的发展,赢得顾客的忠诚度已变得越来越关键了,B2C电子商务企业要想获得成功一般需要遵循3个步骤:赢得个别顾客、逐渐了解顾客和提高顾客回头率。为顾客提供一对一、高层次的个性化服务,使顾客只能从这里享受到此种服务,提高顾客对网站的黏着度。

"黏着度"是指"使用过一次还想再次使用,还想再来"的意思。对于网站的黏着度,指用户登录该网站一次以后还想继续登录。

网站对用户的黏着可能来自于两个方面,用户黏着或者是内容黏着。

(1) 内容黏着。对于内容黏着网站,Web 1.0时代的网站基本上是靠内容、资讯、信息来吸引用户的,比如当时的搜狐、网易、新浪等。

(2) 用户黏着。随着Web 2.0时代的到来,人人都可以创建内容,人人都可以是内容的发布者和消费者,并且人与人之间通过网络进行沟通、交流、分享、交友,用户黏着就比内容黏着更加重要。社会是一个"人"的社会,如果你的网络有利于维护他已有的社会关系,并且可以进一步扩大社会关系,那么你就能够黏着用户。比如QQ、Youku、豆瓣、Facebook等都是靠用户来发展其他的用户。

4) 创建以顾客为中心的业务流程

企业不能仅满足于赢得顾客,更重要的是要让顾客满意。网上购物是一种全新的购物体验,企业要想让顾客满意,就需要处处为顾客着想,围绕顾客的需求而不是只考虑公司的方便来建立每一个业务流程环节。包括产品展示环节的真实可靠,支付环节的快捷方便,物流环节的高效及时,售后服务的良好保障等环节。

此外,企业的产品规模、产品质量、宣传推广策略、网站内部管理等也是影响B2C电子商务企业运营成功的重要因素。

活动小结

通过学习B2C电子商务模式,张晓明了解到了B2C电子商务的定义、分类、赢利模式和成功因素,并亲自体验了 B2C 购物的流程。经过分析思考,张晓明认为"悦"女装可以选择销售式平台网站或自主销售式平台网站来开展网络零售业务,但自主销售式平台网站需要一定的技术支持,还要做网站的宣传推广。因此,可以优先选择销售平台式网站来开展网络零售业务。

活动 2 分析 B2C 典型代表网站

活动背景

在知悉 B2C 这种电子商务模式后,张晓明决定挑一个 B2C 的电子商务平台——天猫来进行分析,希望通过了解天猫的业务,以及入驻的条件和流程,可以借助天猫平台来开展"悦"女装的零售业务。

知识探究

1. 天猫介绍

"天猫"是什么?猫是性感而有品位的,天猫网购代表的就是时尚、性感、潮流和品质;猫天生挑剔,挑剔品质,挑剔品牌,挑剔环境,这恰好符合天猫网购要全力打造的品质之城的定义。

"天猫"(亦称淘宝网商城、天猫商城)原名淘宝网商城,是一个综合性购物网站。2012 年 1 月 11 日上午,淘宝网商城正式宣布更名为"天猫",如图 3.2.4 所示。天猫是淘宝网全新打造的 B2C 平台,其整合数千家品牌商、生产商,为商家和消费者之间提供一站式解决方案,并提供 100% 品质保证的商品,7 天无理由退货的售后服务,以及购物积分返现等优质服务。2016 年 11 月 11 日,天猫"双 11"再刷全球最大购物日记录,单日交易额达到 1207 亿元。

迄今为止,天猫已经拥有 4 亿多买家,5 万多家商户,7 万多个品牌;多种新型网络营销模式正在不断被开创。加入天猫,将拥有更多接触最前沿电子商务的机会,也将为全新的 B2C 事业创造更多的奇迹!图 3.2.8 所示为天猫的招商首页。

2. 企业入驻天猫的条件

1) 入驻店铺类型

可以入驻天猫的店铺类型如表 3.2.1 所示。

表 3.2.1 入驻天猫店铺类型

店铺类型	店铺介绍
品牌拥有者——旗舰店	商家以自有品牌(商标为 R 或 TM 状态),或由权利人独占性授权,入驻天猫开设的店铺
单品牌代理商——专卖店	商家持他人品牌(商标为 R 或 TM 状态)授权文件在天猫开设的店铺
多品牌代理商——专营店	经营天猫同一经营大类下两个及以上他人或自有品牌(商标为 R 或 TM 状态)商品的店铺。一个招商大类下专营店只能申请一家

图 3.2.8 天猫招商首页

2) 入驻所需材料介绍(以"女装/女士精品"类目为例)

(1) 招商说明

① "女装/女士精品"类目专卖店、专营店暂不招商。

② "女装/女士精品"类目定向招商,指定定向招商品牌。

(2) 招商入驻要求

① 开店公司注册资本高于 100 万元人民币(包括 100 万元)。

② 开店公司依法成立两年及以上。

③ 开店公司需具备一般纳税人资格。

④ "女装/女士精品"类目自荐品牌需提供商标注册证(即 R 标),且近两年内未发生转让。

⑤ 如经营进口商品,需提供近一年内合法渠道进口证明。

⑥ 商品必须符合法律及行业标准的质量要求。

⑦ 所有提交资料需要加盖开店公司公章(鲜章)。

3. 天猫的资费标准

天猫的资费标准包括 3 部分,如表 3.2.2 所示。

1) 保证金

品牌旗舰店、专卖店:带有 TM 商标的 10 万元,全部为 R 商标的 5 万元。

专营店:带有 TM 商标的 15 万元,全部为 R 商标的 10 万元。

保证金不足额时,商家需要在 15 日内补足余额,逾期未补足的天猫将对商家店铺进行监管,直至补足。

表 3.2.2　天猫资费标准组成

资费组成	资费介绍
保证金	天猫经营必须交纳保证金,保证金主要用于保证商家按照天猫的规范进行经营,并且在商家有违规行为时根据《天猫服务协议》及相关规则规定用于向天猫及消费者支付违约金。保证金根据店铺性质及商标状态不同,金额分为5万元、10万元、15万元3档
技术服务费年费	商家在天猫经营必须交纳年费。年费金额以一级类目为参照,分为3万元或6万元两档
实时划扣技术服务费	商家在天猫经营需要按照其销售额(不包含运费)的一定百分比(简称"费率")交纳技术服务费

小贴士

特殊类目说明如下。
① 卖场型旗舰店,保证金为15万元。
② 经营未在中国大陆申请注册商标的特殊商品(如水果、进口商品等)的专营店,保证金为15万元。
③ 天猫经营大类"图书音像",保证金收取方式为旗舰店、专卖店5万元,专营店10万元。
④ 天猫经营大类"服务大类"及"电子票务凭证",保证金1万元。
⑤ 天猫经营大类"医药",保证金30万元。
⑥ "网游及QQ""话费通讯"及"旅游"经营大类的保证金为1万元。
⑦ 天猫经营大类"汽车及配件"下的一级类目"新车/二手车",保证金10万元。

2) 技术服务年费

技术服务年费分为3万元和6万元两档。

(1) 年费返回50%或100%

为鼓励商家提高服务质量和壮大经营规模,天猫将对技术服务费年费有条件地向商家返还。返还方式上参照店铺评分(DSR)和年销售额(不包含运费)两项指标,返还的比例为50%和100%两档。具体标准为协议期间内DSR平均不低于4.6分,年费返还按照2016年内实际经营期间进行计算。

年销售额是指在协议有效期内,商家所有交易状态为"交易成功"的订单金额总和。该金额中不含运费,亦不包含因维权、售后等原因导致的失败交易金额。

(2) 年费结算

因违规行为或资质造假被清退的不返还年费;根据协议通知对方终止协议、试运营期间被清退的,将全年年费返还均摊至自然月,按照实际经营期间来计算具体应当返还的年费;如商家与天猫的协议有效期起始时间均在2016年内的,则入驻第一个月免当月年费,计算返年费的年销售额则从商家开店第一天开始累计;如商家与天猫的协议有效期跨自然年的,则非2016年的销售额不包含在年销售额内;非2016年的销售额是"交易成功"状态的时间点不在 2016 自然年度内的订单金额。年费的返还结算在协议终止后进行。以服饰大类为例,资费标准如表 3.2.3 所示。

表 3.2.3 天猫服饰大类资费标准

天猫经营大类	一级类目	技术服务费费率/%	技术服务费年费/万元	返 50%年费对应年销售额/万元	返 100%年费对应年销售额/万元
服饰	服饰配件/皮带/帽子/围巾	5	3	18	60
	女装/女士精品	5	6	36	120
	男装	5	6	36	120
	女士内衣/男士内衣/家居服	5	6	18	60

如果一级类目是女装,根据表 3.2.3,技术服务年费需交纳 6 万元。若年销售额达到 36 万元,则返回 50%的年费,即 3 万元,技术服务年费实际只花了 3 万元;若年销售额达到 120 万元,则返回 100%的年费,即 6 万元,直接免技术服务年费。

3) 实时划扣技术服务费

按照其销售额(不包含运费)的一定百分比(简称"费率")实时交纳的技术服务费。以服饰为例,技术服务费费率为 5%,若一天的销售额是 1 万元,其中 1000 元是运费,则当天划扣的技术服务费一共是(10 000-1 000)×5%=450 元。

4. 天猫成功的因素

1) 大而全的商品

天猫的商品数目在近几年内有了明显的增加,从汽车、计算机到服饰、家居用品、家装建材,分类齐全,更是设置网络游戏装备交易区。

2) 周到的服务

天猫比普通店铺更有吸引力的是它的服务,它不光是大卖家和大品牌的集合,同时也提供比普通店铺更加周到的服务。

(1) 7 天无理由退换货

天猫卖家接受买家 7 天内无理由退换货,无须担心买到的不合适,或者买到的东西和实际相差太大。

(2) 正品保障

天猫卖家所卖物品都是正品行货,接受买家的监督和淘宝网的监督。

(3) 信用评价

天猫所有店铺违规、产生纠纷的退款及受到的处罚,将被完全公布在评价页面。这将成为除评价以外,买家对卖家诚信度判断的最重要标准。

(4) 功能

天猫具有普通店铺和旺铺都不具有的功能。

① 信用评价无负值,从 0 开始,最高为 5,全面评价交易行为。

② 店铺页面自定义装修,部分页面装修功能领先于普通店铺和旺铺。

③ 产品展示功能采用 Flash 技术,全方位展示产品。

④ 全部采用商城认证,保证交易的信用。

5．企业入驻天猫的流程

企业入驻天猫包括 4 个步骤,如图 3.2.9 所示。

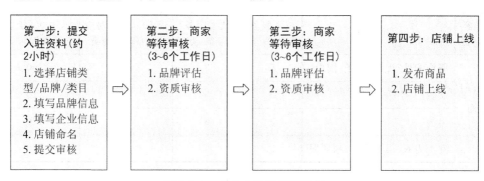

图 3.2.9　企业入驻天猫流程图

活动小结

通过分析天猫的平台,张晓明了解了企业要进驻的流程和需要交纳的相关费用。目前来看,天猫已经提高了企业进驻的门槛,像服装企业,只能是定向招商,非定向招商的服装企业是不能进驻了。他后悔没能早点接触电子商务。若"悦"女装要开展 B2C 业务,那只能挑选其他平台进驻了。

合作实训

全班同学分为若干组(5～8 人一组),为"悦"女装挑选合适的 B2C 电子商务平台(如京东、唯品会、当当、1 号店等),了解企业入驻的标准和流程,以服装行业为例,将入驻的要求、条件、资费标准等罗列出来。小组成员进行分工,然后制作成 PPT 演示文稿,最后派小组代表上台演示。最终评分细则如表 3.1.3 所示。

任务 3　知悉 C2C 电子商务模式

情境设计

企业在网上开展零售业务,除了选择 B2C 电子商务模式外,还有没有其他模式可以选择呢?张晓明决定好好学习一下 C2C 电子商务模式。

任务分解

关于 C2C 电子商务模式的任务分解如图 3.3.1 所示。

项目三 知悉电子商务模式

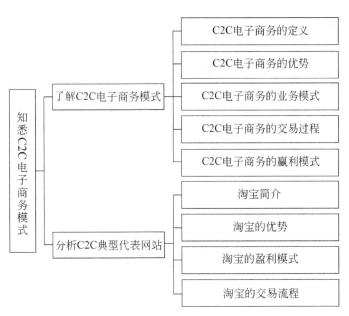

图 3.3.1　C2C 电子商务模式的任务分解

活动 1　了解 C2C 电子商务模式

活动背景

"悦"女装开展网络零售业务，走 B2C 电子商务模式存在一定的门槛，那么有没有更容易更快捷的网络零售模式呢？因此，张晓明还要了解 C2C 电子商务模式。

知识探究

1. C2C 电子商务的定义

C2C(Consumer to Consumer)电子商务也叫个人对个人的电子商务，或消费者对消费者的电子商务，是指通过为买卖双方提供一个在线交易平台，使买卖双方可以在平台上独立展开以竞价、议价为主的在线交易模式。

在 C2C 电子商务模式中，电子交易平台提供商至关重要，它往往同时扮演着监督者和管理者的角色，为买卖双方提供技术支持服务，甚至还为买卖双方提供保险、借贷等金融类服务。淘宝网、易趣网、eBay 网等，是目前主流的 C2C 电子商务网站。

 做一做

登录淘宝网(http://www.taobao.com)、易趣网(http://www.eachnet.com)，了解以上 C2C 网站的业务，对比各网站的异同，思考是否适合"悦"女装开展零售业务。

知识拓展

相伴十年的拍拍网已退出互联网舞台

拍拍网(http://www.paipai.com)原是腾讯旗下C2C电子商务交易平台,网站于2005年9月12日上线发布,2006年3月13日宣布正式运营。拍拍网依托于腾讯QQ超过5.9亿的庞大用户群以及2.5亿活跃用户的优势资源,通过提供包括服装服饰,母婴,食品和饮料,家居家装和消费电子产品等在内的丰富的产品来全面满足消费者的需求。

2014年3月10日上午,京东集团与腾讯控股有限公司宣布建立战略合作伙伴关系。京东将收购腾讯B2C平台QQ网购和C2C平台拍拍网的100%权益、物流人员和资产,以及易迅网的少数股权和购买易迅网剩余股权的权利。

鉴于C2C(个人对消费者)模式的电子商务在中国目前的商业环境中监管难度较大,无法有效杜绝假冒伪劣商品,为了公平对待合法经营的商家、保护消费者权益,经过慎重的思考和评估,京东集团决定2015年12月31日停止提供C2C模式(paipai.com)的电子商务平台服务,并于2016年4月1日起彻底关闭C2C模式的电子商务平台服务(paipai.com)。

2. C2C电子商务的优势

C2C电子商务模式的特点是能实现个人对个人的点对点销售,免除了中间商环节,让数量巨大、地域不同、时间不一的买方和卖方通过一个平台找到合适的对象进行交易,买方能直接从卖方那里以比较优惠的价格买到有特色的商品。同传统的市场相比,它不再受到时间和空间限制,节约了大量的市场沟通成本,其价值是显而易见的。

1) C2C电子商务能够为用户带来真正的实惠

C2C电子商务不同于传统的消费交易方式。过去卖方往往具有决定商品价格的绝对权力,而消费者的议价空间非常有限;拍卖网站的出现使得消费者也有决定产品价格的权力,并且可以通过消费者相互之间的竞价结果让价格更有弹性。网上竞拍的优势便是利用互联网平台将拍卖变成了平民交易。无论是谁,无论在哪里,只要可以上网就可以参与竞拍,省去了时刻关注拍品价格的麻烦,也节约了时间、交通、住宿等诸多成本。因此,通过这种网上竞拍,消费者在掌握了议价的主动权后,其获得的实惠自然不用说。

2) C2C电子商务能够吸引用户

打折永远是吸引消费者的制胜良方。由于拍卖网站上经常有商品打折,对于注重实惠的中国消费者来说,这种网站无疑能引起消费者的关注。对于有明确目标的消费者(用户),他们会受利益的驱动而频繁光顾C2C;而那些没有明确目标的消费者(用户),他们会为了享受购物过程中的乐趣而流连于C2C。如今C2C网站上已经存在不少这样的用户,他们并没有什么明确的消费目标,他们花大量时间在C2C网站上游荡只是为了看看有什么新奇的商品,有什么商品特别便宜,对于他们而言,这是一种很特别的休闲方式。因此,从吸引"注意力"的能力来说,C2C的确是一种能吸引"眼球"的商务模式。

 **知识窗**

据第 38 次《中国互联网络发展状况统计报告》显示,截至 2016 年 6 月,中国网民规模达 7.10 亿,互联网普及率达到 51.7%;我国网络购物用户规模达到 4.48 亿,较 2015 年底增加 3448 万,增长率为 8.3%,我国网络购物市场依然保持快速、稳健增长趋势。其中,我国手机网络购物用户规模达到 4.01 亿,增长率为 18.0%,手机网络购物的使用比例由 54.8%提升至 61.0%。

 做一做

登录中国互联网络信息中心(http://www.cnnic.net),下载查看第 38 次《中国互联网络发展状况统计报告》。

3. C2C 电子商务的业务模式

目前,C2C 电子商务的业务模式主要有拍卖平台运作模式和店铺平台运作模式。

1)拍卖平台运作模式

拍卖平台运作模式是 C2C 电子商务企业通过为买卖双方搭建拍卖平台,从而按比例收取交易费用的一种模式。eBay 网(http://www.ebay.com)就是这种模式的典型代表,如图 3.3.2 所示。

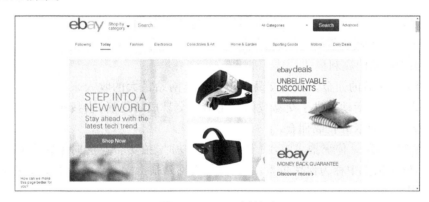

图 3.3.2　eBay 网首页

(1)网络拍卖的定义

网络拍卖(Auction Online)是通过因特网进行的在线交易的一种模式,是指网络服务商利用互联网通信传输技术,向商品所有者或某些权益所有人提供有偿或无偿使用的互联网技术平台,让商品所有者或某些权益所有人在其平台上独立开展以竞价、议价方式为主的在线交易模式。

(2)网络拍卖的形式

① 现场与网络在线同时竞拍的形式。这种拍卖方式对技术和流程的要求更高一些,这也更加倾向于司法拍卖的严格程序和大宗货物、珍贵艺术品、古董等标的的拍卖。因为

这种拍卖方式最大限度地保留了严格的流程和手续,同时同步进行现场拍卖会的在线直播,兼顾了传统拍卖与网络优势的结合。并且这种方式更有利于司法监管和规范化执行,对整个传统行业内的推广改革真正起到推动和借鉴作用。

② 纯网络上的多标的同时挂牌倒计时拍卖的形式。这种方式的技术要求要相对低一些,优点是可以不受拍卖持续时间的严格限制,可以自主设定,实际上就延长了拍品展示和竞拍的时间,能够有更大空间来提高实际成交价。

(3) 网络拍卖中拍卖标的类型

网络拍卖中拍卖标的的种类日益增多,拍卖标的主要有以下几种。

① "低度触摸"的商品。在网络拍卖刚兴起时,网站上展示的拍品大多是"低度触摸"的商品,如计算机、书籍、CD等。这些商品的成交量也高,竞买人无须试用或当面检验就能放心购买。而另一类属于"高度触摸"的商品,如衣服、鞋子等,竞买人在竞买前喜欢看看质地,试试尺寸大小,这些物品在网络拍卖中略显冷清。但是现在"低度触摸"和"高度触摸"的界限正在消失。例如拍卖衣物时,拍卖网站可提供一个标准尺码以供竞买人作参照。

② 标准化产品。网络拍卖中的大部分拍品是标准化产品,能进行反复复制,同类商品在品质上无差别,如书籍、音像制品等,它们易用文字进行准确描述,竞买人可根据网站上拍品的文字描述和图片外观来决定是否竞买。

③ 艺术收藏品。艺术收藏品在传统拍卖中是最主要的拍品,而且艺术收藏品拍卖发展至今已趋于成熟。但是网上艺术收藏品拍卖刚起步。竞买人很难仅凭借拍品的照片就判断拍品的真伪和品质,且那些价值昂贵、年代久远的艺术收藏品的具体情况不易用简单的语言清楚准确地加以描述。所以网络拍卖中价格高昂的艺术收藏品一般乏人问津,最易成交的大多是中低价格的艺术品。

(4) 拍卖网站的赢利模式

① 拍卖成交后的佣金。拍卖交易佣金是拍卖网站最大的收入来源。拍卖网站为买方和竞买人的拍卖活动提供了交易载体。在拍卖交易成功之后,会按拍品成交额的一定比例向卖方或买卖双方收取佣金。

② 保留价费用。传统拍卖中,拍卖交易不成功时,拍卖企业会向委托人收取一定的服务费用,网络拍卖中称为保留价费用,就是拍卖网站根据卖方事先设置的拍品保留价高低收取费用。

③ 登录拍品信息的费用。卖方如果想在某一拍卖网站上进行物品的拍卖活动,拍卖网站会向卖方收取拍品信息登录费用。

④ 额外的服务费用。拍卖网站会通过拓展它的服务内容来收取其他费用。如为拍品提供多角度的拍摄,为拍品提供文字描述等。

2) 店铺平台运作模式

店铺平台运作模式是电子商务企业提供平台方便个人在上面开设店铺,以会员制的方式收费,也可能过广告或提供其他附加服务收取费用。淘宝网(http://www.taobao.com)就是这种模式的典型代表网站,如图3.3.3所示。

(1) 理想店铺平台的基本特征

① 对买家而言:具有良好的品牌形象、简单快捷的申请手续、稳定的后台技术、快速

项目三 知悉电子商务模式

图 3.3.3 淘宝网首页

周到的顾客服务、完善的支付体系、高效的配送服务,以及售后服务保证措施等。

② 对卖家而言:有尽可能高的访问量、具备完善的网店维护和管理、订单管理等基本功能,并且可以提供一些高级服务,如对网店的推广、网店访问流量分析等。当然,还要有合理的收费模式和费用水平。

(2) 适合网上店铺销售的商品

① 网上销售商品的分类。网上销售的商品可以分为有形商品和无形商品,无形商品又可以为数字化商品和服务类商品。表 3.3.1 所示为网上销售商品的分类。

表 3.3.1 网上销售商品的分类

商品形态		商品内容	商品举例
有形商品		线上销售,线下配送	服装、化妆品、食品、日用品、电子产品等
无形商品	数字化商品	信息数据销售	研究报告、论文、电子书、数据库检索、数字化电子新闻等
		软件销售	计算机游戏、软件包等
	服务类商品	情报销售	银行、金融咨询服务、法律、医药查询、市场行情分析等
		预约服务	医院预约挂号、航空订位、订票、预订电影票、音乐会入场券等
		交互式服务	网络交友、视频点播、法律、医药咨询等

② 适合网上销售商品的特征:a. 知识型商品。即属于智力密集型的产品,如各种计算机软件,电子书等。b. 受众(用户)范围较为宽泛,不特定的商品。受众范围广、不特定,则能够充分利用网络的优势,让自己的产品为更多的用户所知晓。c. 能被普遍接受的标准化商品。这类商品的特点在于产品质量、性能易于鉴别,具有较高的可靠性。如数码类的商品。d. 内部品种极为丰富的产品。有些产品如图书、音像制品,内部品种繁多,传统的商业形态无法全部罗列或展示穷尽。如图书、音像制品等。e. 个性化需求明显,且需要与消费者互动的商品。如定制服装,定制家具等商品。f. 传统销售方式成本较高的产

品。如珠宝钻石、时装名表需要气派华贵的专卖店来配套,而在网上销售则可以大幅度降低销售成本。g.适合于物流配送的产品。产品的形状、体积、结构、质地,对物流配送的难易程度、费用高低发生着作用,从而影响它们与电子商务的契合。比如服装与电子产品等就是个典型的例子。

小贴士

网上开店也要注意遵守国家法律法规,不能销售以下商品。

(1) 法律法规禁止或限制销售的商品,如枪支弹药、管制刀具、文物、珍稀野生动物、淫秽品及毒品等。

(2) 涉及违反《刑法》《合同法》《产品质量法》《著作权法》等相关法律法规的商品。例如,不属于出卖人所有或者出卖人无权处分的商品,假冒伪劣商品,侵犯知识产权的商品等。

(3) 违反所在交易平台商品发布规则的商品。例如,淘宝网的《禁止和限制发布商品信息规则》,易趣网的《禁售和限售物品列表》。

4. C2C 电子商务的交易流程

1) 网络拍卖

网络拍卖的交易流程如图 3.3.4 所示。

图 3.3.4 网络拍卖交易流程

2) 网上商店

网上商店的交易流程如图 3.3.5 所示。

图 3.3.5 网上商店交易流程

更多详细内容请参考项目八任务 1:个人电子商务实践。

做一做

登录淘宝网(http://www.taobao.com),注册账号,然后在淘宝网上购买商品,了解 C2C 的购物流程,体验网上购物。

5. C2C 电子商务的赢利模式

1) 会员费

会员费也就是会员制服务收费,是指 C2C 网站为会员提供网上店铺出租、公司认证、产品信息推荐等多种服务组合而收取的费用。由于提供的是多种服务的有效组合,比较能适应会员的需求,因此这种模式的收费比较稳定。费用第一年交纳,第二年到期时需要客户续费,续费后再进行下一年的服务,不续费的会员将恢复为免费会员,不再享受多种服务。

2) 交易提成

交易提成不论什么时候都是C2C网站的主要利润来源。因为C2C网站是一个交易平台,它为交易双方提供机会,就相当于现实生活中的交易所、大卖场,从交易中收取提成是其市场本性的体现。

3) 广告费

企业将网站上有价值的位置用于放置各类型广告,根据网站流量和网站人群精度标定广告位价格,然后再通过各种形式向客户出售。如果C2C网站具有充足的访问量和用户黏度,广告业务会非常大。但是C2C网站出于对用户体验的考虑,均没有完全开放此业务,只有个别广告位不定期开放。

4) 搜索排名竞价

C2C网站商品的丰富性决定了购买者搜索行为的频繁性。搜索的大量应用就决定了商品信息在搜索结果中排名的重要性。由此便引出了根据搜索关键字竞价的业务。用户可以为某关键字提出自己认为合适的价格,最终由出价最高者竞得,在有效时间内该用户的商品可获得竞得的排位。只有卖家认识到竞价为他们带来的潜在收益,才愿意花钱使用。

5) 支付环节收费

支付问题一向就是制约电子商务发展的瓶颈,直到阿里巴巴推出了支付宝才在一定程度上促进了网上在线支付业务的开展。买家可以先把预付款通过网上银行打到支付公司的个人专用账户,待收到卖家发出的货物后,再通知支付公司把货款打入卖家账户,这样买家不用担心收不到货还要付款,卖家也不用担心发了货而收不到款。而支付公司就按成交额的一定比例收取手续费。

活动小结

通过学习C2C电子商务模式,张晓明了解了C2C的定义、优势、业务模式和赢利模式,并亲自体验了C2C的购物过程。在店铺平台运作模式的选择上面,通过分析比较,张晓明认为"悦"女装要开展C2C业务,更适合选择店铺平台运作模式,接下来他要挑选一个店铺平台来实践。

活动2 分析C2C典型代表网站

活动背景

一说到上网买东西或卖东西,大伙都会不假思索地回答"淘宝网"。毫无疑问,淘宝网在国内C2C领域的领先地位暂时还没有对手能够撼动,占据了C2C市场半壁江山。淘宝网究竟有什么魅力?张晓明决定好好分析下淘宝网,为下一步"悦"女装开店做好准备。

知识探究

1. 淘宝网简介

淘宝网(图3.3.6所示为淘宝网简介)成立于2003年5月10日,由阿里巴巴集团投资创办,是中国深受欢迎的网购零售平台,也是亚洲最大的购物网站。目前拥有近5亿的注册用户数,每天有超过6000万的固定访客,同时每天的在线商品数已经超过了8亿件,平均每分钟售出4.8万件商品。随着淘宝网规模的扩大和用户数量的增加,淘宝网也从单一的C2C网络集市变成了包括C2C、团购、分销、拍卖等多种电子商务模式在内的综合性零售商圈。目前已经成为世界范围的电子商务交易平台之一。

淘宝网致力于推动"货真价实、物美价廉、按需定制"网货的普及,帮助更多的消费者享用海量且丰富的网货,获得更高的生活品质;通过提供网络销售平台等基础性服务,帮助更多的企业开拓市场、建立品牌,实现产业升级;帮助更多胸怀梦想的人通过网络实现创业就业。新商业文明下的淘宝网,正走在创造1000万就业岗位这下一个目标的路上。

淘宝网不仅是中国深受欢迎的网络零售平台,也是中国消费者交流社区和全球创意商品的集中地。淘宝网在很大程度上改变了传统的生产方式,也改变了人们的生活消费方式。不做冤大头、崇尚时尚和个性、开放擅于交流的心态以及理性的思维,成为淘宝网上崛起的"淘一代"的重要特征。淘宝网多样化的消费体验,让淘一代们乐在其中:团设计、玩定制、赶时髦、爱传统。

通过十几年的发展,淘宝网用一种特殊的气质影响并改变着淘宝网上的消费者、商家的流行态度和风尚趋势。从淘便宜、淘方便到淘个性,潮流的气质影响着潮流的行为,潮流的平台揭示着潮流的趋势——淘宝网引领的淘潮流时代已然来临。

图3.3.6 淘宝网简介

2．淘宝网的优势

1）本土化优势

淘宝网是一个本土成长起来的国际品牌，它依托中国本土的文化，加强宣传理念。例如通过"旺旺"交易软件可以使用户之间在交易时讨价还价，把商品叫作"宝贝"，淘宝网的工作人员叫作"小二"等，都能够体现出让人既新鲜又亲切的感觉，符合中国网民的消费习惯，有利于扩大消费量。

2）资源优势

淘宝网是阿里巴巴旗下的网站，这也就是淘宝网拥有了阿里巴巴丰富的商业资源。领先的革新能力，完善的质量控制体系，丰富的营销经验，上乘的客户服务。淘宝网依托阿里巴巴集团的雄厚和先进理念，率先采取的各项措施基本成为行业的规范和方向标。

3）服务优势

注重用户体验，服务优势明显。淘宝网之所以占领了C2C领域大部分的市场，坚持免费原则是一个原因，更重要的是淘宝网在注重用户社区体验以及客服中心的建设上的努力是分不开的。

4）价格优势

产品种类多，价格有竞争优势。丰富的产品类目，低廉有竞争力的商品价格，是很多顾客愿意来淘宝网购物的主要原因，能真正地为顾客带来实惠。

5）严格的质量监管

淘宝网在质量监管上面的力度比较得当，特别是在正品商品的限制上很多，采用的积分评价制度，可以让买家看到更多的信息，在有关投诉的问题上，处理得相当严格。

6）交易安全有保障

淘宝网许多重要信息都是采用身份证的验证制度，保障了卖家的身份有效性。便于客户维护自己的权益。淘宝网提供第三方支付工具——支付宝协助交易双方完成交易，解除了众多买家对于钱财的担忧，提高网上交易的信用度。

3．淘宝网的赢利模式

至今为止，淘宝网仍然实行开店免费政策。那么，它的收入来源主要来自于两大块：广告收入和增值服务费收入。

1）广告收入

（1）淘宝网开店商家竞价排名：淘宝直通车(CPC)，钻石展位(CPM)，淘宝客等

商家竞价排名占据了淘宝网广告总收入的80%，其中收入主要来源于淘宝直通车。这是目前对于淘宝网商家最见效的广告模式，也是淘宝网的主要利润来源。

知识窗

淘宝直通车是一款帮助客户推广商品/店铺的营销工具。通过对买家搜索的关键词或是淘内/外的展现位置出价，从而将宝贝展现在高流量的直通车展位上，客户也可自行

选择在哪些买家眼前展现,让宝贝在众多商品中脱颖而出找到它的买家。

钻石展位展示网络推广是以图片展示为基础,精准定向为核心,通过CPM(千次展现计费)竞价的实时网络推广平台,为客户提供精准定向、创意策略、效果监测、数据分析等一站式全网推广投放解决方案,帮助客户实现更高效、更精准的全网数字营销。

淘宝客是一种按成交计费的推广模式,也指通过推广赚取收益的一类人,淘宝客只要从淘宝客推广专区获取商品代码,任何买家(包括自己)经过推广(链接、个人网站、博客或者社区发的帖子)进入淘宝网卖家店铺完成购买后,就可得到由卖家支付的佣金;简单说,淘宝客就是指帮助卖家推广商品并获取佣金的人。

(2)淘宝网各页面硬广告位及链接

淘宝网的硬广告收入也是赢利收入之一,包括品牌广告、钻石展位、在线沟通工具、聊天窗口、文字链接等。

> **小贴士**
>
> 什么是硬广告?硬广告指直接介绍商品、服务内容的传统形式的广告,通过刊登报刊、设置广告牌、电台和电视台播出等进行宣传(区别于软广告)。

知道了硬广告的概论,那什么是软广告呢?

2)增值服务费收入

(1)淘宝网开店商家相关插件租金

相关插件包括旺铺、会员关系管理、网店版、图片空间、统计软件、库存管理。由于商家基数很大,所以任何一个插件开发出来都会迅速引来商家试用,并逐步养成使用习惯,从而为淘宝网带来稳定的现金流。

(2)大淘宝网计划之开放平台在线软件租金分成

淘宝网开放平台是大淘宝网电子商务基础服务的重要开放途径,它将推动各行各业定制、创新、进化,并最终促成新商业文明生态圈。淘宝网开放平台成为淘宝网集成、软件开发商与淘宝网卖家应用的一个接口。

(3)大淘宝网计划之SNS游戏平台收入分成

在大淘宝网计划里,淘宝网推出了淘江湖,它是依托于淘宝网的一个真实的好友交互平台,同时淘江湖还联合众多第三方优质SNS游戏类及生活类应用开发团队为所有的淘江湖用户提供各种有趣及实用的应用。淘江湖里收入了大量的SNS游戏开发商,比如大家所熟知的开心牧场,开心厨房等,这些游戏又为淘宝网带来了稳定的收入。

4.淘宝网的交易流程

1)买家购物

买家购物的流程如图3.3.7所示。

图 3.3.7 淘宝网买家购物流程

2）卖方开店

卖方开店的流程如图 3.3.8 所示。

图 3.3.8 淘宝网卖家开店流程

更多详细流程内容可参考项目八任务 1：个人电子商务实践。

活动小结

通过分析淘宝网平台，张晓明了解了淘宝网的赢利模式、交易流程以及取得成功的关键因素。淘宝网平台进入的门槛很低，而且是免费开店，他决定"悦"女装的零售业务可以先从淘宝网开店开始。

合作实训

C2C 移动端和电脑端购物对比分析

随着移动电子商务的发展，越来越多的用户在手机移动端购物。将全班同学分为若干组（5～8 人一组），要求每位同学都登录淘宝网，在淘宝网上体验网上购物，并在手机端下载"手机淘宝网"App，在手机端购物。然后小组成员一起讨论，对两种购物模式进行分析对比，并写出两种购物模式的优缺点。每个小组成员进行分工，然后制作成 PPT，派小组代表上台演示。最终评分细则如表 3.1.3 所示。

任务 4 知悉 O2O 电子商务模式

情境设计

目前有许多电子商务模式，并且每天还有更多的商务模式出现。张晓明要学习的东西还很多，现在他还要学习近几年比较热门的 O2O 电子商务模式，希望借助 O2O 电子商务模式来推广"悦"女装。

任务分解

关于 O2O 电子商务模式的任务分解如图 3.4.1 所示。

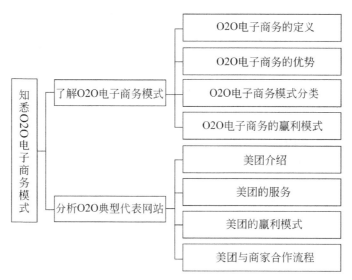

图 3.4.1　O2O 电子商务模式的任务分解

活动 1　了解 O2O 电子商务模式

活动背景

企业除了可以在网上开展批发、零售业务,还有没有其他形式可以开展呢?很多企业都是线上销售和线下销售结合在一起,因此张晓明还要了解 O2O 电子商务模式。

知识探究

1. O2O 电子商务的定义

O2O 电子商务即 Online to Offline,是指线上营销线上购买带动线下经营和线下消费,商家通过免费开网店将商家信息、商品信息等展现给消费者,消费者通过线上筛选服务,线下比较、体验后有选择地消费,在线下进行支付。

这样既能极大地满足消费者个性化的需求,也节省了消费者因在线支付而没有去消费的费用。商家通过网店信息传播得更快,更远,更广,可以瞬间聚集强大的消费能力。该模式的主要特点是商家和消费者都通过 O2O 电子商务满足了双方的需要。

现在从事 O2O 模式的企业有很多,而且已呈现出从 PC 端向移动端转移的趋势。如美团网,大众点评,58 同城,携程网,滴滴打车等。

手机端下载 App 应用程序:美团、携程、滴滴打车,了解其业务,体验线上下单,线下消费的 O2O 电子商务交易模式。

2. O2O 电子商务的优势

1)达到"三赢"效果

对线下商家而言,O2O 模式采用线上支付形式,支付信息将成为商家获取消费者消费信息的重要渠道。O2O 模式还可对商家的营销效果进行直观的统计、分析、追踪及评估,弥补了以往营销推广效果的不可预测性。

对消费者而言,O2O 模式为其提供了全面、及时、丰富和适合的商家优惠信息,消费者可以更加快捷筛选并订购适合的商品或服务。在线上查找商家,除了可以获取更丰富、更全面的商家及其服务信息外,还可以获得相对比线下直接消费较为便宜的价格。

对平台商而言,O2O 模式可以带来高黏度的消费者,对商家有强大的推广作用及其可衡量的推广效果,可吸引大量线下生活服务商家加入。

2)改善用户体验

B2B 改变了制造业交易方式,B2C、C2C 改变了零售业销售方式和人们的消费生活方式。而 B2B/B2C/C2C 商业模式的最大局限在于"用户体验",随着用户产品体验诉求及产品服务诉求的日渐高涨,单一线上模式的瓶颈凸现出来。O2O 显然有效地解决了这一难题,这一跨越也使 O2O 模式成为电子商务领域的新模式和新方向。线下的服务不能装箱配送,快递本身也无法传递社交体验所带来的快乐。但是通过 O2O 模式,将线下商品或服务进行展示,并提供在线支付"预约消费",这对于消费者来说,不仅拓宽了选择的余地,还可以通过线上对比选择和享受最令人期待和合适的服务。

3)实现精准营销

互联网的虚拟性使 B2B/B2C/C2C 模式在线上达成了交易,但对线下发生了什么则无法掌控,这种粗放式交易无法提升电子商务的交易效率。O2O 模式的最大优势就是对每笔交易的"可追踪",推广效果的"可追查"。一方面,通过线上平台为商家导入更多的客流,并提高用户消费数据的收集力度,帮助商家实现精准营销;另一方面,充分挖掘线下商家资源,使用户享受更便捷、更合适的产品或服务。

3. O2O 电子商务模式分类

1)团购

团购是从电商市场细分出来的,由于其主要经营本地生活类服务,而团购模式日渐成熟稳定,所以团购被认为是 O2O 代表性模式。团购基本上已经涵盖了本地生活服务的所有主要项目,可分为餐饮类、服务类、娱乐类这三大类。团购是商家用来清库存,合理利用资源的有效促销手段。

目前比较知名的团购网站有哪些?你团购过吗?悦女装适合开展团购业务吗?

2)优惠券

手机优惠券是结合了移动互联网的最为基础的 O2O 模式,用户只需在就餐时向商家出示手机上的优惠券即可,商家通过利用优惠券做营销吸引消费者光顾。这种形式非常实用,用户使用方便,商家也很受益。随着智能手机的普及,移动互联网的发展,O2O 市场越来越热,优惠券已成为颇具代表性的O2O模式,市场前景大好。目前优惠券O2O也不仅局限在餐饮业,正逐步涵盖本地生活服务市场的各个领域,并结合LBS功能,根据用户位置即时推送周边的相关服务。

> LBS是基于位置的服务,它是通过电信移动运营商的无线电通信网络或外部定位方式获取移动终端用户的位置信息,在地理信息系统平台的支持下,为用户提供相应服务的一种增值业务。

3)微信客户关系管理

微信与O2O形成了密切联系,微信即将拥有6亿用户,对于本地生活服务类商家来讲,这6亿用户就是巨大的潜在市场。商家希望通过微信建立客户关系管理系统,把本地生活服务市场形成与网络零售市场相同的数据化管理方式。这样一来商家便于对客户关系进行管理,而且将会形成精准可持续的营销渠道,并且可对自身的经营状况进行数据化分析,进而提高资源利用情况,提升服务质量。

4)移动支付

在未来的移动互联网时代,O2O将会成为又一种主要的消费形式。O2O代表了本地生活服务市场的发展方向,移动互联网又是O2O模式的主要载体,本地生活服务将会与移动互联网紧密结合,移动支付则担负着结合后的资金流通重任,移动支付对O2O市场的重要性可想而知。目前,支付宝支付和微信支付是主要的移动支付形式。

5)双线零售

有线上零售渠道和线下零售渠道的品牌商、零售商都可以通称为O2O。有些人分得更细,把线下(实体店)和线上(网店)有机融合的一体化"双店"经营模式称为OAO(Online and Offline),这种模式的线上线下双零售渠道结合的形式已经颇具代表模式,这是传统零售企业做电商的集体表征。

6)万达电商

万达电商是颇具代表性的O2O模式。万达电商在智能定位、智能停车、智能储物、智能闸机、智能预约、智能门锁和智能手环七大智能服务和设备在技术上已经完成了开发,正在试点部署测试。未来这些智能硬件将应用在广场、院线、亲子、秀场、乐园等业态,并逐步覆盖万达线下各业态的所有经营场所。

4. O2O电子商务的赢利模式

1)产品或服务的差价

(1)对于有形产品来说,通过O2O平台,减少了中间交易环节,省去了物流费用,大大降低了管理成本等多方面成本,整体提升了利润。

(2)对于服务类产品来说,O2O平台主要向消费者提供了线下服务,提高了客户体验。产品或服务的差价是O2O收益的主要来源。

2)网络广告收入

知名O2O运营商利用自己网站的知名度和影响力,可以在网站的首页及其他页面投

项目三 知悉电子商务模式

放其他企业的广告,从广告中获取收益。

3) 按商家实际销售所获取的佣金收入

对于不同品种的商品,制定不同的付费比例。只有产生实际订单,带来销售收入,商家才支出佣金。因此,商家相对的风险小。

4) 收取会员费

线下商户要实现在O2O平台上的电子商务交易,必须注册为O2O网站的会员,通过每年交纳一定的会员费的形式来享受网站提供的各种服务。

5) 其他收入来源

可通过价值链的其他环节实现赢利,如为业内厂商提供咨询服务收取服务费,向消费者提供增值服务收取订阅费。

知识拓展

1. B2M电子商务模式

B2M(Business to Manager)是相对于B2B、B2C、C2C的电子商务模式而言,是一种全新的电子商务模式。而这种电子商务相对于以上3种有着本质的不同,其根本的区别在于目标客户群的性质不同,前三者的目标客户群都是作为消费者的身份出现,而B2M所针对的客户群是该企业或者该产品的销售者或者为其工作者,而不是最终消费者。

2. M2C电子商务模式

M2C(Manager to Consumer)是针对B2M电子商务模式而出现的延伸概念。在B2M环节中,企业通过网络平台发布该企业的产品或者服务,职业经理人通过网络获取该企业的产品或者服务信息,并且为该企业提供产品销售或者企业服务,企业通过经理人的服务达到销售产品或者获得服务的目的。而在M2C环节中,经理人将面对Consumer,即最终消费者。

3. B2A电子商务模式

B2A(Business to Administration)也即B2G(Business to Government),是商业机构对行政机构的电子商务,指的是企业与政府机构之间进行的电子商务活动。

4. C2A电子商务模式

C2A(Consumer to Administration)也即C2G(Consumer to Government),是消费者对行政机构的电子商务,指的是政府对个人的电子商务活动。

活动小结

通过学习O2O电子商务模式,张晓明知悉了O2O电子商务的定义、优势、分类和盈利模式。他认为O2O是以后发展的趋势,可以很好地给企业以及消费者带来实惠。"悦"女装完全可以线上平台和线下实体店相结合来共同宣传。

活动2　分析O2O典型代表网站

活动背景

为了更好地了解团购模式,张晓明选择了比较有代表性的美团网进行分析,希望通过分析典型团购网站的模式,更好地对"悦"女装进行宣传。

知识探究

1．美团网介绍

美团网的网址为 http://www.meituan.com,其首页如图3.4.2所示。美团网是2010年3月4日成立的团购网站。美团网有着"美团一次,美一次"的宣传口号。为消费者发现最值得信赖的商家,让消费者享受超低折扣的优质服务;为商家找到最合适的消费者,给商家提供最大收益的互联网推广。

图3.4.2　美团网首页

2015年10月8日,大众点评与美团网宣布合并,美团网CEO王兴和大众点评CEO张涛将会同时担任联席CEO和联席董事长。

2016年1月,美团点评完成首次融资,融资额超33亿美元,融资后新公司估值超过180亿美元。

2016年7月18日,生活服务电商平台美团—大众点评(简称"新美大")宣布,获得华润旗下华润创业联和基金战略投资,双方将建立全面战略合作。

2．美团的服务

1) 诚信可靠

诚信是团购网站的生存根本,尤其是团购人数的真实可靠。美团网将会成立"诚信监督委员会",邀请媒体、名博、互联网业内人士以及普通网友加入。美团网将对"诚信监督委员会"全面开放后台数据,"诚信监督委员会"可以随机抽选任何一单查看后台各项数据,检查美团网购买人数数据的真实性。

2) 承诺团购无忧

美团网自成立以来,始终将用户满意度放到第一位。为了更好地服务用户,美团网率先推出"7天内未消费,无条件退款""消费不满意,美团就免单"和"过期未消费,一键退款"等一系列消费者保障计划,构成了完善的"团购无忧"消费者保障体系,为用户提供最贴心的权益保障,免除消费者团购的后顾之忧,让消费者轻松团购,放心消费。

3) 售前审核流程

美团网与任何商家合作都要都经过美团网专门组建的品控团队进行严格的八层审核把关,审核没通过的商家一律不能和美团网合作,以确保消费者权益受到最大化的保障,层层为消费者着想。

4) 售后服务保障

美团网始终遵循消费者第一、商家第二、美团第三的原则。在消费者消费后,通过让消费者对消费进行评价,从而及时发现消费中存在的问题并改进;在美团券过期前,会多次给消费者发短信提醒;为了更好地电话服务顾客,美团投入千万元进行呼叫中心建设,确保客服电话能及时接入;最后就是强有力的"团购无忧"的售后服务计划,包括购买7天后未消费无条件退款、消费不满意美团就免单、过期未消费一键退款。

3. 美团的赢利模式

目前,美团的赢利模式有以下4个方面。

(1) 佣金模式。这是美团网最主要的赢利模式,主要是通过出售团购商品,直接赚取中间差价;或者是通过出售商品进行百分比的抽成;或者通过协议帮商家做折扣促销,按照协议金额形成收入。

(2) 广告收入。商家在美团网上做广告,美团网由此收取广告费。

(3) 转介费模式。美团网直接将页面链接到产品所属公司,让产品所属公司获得更多被知晓的机会,甚至开发出更多潜在客户,因此美团网通过向该公司收取转介费用获取收入。

(4) 活动回扣。商家在美团上做活动和展会时,美团会收取回扣,获得收入。

4. 美团与商家合作流程

美团与商家合作提供的服务有三类,流程图如图3.4.3所示。

合作实训

挑选合适的O2O电子商务模式

全班同学分为若干组(5～8人一组),为悦女装挑选合适的O2O电子商务模式,并详细说明开展流程。每一组同学进行分工,然后制作成PPT,最后派小组代表上台演示。最终评分细则如表3.1.3所示。

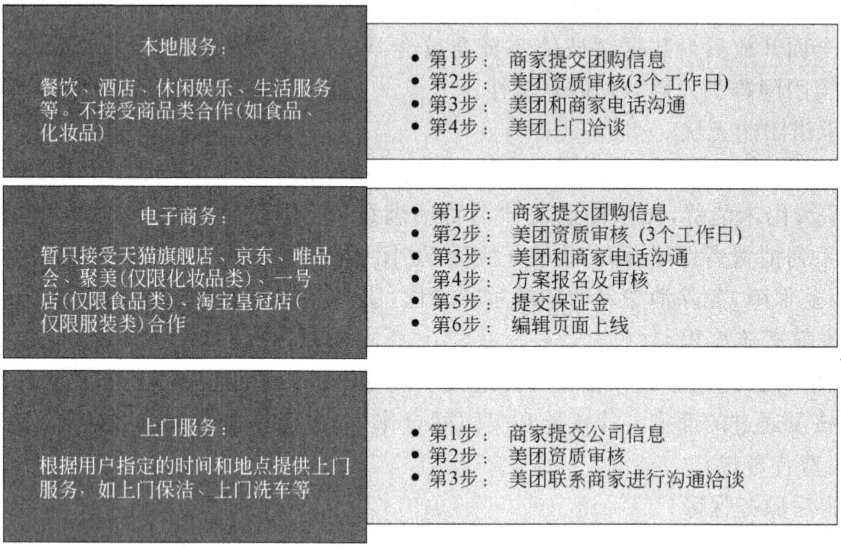

图 3.4.3 美团与商家合作流程图

项目总结

张晓明通过学习 B2B、B2C、C2C、O2O 这 4 种电子商务模式,知悉了这 4 种模式的定义,各自的交易流程,优势以及赢利模式等基础知识;通过分析各种模式所代表的典型网站,张晓明知悉了这些典型网站的业务,交易流程,赢利模式等内容,懂得了如何利用这些网站的核心业务来帮助"悦"女装开展网上业务。

本项目的学习让张晓明明晰了传统企业进军电子商务可以采用的模式类型,以及具体的操作方法和流程。通过边学习边实践,不断总结分析,更加提升了张晓明对电子商务的兴趣,这些知识为张晓明以后的学习打下了一定的基础,让他在网上创业这条道路上更增添了信心。

项目检测

一、单选题

1. B2C 是指(   )的电子商务模式。
   A. 企业对企业   B. 企业对个人   C. 个人对个人   D. 企业对政府
2. 阿里巴巴是目前国内最大的(   )电子商务企业。
   A. B2B   B. B2C   C. C2C   D. B2G
3. 以下属于 O2O 的代表网站有(   )。
   A. 京东   B. 美团   C. 淘宝网   D. 阿里巴巴
4. (   )是指企业通过网页安排向消费者提供计次收费性网上信息浏览和信息下载的电子商务模式。
   A. 网上订阅模式   B. 付费浏览模式   C. 广告支持模式   D. 网上赠予模式
5. O2O 电子商务的赢利模式不包括(   )。

A. 网络广告收入　　　　　　　B. 产品或服务的差价
C. 收取会员费　　　　　　　　D. 竞价排名收入

二、多选题

1. B2B电子商务的交易模式主要有(　　)。
   A. 垂直型模式　　B. 综合型模式　　C. 在线商店模式　　D. 内联网模式
2. 根据交易的客体分类，可把B2C电子商务分为(　　)。
   A. 无形商品和服务的电子商务模式
   B. 卖方企业—买方个人模式
   C. 买方企业—卖方个人模式
   D. 有形商品和服务的电子商务模式
3. 消费者在网上商店进行购物的操作是(　　)。
   A. 浏览商品　　B. 选购商品　　C. 信息发布　　D. 订购商品
4. 以下属于B2C电子商务模式的网站的是(　　)。
   A. 京东　　B. 当当　　C. 慧聪　　D. 苏宁易购
5. C2C电子商务的赢利模式包括(　　)。
   A. 会员费　　B. 交易提成　　C. 广告费　　D. 搜索排名竞价

三、判断题

1. 综合型B2B电子商务平台的特征是专业性强。(　　)
2. 在网站购物结账中提供的送货地址可以是虚拟的。(　　)
3. 天猫是国内最大的C2C电子商务网站。(　　)
4. 文物、古董也适合在网上销售。(　　)
5. 团购被认为是O2O代表性模式。(　　)

四、简答题

1. 当前主要的电子商务模式有几种？分别代表什么含义？
2. B2B电子商务与传统的商务活动相比有什么优势？
3. 适合网上销售商品的特征有哪些？

五、实训题

1. 登录阿里巴巴网站(http://www.1688.com)，注册账号，了解企业发布信息的流程。
2. 登录当当网(http://www.dangdang.com)，注册账号，以用户的身份来购买商品，体验网上购物。
3. 登录美团网，到美团网上下单(如美食、电影等)，然后再到线下体验商家的服务。

浅试电子支付

项目综述

电子商务支付系统是消费者、商家和金融机构之间使用安全电子手段交换商品或服务,即把新型支付手段包括电子现金、信用卡、借记卡、智能卡等支付信息通过网络安全传送到银行或相应的处理机构来实现电子支付,是融购物流程、支付工具、安全技术、认证体系、信用体系以及现代的金融体系为一体的综合大系统。

进入职业院校学习的陈媛就读于电子商务专业,离家求学一段时间后她想给妈妈网购一份礼物。第一次送妈妈礼物,用网购的形式也算是一份惊喜。陈媛浏览了不少网络店铺,也选好了礼物,但总是在网上支付这个环节停止了。她觉得应该先详细了解一下电子商务支付的相关知识再进行操作。

项目目标

通过本项目的学习,应达到的具体目标如下。

知识目标

(1) 了解电子商务支付的方式、方法;
(2) 理解电子银行的基础知识;
(3) 掌握网络购物的基本业务流程。

技能目标

(1) 能使用快捷支付进行相关操作;
(2) 能开通网上银行并进行相关操作;
(3) 能使用多种电子支付方式进行网络购物。

情感目标

(1) 提升学生沟通协调、团队合作的能力;
(2) 培养学生电子商务支付安全意识;
(3) 培养学生谨慎认真的工作素养。

项目任务

任务1　认识电子商务支付
任务2　了解电子银行

项目四　浅试电子支付

任务1　认识电子商务支付

情境设计

陈媛把想在网上给妈妈买礼物的想法告诉了她的团队成员陈杰、马超,得到了他俩的响应。原来他们都对网购这件事跃跃欲试,但是又都不太清楚该怎么付钱,又担心贸然支付会不安全。简单交流后,他们决定分工合作,分头去查找安全、便捷的电子支付方式,然后把自己掌握的方式分享给其他成员。

任务分解

团队成员在课堂学习的基础上,利用支付宝服务大厅进行自主学习,主要熟悉常见的电子商务支付方式:快捷支付、网银支付、移动支付,并在淘宝网体验网络购物。

活动1　了解电子商务支付安全技术

活动背景

在了解电子商务支付方式的过程中,陈杰始终担心支付安全的问题。尤其是当他发现快捷支付这种方式并不需要登录网上银行,只需要输入支付宝支付密码即可完成付款,如此便捷的网上支付方式究竟安全吗?向来谨慎的他决定了解一下电子商务支付安全技术。

知识探究

身份认证

身份认证也称为"身份验证"或"身份鉴别",是指在计算机及计算机网络系统中确认操作者身份的过程,从而确定该用户是否具有对某种资源的访问和使用权限,进而使计算机和网络系统的访问策略能够可靠、有效地执行,防止攻击者假冒合法用户获得资源的访问权限,保证系统和数据的安全,以及授权访问者的合法利益。

在真实世界,对用户身份认证的基本方法可以分为3种。

(1) 根据你所知道的信息来证明你的身份(what you know,你知道什么)。

(2) 根据你所拥有的东西来证明你的身份(what you have,你有什么)。

(3) 直接根据独一无二的身体特征来证明你的身份(who you are,你是谁),比如指纹、面貌等,如图4.1.1所示。

网络世界中的手段与真实世界中一致,为了达到更高的身份认证安全性,某些场景会将上面3种身份认证方法挑选两种混合使用,即所谓的双因素认证。

常用的身份认证形式有以下6种。

(1) 静态密码。静态密码是由用户自己设定的。在网络登录时输入正确的密码,计

图 4.1.1 身份认证

算机就认为操作者是合法用户。实际上,由于许多用户为了防止忘记密码,经常采用诸如生日、电话号码等容易被猜测的字符串作为密码,或者把密码抄在纸上放在一个自认为安全的地方,这样很容易造成密码泄露。如果密码是静态的数据,验证过程中需要在计算机内存储和传输,就可能会被木马程序在网络中截获。因此,静态密码机制无论是使用还是部署都非常简单,但从安全性上讲,用户名/密码方式一种是不安全的身份认证方式,如图 4.1.2 所示。

图 4.1.2 静态密码

（2）动态口令。动态口令是目前最为安全的身份认证方式,利用 what you have 方法,是一种动态密码。

动态口令牌是客户手持用来生成动态密码的终端,主流的是基于时间同步方式的,每 60 秒变换一次动态口令,口令一次有效,它产生 6 位动态数字进行一次一密的方式认证。

但是由于基于时间同步方式的动态口令牌存在 60 秒的时间窗口,导致该密码在这

60秒内存在风险,现在已有基于事件同步的、双向认证的动态口令牌。基于事件同步的动态口令是以用户动作触发的同步原则,真正做到了一次一密,并且由于是双向认证,即服务器验证客户端,并且客户端也需要验证服务器,从而达到了杜绝木马网站的目的。

由于它使用起来非常便捷,85%以上的世界500强企业运用它保护登录安全,广泛应用在 VPN(Virtual Private Network 的缩写,即虚拟专用网)、网上银行、电子政务、电子商务等领域。

动态口令是应用最广的一种身份识别方式,一般是长度为5~8的字符串,由数字、字母、特殊字符、控制字符等组成。用户名和口令的方法几十年来一直用于提供所属权和准安全的认证来对服务器提供一定程度的保护。当你每天访问自己的电子邮件服务器、服务器要采用用户名与动态口令对用户进行认证的,一般还要提供动态口令更改工具。系统(尤其是互联网上新兴的系统)通常还提供用户提醒工具以防忘记口令。

(3) 短信密码。短信密码利用 what you have 方法,以手机短信形式请求包含6位随机数的动态密码,身份认证系统以短信形式发送随机的6位密码到客户的手机上。客户在登录或者交易认证时输入此动态密码,从而确保系统身份认证的安全性,如图4.1.3所示。

图 4.1.3 短信密码

短信密码具有以下优点。

① 安全性。由于手机与客户绑定比较紧密,短信密码生成与使用场景是物理隔绝的,因此密码在通路上被截取的概率降至最低。

② 普及性。只要会接收短信即可使用,大大降低短信密码技术的使用门槛,学习成本几乎为0,所以在市场接受度上面不会存在阻力。

③ 易收费。由于移动互联网用户天然养成了付费的习惯,这是和 PC 时代互联网截然不同的理念,而且收费通道非常发达,网银、第三方支付、电子商务可将短信密码作为一项增值业务,每月通过 SP 收费不会有阻力,因此也可增加收益。

④ 易维护。由于短信网关技术非常成熟,大大降低短信密码系统上马的复杂度和风险,短信密码业务后期客服成本低,稳定的系统在提升安全的同时也营造良好的口碑效应,这是目前银行也大量采纳这项技术很重要的原因。

(4) USB Key。基于 USB Key 的身份认证方式是近几年发展起来的一种方便、安全的身份认证技术。它采用软硬件相结合、一次一密的强双因子认证模式,很好地解决了安全性与易用性之间的矛盾。USB Key 是一种 USB 接口的硬件设备,它内置单片机或智能卡芯片,可以存储用户的密钥或数字证书,利用 USB Key 内置的密码算法实现对用户身份的认证。

基于 USB Key 身份认证系统主要有两种应用模式:一是基于冲击/响应(挑战/应答)的认证模式,二是基于 PKI(Public Key Infrastructure 的缩写,即公钥基础设施)体系的认证模式,运用在电子政务、网上银行,如图 4.1.4 所示。

(5) 生物识别。生物识别技术是通过计算机与光学、声学、生物传感器和生物统计学原理等高科技手段密切结合,利用人体固有的生理特性(如指纹、脸相、虹膜等)和行为特征(如笔迹、声音、步态等)来进行个人身份的鉴定。

根据 IBG(International Biometric Group,国际生物识别小组)2009 年的统计结果,市场上已有多种针对不同生理特征和行为特征的应用。其中,占有率最高的就是指纹识别了,如图 4.1.5 所示。

图 4.1.4　USB Key

图 4.1.5　生物识别

(6) 双因素认证。双因素认证是将两种认证方法结合起来,进一步加强认证的安全性,目前使用最为广泛的双因素验证方式有双因素动态身份认证系统,动态口令牌与静态密码相结合,USB Key 与静态密码相结合,二层静态密码等。

简单来说,双因素身份认证就是通过"你所知道"再加上"你所能拥有的"这两个要素组合到一起才能发挥作用的身份认证系统。例如,在 ATM 上取款的银行卡就是一个双因素认证机制的例子,需要取款密码和银行卡这两个要素结合才能使用,如图 4.1.6 所示。

认证形式	适用范围	优点
 动态令牌	Citrix 访问频度高的内网用户	● 认证响应度高 ● 高可靠性
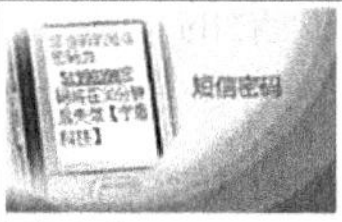 短信密码	Citrix 访问频度低的外网移动办公用户	● 无需携带额外硬件设备 ● 安全便捷 ● 管理成本低
 动态令牌/短信密码	Citrix 用户可选择动态令牌、短信密码其中的一种,或者同时使用两种方式	● 高可靠性与便捷性结合 ● 针对大规模用户,综合管理低

图 4.1.6　双因素认证

活动实施

（1）对支付宝进行安全设置。

步骤1：登录淘宝网，单击进入"我的淘宝"按钮，单击"我的支付宝"按钮，如图 4.1.7 所示。

图 4.1.7 "我的淘宝"页面

步骤2：进入"安全中心"进行"保护资金安全"设置，如图 4.1.8 所示。

图 4.1.8 "安全中心"页面

步骤3：进行"保护账户安全"设置，如图 4.1.9 所示。
步骤4：进行"保护隐私安全"设置，如图 4.1.10 所示。

图 4.1.9　设置"保护账户安全"

图 4.1.10　设置"保护隐私安全"

步骤 5：单击进入"安全学堂"按钮，了解电子商务支付相关安全常识，如图 4.1.11 所示。

（2）聊聊各种电子商务安全知识。

步骤 1：与团队成员交流自己掌握的电子商务支付安全的相关知识。

图 4.1.11 "安全学堂"页面

步骤 2：团队讨论总结出常用的电子商务支付安全常识。
步骤 3：派一名代表分享团队总结的安全知识。

活动小结

学生通过知识学习和网络实践，了解了电子商务支付安全的相关知识和方法，提升了电子商务安全意识，从而能大胆使用电子支付手段进行网络购物，提高了学习的积极性。

活动 2　体验快捷支付

活动背景

对电子商务安全技术有了一些了解之后，团队成员决定试一试如何进行电子支付。在老师的指导下，陈杰等人开始学着使用快捷支付。

知识探究

快捷支付

快捷支付是一种全新的支付理念，具有方便、快速的特点，是未来消费的发展趋势，其特点体现在"快"。

快捷支付指用户购买商品时，不需开通网银，只需提供银行卡卡号、户名、手机号码等信息，银行验证手机号码的正确性后，第三方支付发送手机动态口令到用户手机号上，用户输入正确的手机动态口令即可完成支付。

如果用户选择保存卡信息，则用户下次支付时只需输入第三方支付的支付密码或者是支付密码及手机动态口令即可完成支付，如图 4.1.12 所示。

图 4.1.12 快捷支付

活动实施

（1）首次一分钱体验快捷支付。

步骤1：登录淘宝网，搜索进入"支付宝官方体验店"，单击"首次一分钱体验快捷支付"链接，单击"立即购买"按钮，如图 4.1.13 所示。

图 4.1.13 立即购买

步骤2：确认收货地址、订单信息，单击"提交订单"按钮，如图 4.1.14 所示。
步骤3：选择、填写所使用的银行卡卡号，如图 4.1.15 所示。
步骤4：如实填写所使用的银行卡信息，如图 4.1.16 所示。
步骤5：按照操作提示完成快捷支付即可，如图 4.1.17 所示。

（2）聊聊体验快捷支付的感受。

步骤1：团队成员之间就首次一分钱体验快捷支付谈谈自己的感受。
步骤2：团队讨论、总结快捷支付的特点和优点。
步骤3：团队代表将自己的观点向全班同学分享。

项目四 浅试电子支付

图 4.1.14 提交订单

图 4.1.15 选择使用银行卡

图 4.1.16 填写银行卡信息

电子商务基础与实务

图 4.1.17　支付完成

活动小结

通过理论学习和网络实践,学生主动了解快捷支付的特点和流程,首次花一分钱体验快捷支付,得到了抽奖机会,获取了优惠券,提高了学习的兴趣和积极性,也增强了对电子商务活动的信任感。

活动3　尝试移动支付

活动背景

进入20世纪,金银慢慢地退出货币舞台,不兑现纸币和银行支票成为各国主要的流通手段和支付手续。在中国人还没有完全适应"塑胶货币"(信用卡)的今天,网络银行、手机钱包等新的移动支付手段已经在悄然地改变着人们的生活。人们开始习惯了出门不带钱包,一部手机就可以解决支付问题。随着国内4G的迅速普及,移动支付的需求日渐庞大,随时、随地、随身付款就是移动支付将要带来的生活。

知识探究

1. 移动支付

移动支付也称为手机支付,就是允许用户使用其移动终端(通常是手机)对所消费的商品或服务进行账务支付的一种服务方式。单位或个人通过移动设备、互联网或者近距离传感直接或间接向银行金融机构发送支付指令产生货币支付与资金转移行为,从而实现移动支付功能。移动支付将终端设备、互联网、应用提供商以及金融机构相融合,为用户提供货币支付、缴费等金融业务。

移动支付主要分为近场支付和远程支付两种,所谓近场支付就是用手机刷卡的方式坐车、买东西等,很便利。远程支付是指通过发送支付指令(如网银、电话银行、手机支付等)或借助支付工具(如通过邮寄、汇款)进行的支付方式,如掌中付推出的掌中电商、掌中充值、掌中视频等属于远程支付。目前支付标准不统一给相关的推广工作造成了很多困扰。

移动支付标准的制定工作已经持续了3年多,主要是银联和中国移动两大阵营在比赛。数据研究公司IDC的报告显示，2017年全球移动支付的金额将突破1万亿美元。强大的数据意味着今后几年全球移动支付业务将呈现持续走强趋势，如图4.1.18所示。

中国拥有超过10亿部手机，银联则拥有超过20亿张卡片，以及1000万家签约商家，移动支付的市场前景巨大。由于移动支付的发展潜力巨大，所以移动支付产业链上群雄并起，电信运营商、互联网企业、支付厂商、银行等纷纷进军手机支付领域，推动产业发展壮

图4.1.18 手机支付

大。移动互联网时代是以应用为王，在手机APP应用日益丰富的情况下，移动支付的功能在不断推陈出新。例如，第三方支付、银行等争相推出手机支付客户端，二维码支付、无线支付、语音支付、指纹支付等应用，此外购物、理财、生活服务等交易类应用也在不断出现，大大丰富了移动支付的市场应用环境。

2．移动支付的多种方式

移动支付是移动通信业和金融业结合的产物。相比传统的支付手段，移动支付的优势非常明显。移动支付通常有以下几种。

1）二维码支付

二维码支付是一种基于账户体系搭建起来的新一代无线支付方案。在该支付方案下，商家可把账号、商品价格等交易信息汇编成一个二维码，并印刷在各种报纸、杂志、广告、图书等载体上发布。

用户通过手机客户端扫拍二维码便可实现与商家支付宝账户的支付结算。最后，商家根据支付交易信息中的用户收货、联系资料就可以进行商品配送，完成交易。同时，由于许多二维码扫码工具并没有有恶意网址识别与拦截的能力，腾讯手机管家的数据显示，这给了手机病毒极大的传播空间，针对在线恶意网址、支付环境的扫描与检测来避免二维码扫描渠道染毒。

2016年8月3日，支付清算协会向支付机构下发《条码支付业务规范》（征求意见

图4.1.19 二维码支付

稿)，意见稿中明确指出支付机构开展条码业务需要遵循的安全标准。这是央行在2014年叫停二维码支付以后首次官方承认二维码支付地位，如图4.1.19所示。

2）NFC手机钱包

在NFC(Near Field Communication，近距离无线通信技术)手机中或在手机外增加NFC贴片，这些芯片或贴片包含用户的银行卡信息，手机就变成真正的钱包。2013年7月19日，中国移动北京公司与北京市市政交通一卡通有限公司签署合作协议，联合发布"移动NFC手机一卡通"应用。从7月22日起，只要持有支持NFC功能的手机，并安装NFC一卡通

专用 SIM 卡,在北京就可以通过刷手机完成公交、地铁刷卡和超市餐饮等小额支付。

3) 摇一摇转账

打开支付客户端,拿出手机"摇一摇",在手机上就会自动识别近距离范围内的对方账号。在手机客户端上输入金额即可付款。这种方式是朋友聚餐"凑份子"、小店老板结账的"利器"。

4) 短信支付

手机短信支付是手机支付的最早应用,将用户手机 SIM 卡与用户本人的银行卡账号建立一种一一对应的关系,用户通过发送短信的方式在系统短信指令的引导下完成交易支付请求,操作简单,可以随时随地进行交易。手机短信支付服务强调了移动缴费和消费。

5) 条码支付

条码支付是支付宝为线下实体商户提供的一种快捷、安全的现场支付解决方案。无须安装 POS 机,直接通过已有收银系统或手机,扫描用户手机上的条形码或二维码即可向用户发起收银。在商店购物,扫扫手机条码就可以完成支付,生活中的这一应用场景正在逐渐增加。

活动实施

(1) 尝试使用微信支付给手机充值。

步骤 1:登录微信,点击"我",点击"钱包",如图 4.1.20 所示。

步骤 2:微信"我的钱包"界面,点击"手机充值",如图 4.1.21 所示。

图 4.1.20 微信"我的钱包"界面

图 4.1.21 手机充值

步骤3：输入需要充值的手机号码，选择充值金额，如图4.1.22所示。
步骤4：微信零钱无余额，点击"添加新卡支付"绑定银行卡，如图4.1.23所示。

图4.1.22　输入手机号码

图4.1.23　绑定银行卡

步骤5：填写需要绑定的银行卡号码，如图4.1.24所示。
步骤6：按照提示逐步操作，最终完成支付，如图4.1.25所示。

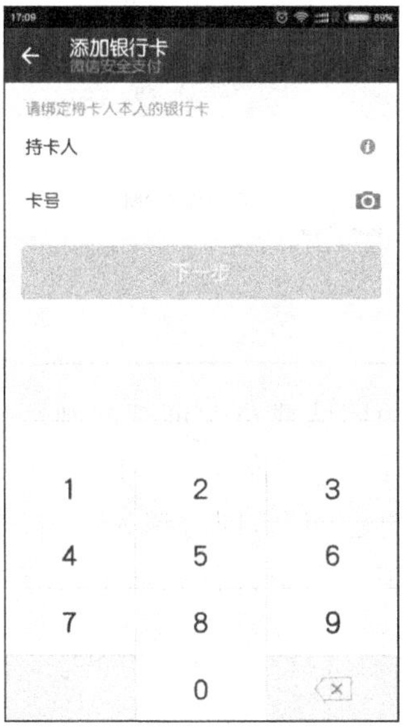

图4.1.24　填写银行卡信息

图4.1.25　完成支付

活动评价

通过使用微信钱包进行手机支付的体验,学生主动去了解手机支付的方式和存在的问题,进一步加深了对电子支付的理解。

合作实训

【实训内容】

以 4 人团队为单位,为全班同学网上采购图书、文具。

【实训目的】

网上批量采购文具比实体店购买价格便宜、款式新颖,为全班同学推荐阅读、采购图书,培养同学们的学习兴趣,提高班级学习氛围。

【实训过程】

步骤 1:团队负责人明确成员分工,撰写网络采购活动方案。

步骤 2:制作一份"网上采购图书、文具活动"的宣传海报。

步骤 3:收集同学们的文具商品推荐、图书推荐,认真编号标注。

步骤 4:经过对比分析,听取班级同学建议,结合经费核算,确定最终的采购方案。

步骤 5:依照最终采购方案,在网上下单付款,并及时验收货品。

【实训小结】

通过在网上集中采购文具、图书的活动,提高学生网上购物的分辨能力、团队合作能力,使学生能熟练应用电子支付进行网上购物,运用所学知识服务班级活动,增强班级凝聚力。

任务 2　了解电子银行

情境设计

随着对电子商务专业知识学习的深入,李欣和他的团队成员逐渐理解到网上交易由两个环节组成,一是交易环节,二是支付环节。也就是说,电子商务离不开网上支付,网上支付离不开银行。于是,他们认为为了使自己的生活更加便利,同时深入学习、理解电子商务的相关知识,有必要全面了解电子银行的相关知识。电子银行和网上银行是一回事吗?它们都有哪些业务功能呢?

任务分解

电子商务技术的发展催生了网上银行,网络和信息技术为网上银行提供了技术基础。网上支付要求金融业电子化,E-Bank(Electronic Bank,电子银行)的建立成为大势所趋。团队成员在教师指导下,理解电子银行的主要类型,包括网上银行、电话银行、手机银行、自助银行以及其他离柜业务,进一步加深对电子支付的理解。

活动 1　开通网上银行

活动背景

开始就读于在外地的职业院校之后,李欣第一次拥有了属于自己的银行卡。父母会定期往卡里打入生活费以供李欣在学校的开支。可是为了知道"卡里现在有多少钱?"需要每次都去 ATM 或者银行柜台查询,这很不方便。听老师说开通网上银行就能足不出户在网上办理很多业务,尤其方便查询余额。李欣决定向老师请教具体的操作方法后就立刻开通网银。

知识探究

1. 网上银行

网上银行(Internet bank or E-Bank)包含两个层次的含义:一个是机构概念,指通过信息网络开办业务的银行;另一个是业务概念,指银行通过信息网络提供的金融服务,包括传统银行业务和因信息技术应用带来的新兴业务。

在日常生活和工作中,人们提及网上银行更多是第二层次的概念,即网上银行服务的概念。网上银行业务不仅仅是传统银行产品简单从网上的转移,其他服务方式和内涵也发生了一定的变化,而且由于信息技术的应用又产生了全新的业务品种。

网上银行又称网络银行、在线银行,是指银行利用 Internet 技术,通过 Internet 向客户提供开户、查询、对账、行内转账、跨行转账、信贷、网上证券、投资理财等传统服务项目,使客户可以足不出户就能够安全便捷地管理活期和定期存款、支票、信用卡及个人投资等。可以说,网上银行是在 Internet 上的虚拟银行柜台,同时也是电子银行的三种业态之一,如图 4.2.1 所示。

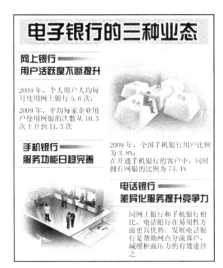

图 4.2.1　电子银行的三种业态

2. 网上银行特点

与传统银行业务相比,网上银行业务有许多优势。

1)全面实现无纸化交易

以前使用的票据和单据大部分被电子支票、电子汇票和电子收据所代替;原有的纸币被电子货币,即电子现金、电子钱包、电子信用卡所代替;原有纸质文件的邮寄变为通过数据通信网络进行传送。

2) 无时空限制，有利于扩大客户群体

通过网络银行，用户可以享受到方便、快捷、高效和可靠的全方位服务。网上银行业务打破了传统银行业务的地域、时间限制，具有 3A 特点，即能在任何时候（Anytime）、任何地方（Anywhere）以任何方式（Anyhow）为客户提供金融服务，这既有利于吸引和保留优质客户，又能主动扩大客户群，开辟新的利润来源。

3) 降低经营成本

开办网上银行业务大大降低了银行经营成本，有效提高银行盈利能力。它主要利用公共网络资源，不需设置物理的分支机构或营业网点，减少了人员费用，提高了银行后台系统的效率。

4) 网上操作简单灵活

网络通信方式非常灵活方便，便于客户与银行之间以及银行内部的沟通。

5) 有利于服务创新，向客户提供多种类、个性化服务

通过银行营业网点销售保险、证券和基金等金融产品，往往受到很大限制，主要是由于一般的营业网点难以为客户提供详细的、低成本的信息咨询服务。利用互联网和银行支付系统，容易满足客户咨询、购买和交易多种金融产品的需求，客户除办理银行业务外，还可以很方便地进行网上买卖股票债券等，网上银行能够为客户提供更加合适的个性化金融服务。

3．网上银行服务

一般来说网上银行的业务品种主要包括基本业务、网上投资、网上购物、个人理财、企业银行及其他金融服务。

1) 基本网上银行业务

商业银行提供的基本网上银行服务包括在线查询账户余额、交易记录，下载数据、转账和网上支付等。

2) 网上投资

由于金融服务市场发达，可以投资的金融产品种类众多，国外的网上银行一般提供包括股票、期权、共同基金投资和 CDS（Credit Default Swap，即信用违约互换）买卖等多种金融产品服务。

3) 网上购物

商业银行的网上银行设立的网上购物协助服务大大方便了客户网上购物，为客户在相同的服务品种上提供了优质的金融服务或相关的信息服务，加强了商业银行在传统竞争领域的竞争优势。

4) 个人理财助理

个人理财助理是国外网上银行重点发展的一个服务品种。各大银行将传统银行业务中的理财助理转移到网上进行，通过网络为客户提供理财的各种解决方案，提供咨询建议，或者提供金融服务技术的援助，从而极大地扩大了商业银行的服务范围，并降低了相关的服务成本。

5）企业银行

企业银行服务是网上银行服务中最重要的部分之一。其服务品种比个人客户的服务品种更多，也更为复杂，对相关技术的要求也更高，所以能够为企业提供网上银行服务是商业银行实力的象征之一，一般中小网上银行或纯网上银行只能部分提供，甚至完全不提供这方面的服务。

企业银行服务一般提供账户余额查询、交易记录查询、总账户与分账户管理、转账、在线支付各种费用、透支保护、储蓄账户与支票账户资金自动划拨、商业信用卡等服务。此外，还包括投资服务等。部分网上银行还为企业提供网上贷款业务。

6）其他金融服务

除了银行服务外，大商业银行的网上银行均通过自身或与其他金融服务网站联合的方式，为客户提供多种金融服务产品，如保险、抵押和按揭等，以扩大网上银行的服务范围。图4.2.2是活动用户个人网银功能的使用情况。

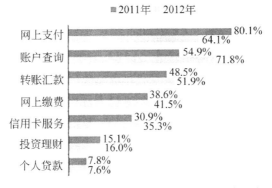

基数(Base)：个人网银活动用户 样本量$N=1271$，调查方法：电话调查

图4.2.2 活动用户个人网银功能使用情况

活动实施

（1）开通中国邮政储蓄银行个人网上银行。

步骤1：携带中国邮政储蓄银行的银行卡和开户身份证到银行网点办理开通网上银行业务。按照银行工作人员的指示填写相应的表格并签字确认。需要注意的是必须是在该行首次开通网上银行。

步骤2：登录中国邮政储蓄银行(http://www.psbc.com)，选择个人网上银行登录，激活个人网上银行，如图4.2.3所示。

如果是首次登录，按系统提示安装安全控件，如图4.2.4所示。

步骤3：安装安全控件后，输入证件号码、登录密码（银行卡密码）、验证码，进入主页面。首次登录需要按照提示填写个人信息、填写预留信息、网银登录密码等信息，如图4.2.5所示。

步骤4：激活成功，单击登录个人网上银行，如图4.2.6所示。

电子商务基础与实务

图 4.2.3　登录网上银行

图 4.2.4　安装安全控件

项目四 浅试电子支付

图 4.2.5 填写信息

图 4.2.6 激活成功

步骤 5：重新登录个人网上银行，此时密码为修改后的登录密码，如图 4.2.7 所示。

步骤 6：进入网上银行主页面，可进行转账汇款、网上支付等相关网上银行业务的办理，如图 4.2.8 所示。

（2）团队成员之间交流各自办理开通网上银行业务的感受，对比网上银行业务与银行传统业务之间的差异，试着总结出网上银行业务的特点，以及目前我国网上银行业务存在的问题。

图 4.2.7　登录个人网上银行

图 4.2.8　网上银行主页面

活动小结

在开通网上银行的过程中,通过学生在银行网点的观察、了解加深对银行业务的理解,尤其感受到与银行传统业务相比,网上银行业务的便捷性。

活动 2　使用第三方支付

活动背景

在学习掌握了电子商务支付方式之后,陈媛最终决定使用支付宝给妈妈购买礼物。

项目四 浅试电子支付

因为她听说支付宝是第三方支付平台,在网络购物的过程中更加安全有保障,真的是这样吗?什么是第三方支付平台?支付宝和网上银行之间有什么关系呢?它们存在哪些异同点呢?

知识探究

1. 第三方支付平台

第三方支付平台是指与银行(通常是多家银行)签约,并具备一定实力和信誉保障的第三方独立机构提供的交易支持平台。

第三方支付是买卖双方在交易过程中的资金"中间平台",是在银行监管下保障交易双方利益的独立机构。在通过第三方支付平台的交易中,买方选购商品后,使用第三方平台提供的账户进行货款支付,由第三方通知卖家货款到达、进行发货;买方检验物品后,通知付款给卖家,第三方再将款项转至卖家账户。

作为网络交易的监督人和主要支付渠道,第三方支付平台提供了更丰富的支付手段和可靠的服务保证。

2. 第三方支付平台的由来

最早出现第三方支付平台是源于电子商务的需要。电子商务交易离不开电子支付,而传统的银行支付方式只具备资金的转移功能,不能对交易双方进行约束和监督;另外支付手段也比较单一,交易双方只能通过指定银行的界面直接进行资金的划拨,或者采用汇款方式;交易也基本全部采用款到发货的形式。在整个交易过程中,无论是货物质量方面、交易诚信方面、退换要求方面等环节都无法得到可靠的保证;交易欺诈行为也时有存在。于是第三方支付平台应运而生。

3. 第三方支付平台的运行模式

第三方支付使商家看不到客户的信用卡信息,同时又避免了信用卡信息在网络多次公开传输而导致的信用卡被窃事件。第三方支付一般的运行模式如下。

(1) 消费者在电子商务网站选购商品,最后决定购买,买卖双方在网上达成交易意向。

(2) 消费者选择利用第三方支付平台作为交易中介,用借记卡或信用卡将货款划到第三方账户,并设定发货期限。

(3) 第三方支付平台通知商家,消费者的货款已到账,要求商家在规定时间内发货。

(4) 商家收到消费者已付款的通知后按订单发货,并在网站上做相应记录,消费者可在网站上查看自己所购买商品的状态;如果商家没有发货,则第三方支付平台会通知顾客交易失败,并询问是将货款划回其账户还是暂存在支付平台。

(5) 消费者收到货物并确认满意后通知第三方支付平台。如果消费者对商品不满意,或认为与商家承诺有出入,可通知第三方支付平台拒付货款并将货物退回商家。

(6) 消费者满意,第三方支付平台将货款划入商家账户,交易完成;消费者对货物不满,第三方支付平台确认商家收到退货后,将该商品货款划回消费者账户或暂存在第三方账户中等待消费者下一次交易的支付。

活动实施

开通支付宝账户并进行实名认证。

支付宝开通有两种方法,第一种就是在注册淘宝账号的时候,第二种就是进入支付宝首页开通。第一种:进入淘宝首页,单击"免费注册"按钮,进入淘宝账号注册页面,淘宝注册的方式也有两种,一是手机号码注册;二是邮箱注册。

步骤1:打开淘宝首页,单击"免费注册"按钮,如图4.2.9所示。

图4.2.9 免费注册

步骤2:填写相应的注册信息,如图4.2.10所示。

图4.2.10 填写注册信息

步骤3:填写注册手机号码,可选择使用手机短信验证或者使用邮箱验证,如图4.2.11所示。

步骤4:登录注册邮箱后,激活支付宝账户。

步骤5:激活成功,登录支付宝,如图4.2.12所示。

步骤6:登录"我的支付宝"进行实名认证,如图4.2.13所示。

步骤7:根据要求填写相应的认证信息,如图4.2.14所示。

步骤8:填写接收到的手机短信校验码,如图4.2.15所示。

步骤9:实名认证成功,如图4.2.16所示。

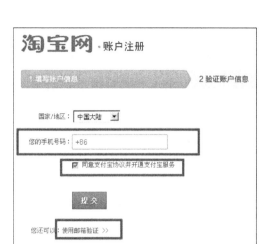

图 4.2.11　填写注册手机号码

图 4.2.12　注册成功

图 4.2.13　实名认证

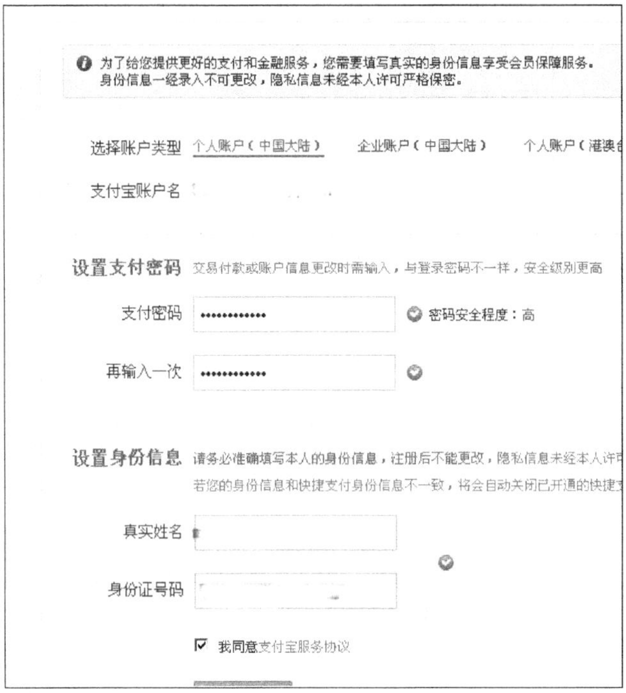

图 4.2.14　填写认证信息

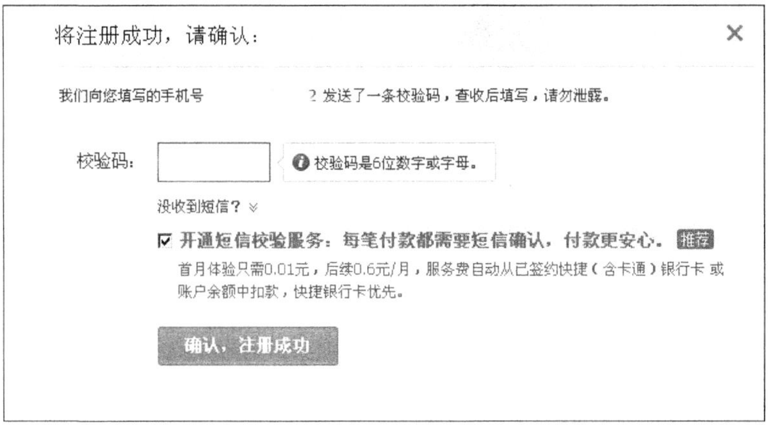

图 4.2.15　填写校验码

图 4.2.16　实名认证成功

活动小结

注册开通了支付宝并进行实名认证后,学生们对电子商务活动有了更深刻的体验,实践操作增强了学生的学习兴趣,也提高了学习的积极性和学习效果。

活动3 使用网上银行给支付宝充值

活动背景

为了进行网上购物,陈媛和她的同学们都申请注册了淘宝账户和支付宝账户,看着支付宝上的众多服务功能,比如"滴滴出行""转账""生活缴费"等,他们都迫切地想要试一试,但首要问题是要先给支付宝充值。听了老师的课堂讲解后,同学们纷纷行动起来。

知识探究

1. 支付宝

支付宝是全球领先的第三方支付平台,成立于 2004 年 12 月,致力于为用户提供"简单、安全、快速"的支付解决方案,由阿里巴巴集团创办。旗下有"支付宝"与"支付宝钱包"两个独立品牌。自 2014 年第二季度开始成为全球最大的移动支付厂商。

支付宝主要提供支付及理财服务,包括网购担保交易、网络支付、转账、信用卡还款、手机充值、水电煤缴费、个人理财等多个领域。在进入移动支付领域后,为零售百货、电影院线、连锁商超和出租车等多个行业提供服务。还推出了余额宝等理财服务。手机支付宝界面如图 4.2.17 所示。

2. 支付宝充值方式

(1) 网上银行:支持多家银行为支付宝账户充值,充值前需开通网上银行。

(2) 储蓄卡快捷支付:付款时无须登录网上银行,凭支付宝支付密码和手机校验码即可完成付款。

(3) 一卡通充值:支付宝账户和银行卡连通,只需输入一个支付密码就能完成充值。

(4) 话费充值卡:支付宝用户使用计算机或支付宝 App 将手机话费充值卡的金额充值到支付宝账户余额内,直接用于交易付款,无须使用银行卡。

图 4.2.17 手机支付宝界面

（5）网汇e：无须网银，只需用现金或邮政绿卡在邮政汇兑联网网点办理汇款业务，并设定汇款密码，即可凭汇票收据和设置好的汇款密码给任意支付宝账户充值。

（6）网点充值：需先到与支付宝合作的营业网点（如便利店、药店、邮局等），用现金或刷卡购买充值码，然后登录支付宝充值。

（7）找朋友代充值：如果您的朋友拥有支付宝账户并开通了网上银行或卡通，可以把您的支付宝账户和金额告诉他，请朋友代充值。

活动实施

使用网上银行给支付宝充值。

步骤1：登录支付宝，进入"我的支付宝"，单击"账户余额"下方的"充值"按钮。

步骤2：选择"充值到余额"。

步骤3：选择充值方式为"网上银行"，选择所使用的网上银行。

步骤4：填写充值数额，登录到网上银行。

步骤5：选择付款账号，单击"确认支付"按钮。

步骤6：单击"获取密码"按钮，填写短信密码，单击"确认支付"按钮。

步骤7：充值成功。

活动小结

通过使用网上银行给第三方支付平台支付宝进行充值，学生加深了对电子银行和第三方支付平台两者之间关系的理解，对电子商务与电子支付之间的密切关系也有了更深的理解。实践动手操作使学生提高了学习的积极性和趣味性。

合作实训

【实训名称】

体验各银行最新网上银行业务和服务。

【实训内容】

以小组为单位，选定一家银行，体验该银行最新的网上银行业务和服务。收集当前最新的第三方支付方式，了解第三方支付的发展趋势，如微信支付等模式。针对当前的电子支付方式，提出其安全问题，形成电子支付与安全调研报告。

【实训目的】

通过体验最新网上银行业务这一活动，使学生熟练掌握网上银行这一支付方式。

【实训过程】

步骤1：由团队负责人明确各成员分工，以团队为单位撰写"体验最新网上银行业务和服务"的活动方案。

步骤2：团队成员根据活动方案制订各自的活动计划，深入不同的银行分头调查、了解。

步骤3：团队成员分别完成不同银行的网上银行业务和服务的体验感受，并在自己的网络空间（QQ空间或微信）发布。

【实训小结】

通过该实训项目,使学生利用节假日走出校园,接触社会,在体验各银行最新网上银行业务的过程中了解行业市场前沿,增强学生与人沟通、交流,团队协作统筹完成任务的能力。

项目总结

学生通过实际操作典型的网上支付方式:快捷支付、手机支付,以及学习网上银行和支付宝的经验,深入学习淘宝网购物的实战内容,深刻理解电子商务安全与电子支付是电子商务运作中密切联系的两个关键环节。为学生以后进入企业工作或个人创业做好了相应的了解,培养学生对新事物的理解能力、分析比较能力以及主动学习、积极探索精神,为今后学习电子商务做了相应的准备。

项目检测

一、单选题

1. 下面不是商业银行提供的基本网上银行服务的是( )。
   A. 在线查询账户余额　　　　　　B. 下载数据
   C. 网上支付　　　　　　　　　　D. 海外投资
2. 当下手机支付的主流方式不包括以下的( )。
   A. 银联开发的手机支付　　　　　B. 手机刷卡支付
   C. 智能指纹支付　　　　　　　　D. 支付宝手机支付
3. 电子银行主要包括( )。
   A. 网上银行　　B. 电话银行　　C. 手机银行　　D. 以上都是
4. 网上交易的安全性是由( )来保证的。
   A. 厂家　　　　B. 认证中心　　C. 银行　　　　D. 信用卡中心
5. 电子支付是指电子交易的当事人,使用安全电子支付手段,通过( )进行的货币支付或资金流转。
   A. 网络　　　　B. 开户银行　　C. 发卡银行　　D. 中介银行

二、多选题

1. 快捷支付的特点主要有( )。
   A. 安全　　　　B. 便捷　　　　C. 保障　　　　D. 省钱
2. 支付宝的充值方式包括( )。
   A. 储蓄卡充值　B. 话费充值　　C. 充值码充值　D. 空中充值
3. 网上银行又被称为( )。
   A. e银行　　　 B. 网络银行　　C. 在线银行　　D. 3A银行
4. 使用电子钱包时应特别注意以下问题( )。
   A. 电子钱包必须经持卡人在线申请电子证书并获得批准后方可使用
   B. 从电子钱包中删除卡账户并没有删除和此卡账户相关的电子证书
   C. 证书有效时方可进行网上支付

D. 用于网上支付的卡的电子证书可任意申请,没有限制
5. 电子现金支付过程中的主体有（　　）。
   A. 支付网关　　　B. 商家　　　C. 客户　　　D. 银行

三、判断题

1. 快捷支付是快速付款,存在较大的安全隐患。（　　）
2. 网上银行就是在互联网上开办的银行。（　　）
3. 支付宝属于第三方支付平台。（　　）
4. 网络购物时最重要的是考虑价格,再考虑店铺的信誉和商品的销量。（　　）
5. 电子银行就是网上银行。（　　）

四、简答题

1. 使用第三方支付平台付款有哪些优点?
2. 尽你所能进行搜集,目前有哪些电子支付平台?包括第三方支付平台?
3. 对当当网和淘宝网做比较,分析支付的方法有哪些?

五、案例分析

说到移动电商模式,目前并没有统一的言论。回顾马云建立阿里巴巴帝国的过程,不可否认的是支付宝在其中起到了决定性作用,因为它解决了电商平台的命门——支付问题。PC端的发展模型给众多移动互联网电商平台的借鉴意义显得更加意味深长。据三维度支付总裁周峻豪分析,移动电商颠覆传统电商的模式无可争议,但是"一超多强""强强分据"的电商格局还言之过早。回归本质,取电商必取支付,移动电商入口是关键,用户量才是王道。

阿里巴巴凭借350亿元的支付宝日成交金额,足够以世界级线上商业地产王国自居,可以看出接下来进军移动电商领域的优势非常明显,那么最终的移动格局是否会被阿里系和几大巨头分食,对此三维度周总举例说明,互联网从来就是一个创造奇迹的梦想地,弯道超车的说法并不奢侈。

2013年第二季度中国第三方移动支付市场的交易规模环比增速在60%以上,手机刷卡器是现阶段主流支付方式,便捷性、安全性、稳定性是消费者选择的主要原因。三维度在充分考虑用户需求的背景下,将"支付绝不收手续费"的这一支付市场理念贯彻始末。手机充值、水电煤缴费、游戏充值、银行转账等都能在三维度手机刷卡器上轻松实现,再加上近期推出的"零费率",始终让人觉得给你一杯水,喝出来的不是水,而是茅台这一良好的用户体验。

当然其背后的意义正是前文所提及的用户量,"零费率"或将成为弯道超车的漂移绝技。据统计,三维度使用"零费率"策略在将近一个月时间内发展了数万终端用户、15家"零费率"特约合作银行。周总坦言,他们正是借助移动电商的疯狂崛起这一快速增长势头,准备一举拿下滩头,未来将形成移动互联网的综合服务平台。

与此同时,支付平台需要市场化。当前用户最关心的还是使用时的安全问题。三维度运营总监赵明表示,三维度手机刷卡器在数据安全及物理安全上都超过个人支付终端,可以在当前复杂及危险的移动互联网中进行个人支付,其中使用的全程密文保护和硬软双保险可最大限度杜绝信息泄露。

就三维度来说,可以预示还有更多的第三方支付平台以创新商业模式进场,然而能否脱颖而出,关键还在于对市场的准确预判和产品模式的合理规划。

移动互联网生态格局依然值得畅想,留给后劲者的空间依然巨大。

阅读案例回答以下问题。

(1) 说说手机支付的发展现状。

(2) 分析手机支付存在的安全问题。

认识电子商务物流

 项目综述

美晨服装厂是一家主营女装的实体私人企业,老板姓姜,已经经营10多年了,最兴旺的时候周围县市都到厂子门市来进货,工人有500多人,月销售额达800万元。但随着互联网经济的发展,这家传统经营模式的服装厂日子就不好过了,几年前起,货物积压,资金流转困难,现员工仅50多人了。

姜老板急啊,关了厂子另做打算吧,厂里那些工人跟了他十几年,没有了工作生活怎么办?于是,姜老板夫妻就想让学电子商务专业的儿子姜浩敏帮忙,尝试拓展线上业务,商定由儿子负责策划并实施,他提供必要的支持。

姜浩敏找来自己的几个好朋友:徐之刚、林琳、李翔飞一起策划开设网店,决定网店美工任务另外请人完成,货源及货品资料由姜浩敏家里提供,几个小伙伴合作设计物流解决方案,共同参与网店今后的运营管理。

为了帮助家里服装厂扭转局面,姜浩敏团队必须尽快确定网店物流设计方案。为此,小伙伴们10天内完成了物流知识准备,运用网络调研电子商务物流模式解决方案,再各显神通收集当地物流公司关于服务和价格等信息资料工作,每人拟出了一份初步的物流实施方案,有条件的还与物流公司开始业务接洽,最后经过团队讨论,由姜浩敏最终确定了网店开设需要的物流解决方案。

通过这次经历,姜浩敏及小伙伴们感到自己选择电子商务专业学习是正确的,能帮到家里也非常高兴,更增强了他们对电子商务专业知识学习的主动性及对电子商务行业的信心。

 项目目标

通过本项目的学习,应达到的具体目标如下。

知识目标

(1) 掌握物流的概念与基本知识,电子商务物流的特点;
(2) 了解电子商务与物流的关系;
(3) 知悉电子商务环境下的物流解决模式;
(4) 了解电子商务物流配送方案;
(5) 了解现代物流技术与应用情况。

技能目标

(1) 能通过网络调研 B2C 商城物流模式;

(2) 能对调研资料进行初步的比较分析;

(3) 能通过网络等手段收集物流公司的相关信息;

(4) 能对收集的物流信息提炼有价值的结论、建议或解决方案,为未来网上开店创业做准备;

(5) 能认知主要的现代物流技术及应用设施设备。

情感目标

(1) 培养团队协作意识,共同研讨设计方案;

(2) 培养积极的沟通意识;

(3) 培养运用所学知识为社会服务的意识。

项目任务

任务 1　初识物流

任务 2　知悉电子商务物流配送

任务 1　初 识 物 流

情境设计

姜浩敏带了家里几件待售产品的样品和照片,与小伙伴们商量怎么解决物流配送问题。大家各说不一,又都说不太清楚,书到用时方恨少啊。最后决定先统一认识,了解物流模式基本情况后再确定物流解决方案。且看姜浩敏团队如何完成这个任务。

任务分解

学霸林琳负责查找资料,了解物流有哪些环节?可供选择的物流模式有哪些?准备代售的货品在各个环节应该注意哪些问题?姜浩敏、徐之刚、李翔飞上网查找电商企业的物流解决方案,各自提出自己的初步物流方案,最后团队讨论确定适用的物流模式。

活动 1　走进物流

活动背景

大家拿着姜浩敏从家里带来的售卖货品样品和照片,坐在一起讨论怎么解决物流问题,一时不知从何入手,觉得还是先弄明白什么是物流再说。于是,伙伴们在林琳的带动下开始分头查找资料。

知识探究

物流(Logistics)一词源于国外,最早出现于美国。20 世纪 80 年代初,中国的"物流"

概念从日本直接引入,源于日文资料中对 Logistics 一词的翻译"物流",并沿用至今。

1. 物流的基本知识

1) 物流的概念

根据中国的物流术语国家标准,将物流定义为:"物流,即为物品及其信息流动提供相关服务的过程,是物品从供应地向接收地的实体流动过程,根据实际需要,将运输、储存、采购、装卸搬运、包装、流通加工、配送、回收、信息处理等基本功能实施有机结合,实现物品在时间和空间上的位移"。现代物流作为社会生产及流通活动整体供应链的一部分,物流不仅仅从产品出厂开始,而是包括从原材料采购、加工生产到产品销售、售后服务,直到废旧物品回收等整个物理性的流通过程,它贯穿于社会生产和生活的全过程。按照不同的标准,物流可作不同的分类,以物流范畴和作用流域进行分类,物流分为生产物流、供应物流、销售物流、回收、废弃物流等,如图 5.1.1 所示。

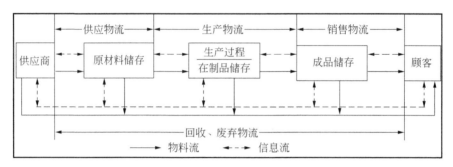

图 5.1.1 按照物流的作用流域分类

2) 物流活动的构成要素

物流活动由运输、储存、装卸搬运、包装、流通加工、配送、信息处理等要素构成,这些基本要素有效地组合、连接在一起,相互平衡,形成了密切相关的系统。

(1) 运输

运输即指物品的运载与输送,是物流的主要活动要素之一,是"用设备和工具,将物品从一个地点向另一个地点运送的物流活动"。运输实现物品的空间位移,创造了"空间价值"。运输按其设备工具不同,可以分为公路运输、铁路运输、航空运输、水路运输、管道运输,图 5.1.2 所示为公路运输工具。

图 5.1.2 公路运输工具

(2) 储存

储存是物流的主要活动要素之一,是为克服产需之间的时间差异以便获得更好的"时间效益",以改变物品的时间状态为目的的物流活动。储存包含储备与库存。储备是有目的地存储物品的活动。库存指仓库中处于暂时停滞状态的物品,是储存的静态形式,主要分为基本库存和安全库存。基本库存是补给过程中产生的库存,也就是在订货过程中必须保持的库存量。安全库存是为了防止不确定因素(如运输延误;商品品种、规格、质量不合要求;紧急需要等)对物流的影响,需要企业另外储备一部分库存。

储存有创造"时间效益"的作用,也有逆作用或负面影响吗?

(3) 装卸搬运

装卸是物品在指定地点以人力或机械装入运输设备或卸下,在同一范围内改变物品的存放、支撑状态的活动,主要指物体上下方向的移动。搬运是在同一范围内改变物品空间位置的活动,以水平移动为主,主要指物体横向或斜向的移动。在实际操作中,装卸与搬运常常伴随在一起,密不可分。装卸设备如图5.1.3所示。

图 5.1.3 装卸设备

(4) 包装

包装是为了在流通过程中保护产品,方便储运,促进销售,按一定的技术方法所用的容器、材料和辅助物等的总体名称;也指为达到上述目的在采用容器、材料和辅助物的过程中施加一定技术方法等的操作活动,即指包装物及实施盛装和包扎等的技术活动两种含义。包装按照在流通中的作用不同,分为运输包装和销售包装。物品在物流中需要包装保护,常用的包装材料包括金属、塑料、玻璃、陶瓷、纸、竹本、野生蘑类、天然纤维、化学纤维、复合材料等主要包装材料,又包括涂料、黏合剂、捆扎带、装潢、印刷材料等辅助材料。包装技法有一般包装和特殊包装两大类,一般包装指对内装物的合理置放、固定和加固,对外包装形状尺寸的合理选择,以及包装外的捆扎;特殊包装是针对产品的特殊需要而采用的包装技术和方法,有缓冲、保鲜、防潮、防锈、脱氧、充气、灭菌等技法。不同的包装材料、包装技法和运输条件决定了物品的保护程度,也直接影响包装成本。图5.1.4所示为运输包装。

图5.1.4　运输包装

 做一做

上网查找资料,开展团队讨论,填写表5.1.1。

表5.1.1　包装材料、技法选择

选　　项	服装	书	日化品	数码产品
常用的包装材料				
适合的包装技法				

（5）流通加工

流通加工是在物品进入流通领域后,在物品从生产者向消费者流动的过程中,为了促进销售、维护商品质量和提高物流效率,按客户的要求进行的一定程度的加工活动,即指物品在从生产地到使用地的过程中,根据需要施加包装、分割、计量、分拣、刷标志、贴标准、组装等简单作业的总称。流通加工作业包括进行简单的组装、剪切、套裁、贴标签、刷标志、分类、检量、弯管、打孔等作业。流通加工是一种特殊的物流形式,对物流起补充、完善、提高的作用,它并不是每个物流系统都必须具备的功能环节。流通加工作业实训区如图5.1.5所示。

（6）配送

配送是指在经济合理区域范围内,根据末端客户的要求,对物品进行拣选、加工、包

图 5.1.5　流通加工作业区

装、分割、组配等作业,并按时送达指定地点的物流活动。配送几乎包括了所有的物流功能要素,一般的配送集装卸、包装、保管、运输于一身,是物流的一个缩影或在某小范围中物流全部活动的体现。物流与配送关系紧密,在电子商务交易中往往结合在一起,为此人们习惯把物流配送连在一起表述。但是,物流与配送不同:一般物流的主体活动是运输及保管,而配送则是运输及分拣配货,是配与送的有机结合,分拣配货是配送主要、独特的工作,全部在配送中心完成。配送中心是从事货物配备(集货、加工、分货、拣选、配货)和组织对用户送货,以高水平实现销售或供应的现代流通设施,配送一般针对距离较近、批量较小、品种较复杂的货物,采用小型专用车进行配送,如图 5.1.6 所示。

图 5.1.6　物流配送车

（7）信息处理

物流信息是物流过程中反映物流各种活动内容的知识、资料、图像、数据和文件的总称。物流信息包括仓储信息、运输信息、加工信息、包装信息、装卸信息等类型。在物流过程中,伴随着物流活动的进行,产生大量反映物流过程的诸如入库信息、出库信息、库存信息、货位基本信息、到货信息、搬运信息、运输跟踪等信息,对这些物流信息应用计算机进行加工处理,将有利于及时掌握物流动态,协调各个物流环节,更有效地组织物流活动。

3）现代物流管理概述

（1）物流管理的定义

物流管理是指根据物资资料实体流动的规律，应用管理的基本原理和科学方法，对物流活动进行计划、组织、指挥、协调、控制和监督，使各项物流活动实现最佳的协调与配合，以降低物流成本，提高物流效率和经济效益的过程。物流管理是系统化的管理，对物流的运输、储存、装卸、流通加工、包装等机能力求高效和省力，并要求完成物流全过程的信息活动，所以物流管理系统化要求物流各个要素是一个有机整体，形成一个有效的运作系统。

（2）物流管理的内容

物流管理的内容包括过程管理、具体职能管理、控制要素管理。

① 物流活动过程管理是指对物流活动过程诸多要素的管理，包括对运输、仓储、配送等业务环节的实际管理。

② 物流具体职能管理是指对物流活动中的物流计划、质量、技术、经济等职能进行管理。

③ 物流控制要素管理是指对物流活动中的人、财、物品、设备、方法、信息要素进行管理。

（3）物流管理的工作要点

① 控制物流成本。物流成本是指产品在空间移动和时间占有中所消耗的各种活劳动和物化劳动的货币表现，即具体指产品在实体运动过程中所支出的人力、物力和财力的总和。

在物流管理实际工作中，物流成本控制常常遭遇效益悖反的情况，即某一个功能环节的利益优化提升与另一个或另几个功能要素的利益损失同时出现，所以需要在确定企业客户服务水平后，以降低物流总成本的管理目标为中心，对一些要素进行权衡。比如增值服务成本与客户服务水平的权衡；运输成本与库存成本的权衡；信息共享与保持企业核心竞争力的权衡；物流自营与物流外包对物流运作控制权影响的权衡等。

② 满足客户需求。专业物流公司是以为客户提供物流服务为发展基础的，但国内现阶段提供的物流服务传统、简单，物流公司的无差异性加剧了争夺客户资源的竞争。物流企业只有在满足客户需求上下功夫，才能赢得客户和企业发展的空间。比如采取寻求建立战略合作伙伴关系，提高整个物流行业的效率和服务水平；在做好总体物流规划背景下，完善物流布局和基础设施建设；为客户提供个性化服务等措施，都是物流企业赢得客户的妙招。

2．电子商务物流概述

1）电子商务流程构成要素

电子商务中的任何一笔交易都包含着几种基本的"流"，即信息流、商流、资金流和物流。

（1）信息流：既包括商品信息的提供、促销行销、技术支持、售后服务等内容，也包括诸如询价单、报价单、付款通知单、转账通知单等商业贸易单证，还包括交易方的支付能力、支付信誉等。信息流的流动成本包括信息发布、交换成本，信息网络建设运营成本等。

(2) 商流：是指商品在购、销之间进行交易和商品所有权转移的运动过程，具体是指商品交易的一系列活动。商流并不包括商品的实体移动，其内容也是信息流的组成部分。

(3) 资金流：主要是指资金的转移过程，包括付款、转账等过程。资金流流动成本包括资金传递成本、安全成本、保密成本等。

在电子商务流程中，以上3种"流"都可以通过计算机和网络通信设备的处理得以实现，但物流仍要通过物理方式进行传输，除了少数商品和服务可以直接通过网络传输的方式进行配送外，如各种电子出版物、信息咨询服务、有价信息软件等。电子商务物流的"四流"互为存在，密不可分，相互作用，既是独立存在的单一系列，又是一个组合体。电子商务物流将商流、物流、资金流和信息流作为一个整体来考虑和对待，会产生更大的能量，创造更大的经济效益，如图5.1.7所示。

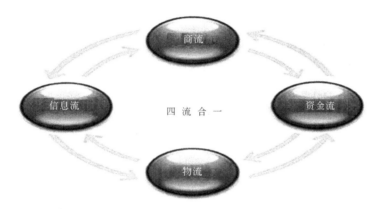

图 5.1.7 电子商务的"四流"

某单位采购了几台空调，分析这笔交易中包含的"四流"活动的具体表现是什么？

2) 电子商务物流概念

电子商务物流是指物流配送企业采用网络化的计算机技术、现代化的硬件设备和软件系统，以及先进的管理手段，严格、守信地按用户的订货要求进行的一系列分类、编配、整理、分工、配货等工作，定时、定点、定量地完成将货物交付给用户的过程。

3) 电子商务物流特点

电子商务物流具有信息化、自动化、网络化、智能化、柔性化的特点，如表5.1.2所示。大家觉得电子商务物流有意思，更想知道电子商务发展与物流有什么相互关系。

3. 电子商务与物流活动的关系

电子商务与物流的关系密不可分。

1) 物流在电子商务活动中的地位和作用

(1) 物流服务于商流。在电子商务环境下，消费者先通过网上购物，完成商品所有权的交割，即商流过程，然后货品或服务转移到消费者手中，即物流完成时商务活动才宣告结束。

表 5.1.2　电子商务物流的特点

特点	概　述	典 型 应 用	现　状
信息化	物流信息的商品化、物流信息收集的数据库化和代码化、物流信息处理的电子化和计算机化、物流信息传递的标准化和实时化、物流信息存储的数字化等	条码技术、数据库技术、电子订货系统、电子数据交换、快速反应、以及有效的客户反应、企业资源计划等技术的应用	新信息技术推进了电子商务物流的发展
自动化	物流作业过程的设备和设施自动化,其基础是信息化,其核心是机电一体化,其外在表现是无人化等	自动识别系统——条码/语音/射频自动识别系统、自动检测系统、自动分拣系统、自动存取系统、自动跟踪系统等	在中国的应用相对落后于发达国家
网络化	一指物流配送中心与供应商或制造商的联系信息、与下游顾客之间的联系信息,借助网络及信息技术得以即时请求、即时完成;二是通过全球的物流网络,按照客户订单组织生产,实现组织的网络化、贸易的全球化	全球网络资源	使"按需生产、零库存、短在途时间、无间隙传送"成为网络物流的理想状态
智能化	物流自动化、信息化的一种高层次应用	自动导向车的运行轨迹和作业控制、自动分拣机的运行、物流配送中心经营管理的决策支持等	物流智能化是物流发展的一个新趋势
柔性化	指为了适应消费需求的"多品种、小批量、多批次、短周期"趋势,灵活地组织和实施物流作业	弹性制造系统(FMS)、计算机集成制造系统(CIMS)、制造资源系统(MRP)、企业资源计划(ERP)以及供应链管理的概念和技术等	柔性化的物流是为适应生产、流通与消费的需求而发展起来的一种新型物流模式

(2) 电子商务活动需要物流的支持。缺少现代化的物流,生产将难以持续进行,电子商务也就无法便捷开展。

2) 电子商务对物流的影响

(1) 电子商务改变传统的物流模式基础。传统物流渠道中的批发与零售商等中介在电子商务环境下将逐步淡出,客户直接面对制造商;书报、音乐、软件等在网上直接传输的产品使传统物流系统隐形,物流系统呈现数字化与网络系统重合模式。

(2) 电子商务改变物流的运作方式。电子商务的飞速发展促使传统物流技术向现代物流技术转变,促进了物流技术水平的进步,如地理信息系统(GIS)、全球卫星定位系统(GPS)、电子数据交换(EDI)、RFID 技术等应用,有效地实现对物流的实时控制,对客户追踪实行个性化服务,物流企业的运作方式改变为以信息为中心的物流运作方式。

(3) 电子商务将改变物流企业对物流的组织和管理。在电子商务环境下,由于信息共享的及时性使制造商在全球范围内进行资源配置生产经营成为可能,需要一个全球性的物流系统来保证商品实体的物理流动,需要物流企业的联合,形成一种协同竞争的状态,以实现物流的高效、合理、系统。这与传统经济活动中物流企业依靠提供优质服务、降低物流费用的竞争内容不完全一样了。电子商务将改变物流企业的竞争状态。

4. 传统物流企业实施电子商务的要素

1) SCM

供应链管理(Supply Chain Management,SCM)是指把供应商、制造商、仓库、配送中心和渠道商等有效地组织在一起来进行产品制造、转运、分销及销售的管理方法,是对供应、需求、原材料采购、市场、生产、库存、订单、分销发货等的管理,使整个供应链系统成本达到最小。供应链管理包括计划、采购、制造、配送、退货五大基本内容。供应链管理是一种集成的管理思想和方法,是围绕核心企业,主要通过信息手段对供应的各个环节中的各种物料、资金、信息等资源进行计划、调度、调配、控制与利用,形成用户、零售商、分销商、制造商、采购供应商的全部供应过程的功能整体。

2) ERP

企业资源规划(Enterprise Resource Planning,ERP)是由美国Gartner Group咨询公司在1990年首先提出的,其主要宗旨是对企业所拥有的人、财、物、信息、时间和空间等综合资源进行综合平衡和优化管理,协调企业各管理部门,围绕市场导向开展业务活动,提高企业的核心竞争力,通过优化企业资源达到资源效益最大化。ERP首先是一个软件,同时也是一个管理工具。ERP涵盖了企业的大部分后台活动,必须与电子商务应用相整合来达成企业的管理目标。这是当今国际上最先进的企业管理模式之一。

3) CRM

客户关系管理(Customer Relationship Management,CRM)是指企业用CRM技术来管理与客户之间的关系。CRM既是一种管理理念,又是一种软件技术。通常所指的CRM指用计算机自动化分析销售、市场营销、客户服务以及应用等流程的软件系统。

基于电子商务的客户关系管理为客户提供了新的网络交互方式,给客户带来更好的客户体验。CRM将成为连接企业内部、外部经营的纽带和桥梁。

活动实施

扎入知识的海洋,打开认识物流的一扇窗。

活动小结

伙伴们开始以为物流就是把物品用车运过去就完了,简单;现在知道物流是个复杂的系统工程,电子商务环境下的物流科技含量很高,里面需要了解的知识还很多。现在已经弄清楚了什么是物流,挺开心的,加上学习累了,出去打会儿羽毛球,喝点水,再接着探索。

活动2 了解物流模式

活动背景

活动结束,大家继续开工。李翔飞提议:学习一下电商大咖们的物流经验吧,上网看看他们怎么做的?于是伙伴们开始上网搜索资料,讨论确定自己可以借鉴的物流模式。

知识探究

1. 电子商务物流模式概述

在电子商务环境下,随着市场经济的发展和电子信息技术的进步,生产和流通间的界限逐渐被打破,连接生产与消费的流通等经济活动的各个方面被物流综合在了一起,形成了新的物流模式。目前,电子商务环境下的物流模式主要有自营物流、第三方外包物流、物流联盟与第四方物流等。

1) 自营物流

自营型物流模式是指企业自身经营物流业务,建立全资或控股物流子公司,完成企业物流配送业务。当前生产流通或综合性企业(集团)广泛采用这种物流模式,企业(集团)通过独立组建配送中心,实现内部各部门、厂、店的物品供应的配送,例如连锁企业的配送基本上都是通过组建自己的配送中心来完成对内部各场、店的统一采购、统一配送和统一结算的。连锁企业配送如图5.1.8所示。

图5.1.8 成都红旗连锁配送

电子商务企业开展自营物流业务,比如京东商城、卓越亚马逊、凡客等企业,是因为业务订单的快速增长,决策层充分认识到物流配送在电子商务中的重要作用,有自建物流的意识。京东物流如图5.1.9所示。

图5.1.9 京东物流配送

企业自营物流的优点:企业能够自己掌握整个交易的最后环节,有利于企业掌握对顾客的控制权,有利于控制交易时间和规范物流服务质量,提升客户体验和企业的整体形象。

企业自建自营物流是有条件的,并不是所有的企业都有必要、有能力自建自营物流。依靠自身力量解决物流配送问题的企业一般具备以下条件:一些规模较大、资金雄厚、货物配送量大的企业,作为企业发展的战略部署,投入资金建立自己的物流配送系统,以掌握物流主动权,实现企业的经营业绩,如亚马逊以全资子公司的形式经营或管理配送中心,拥有完备的物流配送网络;拥有覆盖面广的代理、连锁店或分销店的企业,建立面向整个销售区域的物流配送网络,合理配置仓储、运输资源,有利于企业降低经营成本,实现企业的经营效益。

对于电子商务企业而言,做自营物流配送业务的利弊是什么?通过网络调查查找,哪些电子商务企业有自营物流配送业务?

2) 第三方物流

第三方物流(Third Party Logistics,3PL)又称合同物流,是指由供需双方之外的第三方(专业物流企业)提供物流服务的业务模式,它以签订合同的方式将企业一定期限内部分或全部商品采购、储存和配送物流活动都交由第三方专业物流企业完成。第三方物流模式有利于企业专注于培育自己的核心竞争力,实现企业资源优化配置,降低企业的物流成本,分散企业的经营风险;同时可以提高物流行业的整体专业水平和规模,发挥其覆盖区域广,业务推进速度快等优势,取得最大的社会效益,还能起到整合闲散物流资源,缓解城市交通压力的作用,是实现物流专业化、社会化、合理化的有效途径和重要形式。

目前国内的第三方物流企业类型主要有4种:由传统仓储运输企业转型的物流企业、新创办的国有或控股的新型物流企业、外资和港资物流企业、新兴民营物流企业,如表5.1.3所示。

表5.1.3 第三方物流企业类型

企业类型	特　点	代　表	发展趋势
由传统仓储运输企业转型的物流企业	占据了较大的市场份额,在物流基础设施、经营网络及规模上有优势	中外运、邮政、中铁快运、中储	不断拓展和延伸物流服务,逐步转型为现代物流企业
新创办的国有或控股的新型物流企业	为国际大型知名跨国公司提供包括仓储、运输、配送、报关等业务	中海物流公司	成为多功能的第三方物流企业
外资和港资物流企业	为原有客户(跨国公司)进入中国市场提供延伸服务,也以它们在资金、人才、理念、管理方法、服务及技术等方面的优势吸引中国企业	DHL与中外运结盟,FedEx与大田合作	与国内物流企业结盟或并购,成立专业化的物流公司
新兴民营物流企业	机制灵活、管理成本低	宝供、新杰物流	发展迅速,已经成为物流行业中最有朝气的第三方物流企业

想一想

对比第三方物流与自营物流,各有何优劣?企业如何选择适合自己的物流模式?试从物流成本、配送及时性、配送人员素质、品牌宣传、资金回笼周期等方面综合考虑。

3)第四方物流

第四方物流(Fourth Party Logistics,4PL)是一个供应链集成商,它调动和管理组织自己的以及具有互补性的服务提供商的资源、能力和技术,以提供一个综合的供应链解决方案。从本质上讲,"第四方物流供应商"是一个供应链的集成商,它充分利用包括第三方物流、信息技术供应商、合同物流供应商、呼叫中心、电信增值服务商、客户以及自身等多方面的能力对公司内部和具有互补性的服务供应商所拥有的不同资源技术进行整合和管理,提供一整套供应链解决方案。在实际运作过程中,第四方物流联盟以"探索发挥集体竞争优势的最佳机遇为目标",采用虚拟企业管理模式,根据特定的需要构建特定的组合,完全是电子商务环境下的新兴产物,包含了更多的管理创新意识。

4)物流一体化配送模式

物流一体化是在第三方物流的基础上发展起来的。所谓物流一体化就是以物流系统为核心,由生产企业经由物流企业、销售企业,直至消费者的供应链整体化和系统化。在这种模式下,物流企业通过与生产企业建立广泛的代理或买断关系,与销售企业形成较为稳定的契约关系,从而将生产企业的商品或信息进行统一组合、处理后,按部门订单要求配送到店铺。这种配送模式还表现为在用户之间交流供应信息,从而起到调剂余缺,合理利用资源的作用。在电子商务时代,这是一种比较完整意义上的物流配送模式,它是物流业发展的高级和成熟阶段。在国内,海尔集团的物流配送模式可以说已经是物流一体化了,并且是一个非常成功的案例。

2. 电子商务环境下的供应链管理

1)供应链的概念

所谓供应链就是跨企业与部门形成的以产品和服务为核心的业务流程,产品生产和流通过程中所涉及的原材料供应商、生产商、批发商、零售商以及最终消费者组成的供需网络,即由物料获取、物料加工,并将成品送到用户手中这一过程所涉及的企业和企业部门组成的一个网络。供应链是社会化大生产的产物,是重要的流通组织形式和市场营销方式。

2)供应链管理模式

传统的供应链关系是从供应商、制造商、分销商、零售商到最终的用户。而现代意义下的供应链则是围绕核心企业的,通过对物流、信息流和资金流的控制,从采购原材料开始,制成中间产品以及最终产品,最后由销售网络把产品送到最终用户,将供应商、制造商、分销商、零售商直到最终用户连成一个整体的功能网络。

传统的供应链管理模式是"推销"模式。它是根据商品的库存情况有计划地将商品推销给客户,最终可能造成库存积压和商品的无效移动,无形中会加大物流成本,如图5.1.10所示。

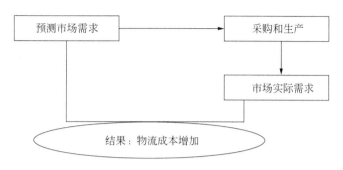

图 5.1.10　供应链管理"推销"模式

电子商务环境下的供应链管理模式又称"需求动力"模式。"需求动力"源于客户需求,客户是一切业务活动的最终驱动力。这种模式下,采购、生产、销售基本可以同步进行,都以市场需求为依据,由客户需求来拉动,避免商品的无效移动,减少库存,降低物流总成本,提高物流整体效率,如图5.1.11所示。

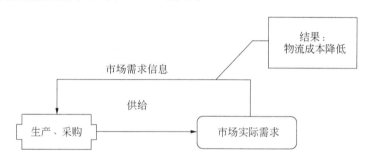

图 5.1.11　供应链管理"需求动力"模式

3)电子商务环境下供应链管理的流程

供应链管理分为3个主要流程:计划、实施和执行评估。

(1)计划

计划包括需求预测和补货,即将合适的产品或服务按照合适的状态包装,以合适的数量、合适的成本费用在合适的时间送达合适客户的合适地方,即 7 个 Right(7R)。计划需要设定3个目标:收集客户需求信息以适应需求变动;需求信息服务于库存投资,包括安全库存、库存周转和补货频率;为了订单的生成、执行和记录,制订完善的操作方案。

(2)实施

实施的一个中心任务就是集成,包括客户订单执行、采购、制造、存货控制及物流配送管理等应用系统的综合管理、协同运作,加强供应链上各环节的货物和服务的合理、有效流动。

(3)执行评估

执行评估是对供应链运行情况的跟踪。

想一想

国内一些电商企业主要采用什么物流模式?通过网络调研,填写表5.1.4。

表 5.1.4 电商企业物流模式调查

选 项	天猫	京东商城	苏宁易购	凡客诚品	中粮健康生活微商城
自营配送					
第三方配送					

活动实施

(1) 找几个知名电商企业,看看它们的物流情况吧。

(2) B2C商城物流模式的比较分析。选取B2C电子商务的典型代表,登录它们的网站,站在卖家的角度分析它们物流配送解决方案方面的异同,并将调研结果填入表5.1.5。

表 5.1.5 B2C商城物流配送模式的比较分析

调研时间: 　　　　　　　　　调研人:

配送要素分析 ＼ 企业选择	当当网	天 猫	京 东
配送范围			
配送时间			
物流模式			

(3) 美晨服装厂开办于2001年,以加工女式服装为主,自产自销,主要通过批发市场销往周边县市和省外,已经有一定的知名度和固定客户群,现试图开拓网络营销渠道,扩大销售量。如果请你负责美晨服装厂的电商物流配送,请拟定美晨服装厂的电商物流解决方案,填写表5.1.6,并阐述说明。

表 5.1.6 物流模式的分析选择方案

制定时间: 　　　　　　　　　　　　　　　　　　方案制订人:

模式分析	企业自营物流	第三方物流	混合物流
优势			
劣势			
综合评价			
结论与建议			

活动小结

明确了自己需要的物流模式方向,大家摩拳擦掌,准备具体设计物流解决方案了。伙伴们为团队能取得一致意见高兴,合作有了一个好的开局,值得庆贺一下。

合作实训

确定了自己的物流模式方向,知道了物流活动的各环节业务内容后,大家开始分头行动,查找本地提供服务的第三方物流公司信息,各自拟出初步物流解决方案以供讨论,林琳主要负责物流价格比对、李翔飞负责服务质量分析、徐之刚负责包装成本分析、姜浩敏负责综合评价,共同完成一套物流解决方案。

友情提示

在完成任务的过程中如果遇到困难,该怎么办?

(1) 积极查阅本任务中提供的资料,或网络查询资料,深刻理解知识点,针对疑问点可以向自己的老师进行提问。

(2) 注意与其他同学的交流讨论,寻求合作共识。

(3) 可以在班级QQ或微信群与大家一起交流学习。

(4) 分析优劣势要结合具体情况,切忌空谈。

任务2　知悉电子商务物流配送

情境设计

经过前一阶段的准备,伙伴们带着对本地几个物流企业的基本情况摸底资料,聚在一起,想通过讨论最后确定自己的物流配送解决实施方案。且看姜浩敏团队如何完成这个任务。

姜浩敏、徐之刚、李翔飞、林琳分头上网查找一些物流企业的资料,加上利用周末实地考察的情况,各自提出自己的初步物流配送实施方案,最后再讨论确定下来。

任务分解

活动1　了解电子商务环境下的物流配送

活动2　认识电子商务物流技术及物流设备

活动1　了解电子商务环境下的物流配送

活动背景

大家坐在一起开会讨论。会上分别就各自通过网上和实地调查得到的第三方物流企业情况进行说明,对物流公司的经营质量、服务价格、服务网点、包装成本等方面内容进行比较分析,最后形成实施性物流解决方案。

知识探究

1. **电子商务物流配送概述**

1)电子商务物流配送概念

电子商务物流配送是指物流配送企业采用网络化的计算机技术和现代化的硬件设备、软件系统及先进的管理手段,针对客户的需求,根据用户的订货要求,进行一系列分类、编码、整理、配货等理货工作,按照约定的时间和地点将确定数量和规格要求的商品传递到用户的活动及过程。

配送的实质是送货,但和一般送货又有区别。配送是一种有确定组织、确定渠道,有一套装备和管理、技术力量支持,有自身运作流程的体制形式,因此配送不是一般意义上的送货,而是高水平的送货形式;配送是"配"和"送"的有机结合,利利用有效的分拣、配货等作业,使送货作业达到一定规模,并利用规模优势降低送货成本,不是单纯的有一件送一件货,追求的是整个配送系统的合理运作。

2)配送的分类

国内外物流企业有多种多样的配送方式以满足各种不同的需求。表5.2.1介绍了几种不同类型的配送方式。

表 5.2.1 配送的类型

配送类型	配送方式	特 点	局 限	作 用
实施配送的节点	配送中心	规模大,有配套的设施	灵活性较差,投资成本高	配送的主体形式,发展快
	仓库	以仓库为据点,容易利用,无须大量投资	只实现一部分配送职能	可以发挥现有仓库的功能并进行改造
	商店	规模不大,主要承担商品销售或代购商品	配送商店经营的货品	配送与商品销售一起运作
配送商品的种类数量	少品种、大批量	可整车运输,无须搭配其他商品,成本低	工厂企业需求量大的商品	适合专业的配送中心实施配送
	多品种、小批量	凑整装车送达客户	专业水平高,设备、配送计划要求高	按照客户要求配货、送达
	成套、配套	按照生产节奏定时送达全部零配件	时间、配套要求精准	适合装配型生产企业

还可以按照配送时间定时定量或即时配送,组织集中配送或分散配送、共同配送等来满足不同产品、不同企业、不同流通环境的需要。配送中心内部如图5.2.1所示。

2. **电子商务下的物流配送中心**

1)物流配送中心的概念

按照国家标准《物流术语》对配送中心的定义是:"配送中心是从事配送业务的场所或组织"。它应该具备的条件是物流功能健全、信息网络完善,是能接受并处理末端用户的订货信息,对上游运来的多品种货物进行分拣,根据用户订货要求进行拣选、加工、组配等作业,并进行送货的设施和机构;是从供应者手中接受多种大量的货物,进行倒装、分

图 5.2.1 配送中心

类、保管、流通加工和情报处理等作业,然后按照众多需要者的订货要求备齐货物,以令人满意的服务水平进行配送的设施。图 5.2.2 所示为京东配送中心。

2）物流配送中心的分类

物流配送中心因运营主体不同,物流运作模式不同,分为不同的类型,如表 5.2.2 所示。

表 5.2.2 物流配送中心的分类

分 类	类 型	分 类	类 型
运营主体	制造商	物流运作模式	集货型配送
	批发商		散货型配送
	零售商		混合型配送
	仓储运输业者		

图 5.2.2 京东亚洲一号仓

3）物流配送中心的流程

根据物流配送中心服务功能特点,流程如图 5.2.3 所示。

物流配送中心的流程可分为 3 种不同类型。

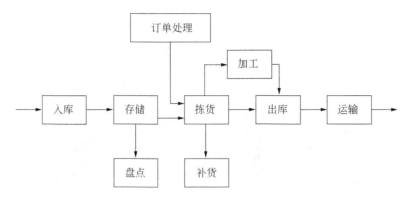

图 5.2.3　配送中心作业流程图

(1) 物流过程中各个环节的连接点。
(2) 商务活动的连接点。
(3) 国际物流活动的连接点。

随着电子商务的迅猛发展,企业网商和个人网商数量规模巨大,大型电子商务企业可以建立自己的独立物流配送体系,如当当网、亚马逊等,而大量的中小网商该如何选择?网上销售的商品种类繁多,千差万别,如何选择包装和配送方案尤其重要。

作为一个服装厂这样的小型网商,该怎么选择物流配送方案呢?

3. 电子商务物流配送方案设计

1) 送货方式的选择

电子商务企业一般可以选择3种送货方式:邮局、快递、货运方式。按表5.2.3所分析的内容,选择合适的送货方式。

表 5.2.3　送货方式选择分析

方　式		优　点	缺　点
邮局	EMS	网络强大、安全,退回不收费	价格贵,不能一票多件
	普通邮寄	价格较便宜	寄达时间 7～15 天
快递	国际、国内、同城	速度快,点对点	不同快递对技术、资本密集度、从业人员的要求不同
货运	物流货运公司	大件、特殊货品、偏远地区	送达时限要求不高

2) 快递公司的选择

目前,许多电子商务网站通常委托快递公司负责本公司的配送业务,既省事也省钱,尤其适合每天都要发很多快件的公司,那么选择快递公司要注意什么呢?这也是伙伴们急切想知道的。

经过一番比较和高人指点,林琳总结出选择快递公司的几点综合参考因素。

(1) 选择服务品质:服务规范,客户体验好,价格合理,送货准点率高,货损率低,安全性好等。

(2) 选择规模信誉:快递公司规模大,好评率高。

(3) 选择方便快捷：快递公司网点多，布局合理，最好在本地注册，有区域服务优势。

3. 电子商务中物品包装策略选择

常用的包装材料选择如下。

(1) 纸及纸制品：包括牛皮纸、玻璃纸、植物羊皮纸、沥青纸、板纸、瓦楞纸板。

(2) 塑料及塑料制品：包括聚乙烯、聚丙烯、聚苯乙烯、聚氯乙烯、钙塑材料。

(3) 木材及木制品、金属包括镀锡薄板、涂料铁、铝合金；玻璃、陶瓷。

(4) 复合材料等。

网络商品常用的包装方法选择如下。

(1) 容易脏污的商品：衣服、皮具、鞋子等，常用纸张、布袋单独包裹加塑料袋防水防染色。

(2) 香水/液体类商品：主要为化妆品，多为玻璃瓶包装，常用棉花、气泡纸、泡沫块包裹填充，起到缓冲或防渗漏作用。

(3) 易碎商品：陶瓷、玻璃饰品、CD、茶具、字画等，常用塑料泡沫、报纸等填充或包裹，起到缓冲防损作用。

(4) 贵重、精密电子产品，如手机、电脑等易碎、易消磁产品，常用防静电袋、气泡膜等材料包裹，再用瓦楞纸加强边角和关键部位的防护，同时填充缓冲材料，阻隔和固定物品，避免物品在物流过程中受损。

活动实施

(1) 先弄清楚电子商务物流配送的基本知识，再尝试设计物流配送解决方案。

(2) 对快递公司服务和价格做对比分析。姜浩敏团队准备利用课余时间开设网店，帮助家里的服装厂打开线上销路。商品主要面向中低收入消费者，销售服装品类以女装为主，打算选择第三方快递送货，他想选择一家服务和信誉均较好的快递公司。请你通过网络调查5家快递公司，对比分析后给他一个切实可行的建议，将结果填入表5.2.4中。

表5.2.4 选择快递服务公司调查分析表

调查时间： 调查人：

快递公司名称	服务优势	价格特点	联系方式	分析评价
调研结论				

活动2 认识电子商务物流技术及物流设备

活动背景

姜浩敏团队与意向中的快递公司初步接洽顺利，小伙伴们开心地聚在一起庆贺，但姜浩敏的一句话引起了大家的注意:"DHL,知道吗?每天一架专机从成都发货到香港,再中转到世界各地,那速度!那物流设备!啧啧!"对电子商务物流技术和设施设备的好奇激起了大家的下一步行动:上网找现代物流技术应用资料,看谁说的更吸引人。

知识探究

1. 知悉物流信息技术

1) 识别技术

(1) 条码

条形码或称条码(Bar Code)是将宽度不等的多个黑条和空白,按照一定的编码规则排列,用以表达一组信息的图形标识符。常见的条形码是由反射率相差很大的黑条(简称条)和白条(简称空)排成的平行线图案。条形码可以标出物品的生产国、制造厂家、商品名称、生产日期、图书分类号、邮件起止地点、类别、日期等信息,因而在商品流通、图书管理、邮政管理、银行系统等许多领域都得到了广泛的应用。条形码是迄今为止最经济、实用的一种自动识别技术。条形码技术具有的优点如表5.2.5所示。

表5.2.5 条形码优点分析

优　点	对　比
输入速度快	条形码输入的速度是键盘输入的5倍
	能实现"即时数据输入"
可靠性高	采用条形码技术误码率低于百万分之一
	利用光学字符识别技术出错率为万分之一
	键盘输入数据出错率为三百分之一
采集信息量大	条形码一次可采集几十位字符的信息
易于制作	对设备和材料没有特殊要求,识别设备操作容易,不需要特殊培训
成本低	设备也相对便宜,条码是印刷在商品包装上的,所以其成本几乎为"零"

条形码示例如图5.2.4所示。

图5.2.4 商品条码

(2) 二维码

二维条码/二维码(2-Dimensional Bar Code)是用某种特定的几何图形按一定规律在平面(二维方向上)分布的黑白相间的图形来记录数据符号信息；使用若干个与二进制相对应的几何形体来表示文字数值信息,通过图像输入设备或光电扫描设备自动识读以实现信息自动处理。它具有条码技术的一些共性：每种码制有其特定的字符集；每个字符占有一定的宽度；具有一定的校验功能等。同时还具有对不同行的信息自动识别功能及处理图形旋转变化点。

二维码又称 QR(Quick Response)Code,是近几年来移动设备上超流行的一种编码方式,它比传统的 Bar Code 条形码能存更多的信息,也能表示更多的数据类型,如图 5.2.5 所示。

图 5.2.5　二维码

(3) RFID

RFID 是 Radio Frequency Identification 的缩写,又称电子标签、无线射频识别,是一种无线通信技术,可通过无线电信号识别特定目标并读写相关数据,而无须在识别系统与特定目标之间建立机械或光学接触。可工作于各种恶劣环境。RFID 技术可识别高速运动物体并可同时识别多个标签,操作快捷方便。

相比条形码,RFID 电子标签是一种突破性的技术。

① RFID 系统可以识别单个的非常具体的物体,电子标签芯片包含全球唯一的电子编码信息,而不像条形码那样是识别一类物体。

② 采用无线电射频,可以透过外部材料读取数据,而条形码必须靠激光来读取信息。

③ 可以同时对多个物体进行识读,而条形码只能一个一个地读。

④ 储存的信息量也非常大。

目前 RFID 技术应用很广,如图书馆、门禁系统、食品安全溯源等。它可以帮助企业大幅提高货物、信息管理的效率,还可以让销售企业和制造企业互联,从而更加准确地接收反馈信息,控制需求信息,优化整个供应链。应用示例如图 5.2.6 和图 5.2.7 所示。

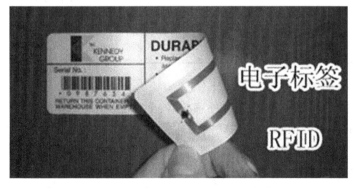

图 5.2.6　电子标签

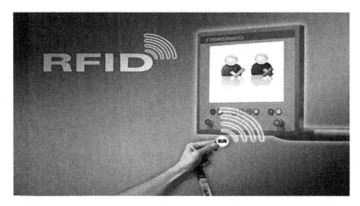

图 5.2.7 芯片读取感应

2) 3S 技术

3S 技术是遥感技术(Remote Senesing,RS)、地理信息系统(Geographical Information System,GIS)、全球定位系统(Global Positioning System,GPS)的统称,详见表 5.2.6 所示。

表 5.2.6　3S 技术原理与应用

3S 技术	原　理	应　用
遥感技术(RS)	探测地表物体对电磁波的反射和其发射的电磁波,从而提取这些物体的信息,完成远距离识别物体	地表资源环境监测、农作物估产、灾害监测、全球变化
地理信息系统(GIS)	利用现代计算机图形技术和数据库技术,用以输入、存储、编辑、分析的地理资料系统	显示空间信息及其属性信息
全球定位系统(GPS)	空间卫星导航定位系统	陆地:车辆导航、景点导游、应急反应、高精度时频对比、大气物理观测、地球物理资源勘探、工程测量、变形监测、地壳运动监测、市政规划控制等;海洋:航程航线测定、实时调度与导航、海洋救援、海洋探宝、水文地质测量以及海洋油井平台定位、海平面升降监测等;航空航天:飞机导航、航空遥感姿态控制、低轨卫星定轨、导弹制导、航空救援和载人航天器防护探测等

3) 物联网技术

物联网是指射频识别(RFID)、红外感应器、全球定位系统、激光扫描器等信息传感设备,按约定的协议,将任何物品与互联网相连接,进行信息交换和通信,以实现智能化识别、定位、跟踪、监控和管理的一种网络概念。

4) 自动化立体仓库

自动化立体仓库又叫高层货架仓库,自动存取系统 AS/RS,采用几层或十几层的货架存放货物,以巷道堆垛机为主,并结合出入库辅助设备来进行作业的一种仓库。能对库存的货物进行自动管理,能够按照系统指令自动完成货物的存取,完全实现自动化出入库作业。利用立体仓库设备可实现仓库高层合理化,存取自动化,操作简便化。自动化立体仓库是当前技术水平较高的形式,如图 5.2.8 所示。

图 5.2.8　自动化立体仓库

2．物流技术带来的社会变化

物流技术的进步改变了人们的思维和生活习惯,智能物流、冷链物流、精益物流等让人目不暇接。

1）智能物流

智能物流是利用集成智能化技术,使物流系统能模仿人的智能,具有思维、感知、学习、推理判断和自行解决物流中某些问题的能力。智能物流就是利用条形码、射频识别技术、传感器、全球定位系统等先进的物联网技术通过信息处理和网络通信技术平台广泛应用于物流业运输、仓储、配送、包装、装卸等基本活动环节,实现货物运输过程的自动化运作和高效率优化管理,提高物流行业的服务水平,降低成本,减少自然资源和社会资源消耗。

2）冷链物流

冷链物流(Cold Chain Logistics)泛指冷藏冷冻类食品从生产、贮藏运输、销售,到消费前的各个环节始终处于规定的低温环境下,以保证食品质量,减少食品损耗的一项系统工程。它是随着科学技术的进步、制冷技术的发展而建立起来的,是以冷冻工艺学为基础、以制冷技术为手段的低温物流过程。冷链物流的要求比较高,相应的管理和资金方面的投入也比普通的常温物流要大。

冷链物流的适用范围包括初级农产品如蔬菜、水果;肉、禽、蛋;水产品、花卉产品;加工食品如速冻食品、禽、肉、水产等包装熟食、冰淇淋和奶制品,巧克力;快餐原料;特殊商品如药品。

冷 链 物 流

成都银犁冷藏物流股份有限公司成立于2009年,是集农副产品保鲜、冷冻、冷藏、流通加工、城市食品配送为一体的商贸物流企业,打造的"农产品冷链物流中心项目"在业界引起高度关注。其作业已经基本实现全机械化库房作业,无人力搬运,使用的叉车针对冷库低温、潮湿的环境加装低温保障和防滑装置,关键部件安装散热元件;制冷机房无人值守,制冷系统采用全自动控制器,主控电脑具有动态显示功能,能够监控每个制冷机组、冷凝器、制冷末端的运行状况,实现历史数据的记录、分析、打印。

3. 精益物流

精益思想是以顾客需求为指导原则,通过持续改善,消除生产、物流、服务等流程中的各种浪费,创造出高效敏捷的流程,并使新流程标准化,被重复执行。精益物流是起源于日本丰田汽车公司的一种物流管理思想,其核心是追求消灭包括库存在内的一切浪费,并围绕此目标发展的一系列具体方法。它是从精益生产理念中蜕变而来的,是精益思想在物流管理中的应用。

精益物流需要拉动信号(EDI,看板,网络设备,等等)来保证各工序之间的平衡生产,用频繁的小批量装运方法将零售商、制造商以及供应商连成一条供应链。

活动实施

(1) 上网查找现代物流技术现状。林琳查货物识别技术,从条码、二维码到RFID;徐之刚对运输和车辆跟踪以及地理信息系统、导航系统感兴趣,找GPS、GIS等信息;姜浩敏对未来生活方式好奇,看看智能物流、冷链物流。

(2) 阅读图5.2.9所示案例,运用精益物流管理思想,看看能把下面的浪费情况从耗时640分钟改善到多少时间。

(3) 参照图5.2.10所示,试试说明精益的具体项目内容。

项目总结

通过学习电子商务物流的相关概念,了解电子商务与物流的相互关系,认识物流系统先进的现代物流设施设备和技术应用情况,知悉电子商务物流的各种模式及其应用中的优劣,选择适合自己的电子商务物流模式,初步尝试设计电子商务企业物流配送方案,达到项目预期的学习成果。同时,完成物流模式的分析和快递公司的选择势必要结合本地区物流布局配置的实际情况,开展调查分析和实践活动,促进学校与行业企业的关联;项目任务的目的是帮助家里或其他人开展电子商务实践活动,促使学生学以致用,有学习动力和信心,增强学生对家庭、社会的责任感和使命感,如果实践项目成功运作下去,相信对学生的就业、创业都是一个良好的开始。

某天,索飞化妆品广州电商配送中心里发生着如下活动。
(1) "店小二"小王上午10点钟将10点前接到的订单打印了出来,约有120个订单。
(2) 小王拿着订单花了5分钟走到仓库办公室,将单子交给仓库经理老赵。
(3) 老赵将单子交给仓管员小李,要求他下午4点前完成120个订单的发货。
(4) 小李需要将订单号输入MRP系统后才能打印出拣货单,可7台电脑中3台有问题,IT人员还没有修好,其他4台目前有其他人在用。于是他等了10分钟。
(5) 小李花了5分钟将120个订单输入MRP系统,也打印出拣货单,有50种产品,共有300件。
(6) 小李拿着拣货单在仓库里花了5分钟找到电动叉车。
(7) 他上了叉车,可启动后发现电池电量很低,于是又花了15分钟更换充好电的备用电池。
(8) 50种产品分布在1万平方米仓库的各个角落,而且一半以上在高层的库位上。小李花了4个多小时才完成全部拣货工作。平均单个SKU花费5分钟以上的时间。
(9) 小李又用了10分钟将300件产品转移到包装区。
(10) 小李拿出120个订单,根据每个订单上的产品从300件产品中进行匹配和包装。共花了3小时。
(11) 小李这时才发现已经晚上6点多了,他知道今天又要被扣奖金了。

图 5.2.9 精益物流案例

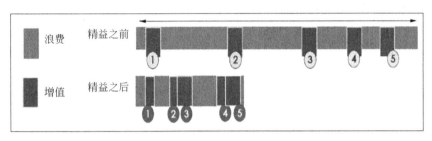

图 5.2.10 精益前后效率比较图

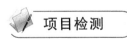

一、单选题

1. ( )是指在流通过程中保护产品、方便运输、促进销售,按一定技术方法而采用的容器、材料及辅助物等的总体名称。
   A. 包装　　　　　B. 运输　　　　　C. 流通加工　　　D. 储存

2. 第三方物流(Third Party Logistics,3PL)又称物流代理。第三方物流服务通常是以发货人和专业物流代理商之间的正式合同为条件的,这一合同明确规定了服务费用、期限及相互责任等事项,所以也称为( )。
   A. 约定式物流　　B. 双边物流　　　C. 责任制物流　　D. 合同制物流

3. 传统的供应链模式称为( )模式,电子商务环境下的供应链管理模式又叫"需求动力"模式。
   A. 推销模式　　　B. 销售模式　　　C. 合作模式　　　D. 买卖模式

4. 冷链物流适用的物品范围是( )。
   A. 蔬菜　　　　　B. 药品　　　　　C. 奶制品　　　　D. 都是

5. 电子商务环境下的物流模式主要有（　　）。
　　A. 自营物流和第三方外包物流　　　B. 物流联盟与第四方物流
　　C. 第三方物流和第四方物流　　　　D. 都是

二、多选题
1. 物流活动的构成要素有（　　）。
　　A. 包装和流通加工　　　　　　　　B. 装卸、搬运
　　C. 运输和储存　　　　　　　　　　D. 配送
　　E. 信息处理
2. 配送中心的业务流程包括（　　）。
　　A. 收货、验货　　B. 分类整理　　C. 储存　　D. 配货、发货
3. 供应链管理分为（　　）流程。
　　A. 计划　　　　　B. 实施　　　　C. 执行评估流程　　D. 处理
4. 3S 技术是指（　　）。
　　A. 遥感技术　　　B. 全球定位系统　C. EDI 技术　　　　D. 地理信息系统
5. 物流配送中心的配送节点类型包括（　　）。
　　A. 车站　　　　　B. 仓库　　　　C. 配送中心　　　　D. 商店

三、判断题
1. 电子商务中的每一笔交易都包含着"四流"，即商流、信息流、资金流和物流。（　　）
2. 流通加工对物流起到补充、完善、提高的作用，是每一个物流系统都必须有的功能和活动环节。（　　）
3. 物流系统中的包装环节主要侧重于运输包装，而不是指销售包装活动。（　　）
4. 电子商务交易流程中"四流"的商流，是指商品所有权的转移，也包括物品的移交。（　　）
5. 物流管理是指对物流活动中的物流计划、质量、技术、经济等职能进行管理。（　　）

四、简答题
1. 简述电子商务物流的特点。
2. 第三方物流模式的特点有哪些？
3. 简述 RFID 与一维条码、二维码相比的优势。

五、实训题
登录宝供物流企业集团公司的网站和中国电子商务网，了解它们的运营模式和服务功能。

认识网络营销

 项目综述

　　汽车4S店是汽车销售市场的主流渠道。近年来,随着信息科技的发展,尤其是网络的普及,大大拓宽了人们获取信息的渠道,网络几乎成为消费者了解汽车产品和品牌的主要渠道,消费者通过网络来了解车市行情、选择车型和商家等。网络营销整合平台可以不受时间和空间的限制,随时上网看车、评车及进行在线交流,是与消费者建立一种互动、双赢的营销模式。

　　大众汽车公司是德国最大也是最年轻的汽车公司,是一家国际性集团公司。作为一个德国汽车品牌,大众以德国人特有的精细、刻板、追求完美的性格,将汽车的机械性能做到了极致,为全世界消费者所信赖,"完美驾乘体验"的品牌诉求也更多定位于一部驾驶机器的优秀性能。"大众"品牌深入到每个购车者的心中。大众汽车深度挖掘互联网的优势,利用一切可以利用的手段和工具来推广自己的网站。2016年,大众汽车准备在网上发布两款新车,公司准备把这项工作交给网销部去完成。

　　李玲是上海大众4S店网销部的一名新进员工,之前对网络营销不是特别了解,在开始工作前,李玲需要详细了解什么是网络营销?网络营销主要是做什么?有哪些形式的网络营销?带着这一系列的问题,李玲通过网络、图书去了解。

 项目目标

　　通过本项目的学习,应达到的具体目标如下。
知识目标
　　(1) 掌握网络营销的概念、功能、特点;
　　(2) 了解与传统营销的区别;
　　(3) 熟悉网络营销主要的工作内容;
　　(4) 了解网络营销促销及网络营销活动策划;
　　(5) 认识不同的网络营销,如社会化营销、搜索引擎营销、电子邮件营销、口碑营销、网络事件营销、网络广告推广等。
技能目标
　　(1) 能够准确描述网络营销主要岗位的工作任务;
　　(2) 能够举例讲解常见的网络营销的方式;
　　(3) 能简述网络营销工作流程及关键步骤;
　　(4) 能撰写简单的网络促销活动方案。

情感目标

（1）培养学生自己收集有关网络营销相关资料的能力，并在此基础上培养学生独立学习的能力；

（2）培养学生的工作组织能力及分析和解决问题的能力；

（3）培养学生的语言表达能力和团队合作能力。

任务1　初识网络营销

任务2　开展网络营销

任务1　初识网络营销

情境设计

李玲已接到通知，下周去上海大众4S店网销部上班，公司给李玲一个月的试用期，期满后通过理论知识和实践考核能成为正式员工。为了成为正式员工，李玲制订了详细的学习计划。

任务分解

李玲决定先做好以下几件事：①熟悉网络营销及网销部的工作任务；②通过网络了解几种常见的网络营销模式。

活动1　知悉网络营销

活动背景

李玲为了能对网络营销和网络营销工作任务有整体上的认识，决定到各招聘网上去看看。

知识探究

1. 网络营销的概念

网络营销是以国际互联网络为载体，利用数字化信息和网络媒体的交互性来辅助营销目标实现的一种新型的营销方式。它贯穿于企业营销活动的全过程，包括寻找新客户、服务老客户，涉及网络消费者行为分析、网络市场调研、网络市场细分、网络分销、网络服务和网络沟通等电子商务活动的各个环节。

2. 网络营销的功能及特点

1）网络营销的功能

对企业而言，网络营销有利于企业扩大市场范围，提高市场占有率。国际互联网覆盖全球市场，企业的市场覆盖范围扩大，销量增大有利于提高企业的市场占有率。网络营销有利于企业与顾客的良好沟通。对消费者而言,网络营销能更好地为消费者提供服务,满足消费者的个性化需求,网络营销是以消费者为导向的。网络营销可提高消费者的购物效率。

2) 网络营销的特点

网络营销是借助互联网技术的发展而诞生的。互联网技术发展的成熟以及互联网成本的低廉使其如同一种"万能胶",将企业、团体、组织以及个人跨时空联系在一起。网络营销的特点有以下几点。

(1) 技术性。网络营销是建立在互联网络技术基础上的,企业实施网络营销必须有一定的技术投入和技术支持,改变传统的组织形态,提升信息管理部门的功能,引进懂营销与计算机网络技术的复合型人才,这样才能具备市场竞争优势。

(2) 个性化。互联网上的促销是一对一的、理性的、消费者主导的、非强迫性的、循序渐进式的,而且是一种低成本与人性化的促销,避免推销员强势推销的干扰,并通过信息提供与交互式交谈与消费者建立长期良好的关系。

(3) 时域性。互联网能够超越时间约束和空间限制进行信息交换,使得营销脱离时空限制。

(4) 交互性。互联网通过展示商品图像,商品信息资料库提供有关的查询来实现供需互动与双向沟通。互联网还可以进行产品测试与消费者满意调查等活动。

(5) 富媒体。互联网被设计成可以传输多种媒体的信息,如文字、声音、图像等信息,使得为达成交易进行的信息交换能以多种形式存在和交换,可以充分发挥营销人员的创造性和能动性。

(6) 高效性。计算机可储存大量的信息,可传送的信息数量与精确度远超过其他媒体,并能应市场需求及时更新产品或调整价格,因此能及时有效了解并满足顾客的需求。

(7) 超前性。互联网是一种功能强大的营销工具,它同时兼具渠道、促销、电子交易、互动顾客服务,以及市场信息分析与提供的多种功能。它所具备的一对一营销能力正好符合定制营销与直复营销的未来趋势。

(8) 整合性。互联网上的营销可由商品信息至收款、售后服务一气呵成,因此也是一种全程的营销渠道。建议企业可以借助互联网将不同的传播营销活动进行统一设计规划和协调实施,以统一的传播资讯向消费者传达信息,避免不同传播中不一致性产生的消极影响。

(9) 经济性。通过互联网进行信息交换,代替以前的实物交换,一方面可以减少印刷与邮递成本,无店面销售,免交租金,节约水电与人工成本;另一方面可以减少由于迂回多次交换带来的损耗。

(10) 成长性。互联网使用者数量快速成长并遍及全球,使用者多属年轻人和具有较高教育水准的人,由于这部分群体购买力强而且具有很强的市场影响力,因此是一项极具开发潜力的市场渠道。

3) 网络营销与传统营销的区别

传统营销是以实体市场的线下交易为主的,而网络销售是以虚拟市场的在线交易为主的。网络营销与传统营销是构成企业整体营销战略的重要组成部分,网络营销是在网络环境下对传统营销的拓展和延伸,它与传统营销有着内在的必然联系,但在手段、方式、工具、渠道以及营销策略方面有着本质的区别。

3．网络营销的主要工作岗位及岗位任务

1）网络营销运营

该岗位主要负责企业网络运营部门整体运作工作,网络运营部产品、品牌、创意、推广文案的撰写和网站专题活动的策划,对网站销售力和传播力负责。

2）网站编辑(网络编辑、网络营销文案编写)

主要负责网络运营部资讯、专题等网站内容和推广文案的撰写执行工作,定期对网站资讯内容及产品进行编辑、更新和维护;对网站销售力和传播力负责。

3）网络推广/网站推广

主要负责网络运营、创意文案、推广文案的撰写及发布,媒介公关和广告投放等工作,负责提升网站有效流量。

活动实施

通过阅读相关资料,以组为单位展开讨论,最后总结什么是网络营销,网络营销主要做哪些事情。

活动小结

根据表6.1.1所示的活动评价项目及标准总结自己的学习成果。

表 6.1.1　网络营销活动评价项目及标准

评价项目	收集网络营销信息(40%)	讨论表现(40%)	职业素养(20%)
评价标准	(1) 信息合理、有效、完整 (2) 信息比较完整 (3) 信息不完整	(1) 积极参与、有主见 (2) 参与主动性一般 (3) 不积极参与、没有自己的主见	(1) 大有提升 (2) 略有提升 (3) 没有提升
自己评分			
小组评分			
教师评分			
第三方评分			
总得分			

活动2　认识不同的网络营销方法

活动背景

为了以后能在工作上自如发挥,李玲想通过网络了解更多的网络营销模式,并了解各种模式的优缺点。

知识探究

常见的网络营销模式如下。

1. 搜索引擎营销(Search Engine Marketing,SEM)

1）搜索引擎营销的概念

搜索引擎营销就是基于搜索引擎平台的网络营销,利用人们对搜索引擎的依赖和使用习惯,在人们检索信息的时候将信息传递给目标客户。搜索引擎营销的基本思想是让用户发现信息,并通过点击进入网站或网页,进一步了解所需要的信息。SEM 所做的就是以最小的投入在搜索引擎中获得最大的访问量并产生商业价值。

搜索引擎优化直接的目标是网站在搜索引擎上获得良好的排名。良好的搜索结果排名意味着有更多的流量,但排名并不是搜索引擎优化的全部,更不是终极目标,实现网站产品销售或品牌建设才是搜索引擎优化的最终目标所在。

2) 搜索引擎营销的方法

SEM 的方法包括搜索引擎优化(Search Engine Optimization,SEO)、竞价排名、关键词广告及 PPC,如图 6.1.1 所示。

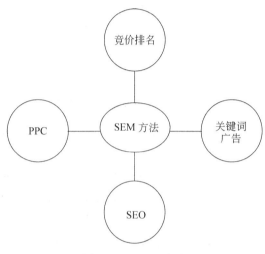

图 6.1.1　SEM 方法

(1) 竞价排名是网站付费后才能被搜索引擎收录,付费越高者排名越靠前。竞价服务是由客户为自己的网页购买关键字排名,按点击计费的一种服务。客户可以通过调整每次点击付费价格,控制自己在特定关键字搜索结果中的排名,并可以通过设定不同的关键词捕捉到不同类型的的目标访问者。

(2) 关键词广告即在搜索结果页面显示广告内容,实现高级定位投放,用户可以根据需要更换关键词,相当于在不同页面轮换投放广告。

(3) PPC(Pay Per Click,点击付费广告)就是付费广告,关键词广告。在国内最流行的点击付费搜索引擎有百度、雅虎和谷歌。对网络营销来说即使是做了 PPC 付费广告和竞价排名,最好也应该对网站进行搜索引擎优化设计,并将网站登录到各大免费的搜索引擎中。

(4) SEO 是指在了解搜索引擎自然排名机制的基础上,对网站进行内部及外部的调整优化,改进网站在搜索引擎中关键词的自然排名,获得更多的展现量,吸引更多目标客户点击访问网站,从而达到网络营销及品牌建设的目标。

3) 搜索引擎优化(SEO)与搜索引擎营销(SEM)的关系和区别

(1) SEO 和 SEM 的关系。①搜索引擎营销概念包含搜索引擎优化概念;②两者均需要有独立的网站进行操作,它们是对百度和谷歌等搜索引擎的搜索;③两者均需要对自身企业网站的某一部分进行优化执行;④两者都对关键词优化提出了非常高的要求。

(2) SEO 和 SEM 的区别。①SEO 注重网站自身的优化,包括关键词优化、站内结构优化和站外链接优化,SEM 则注重目标关键词匹配度的优化。②SEO 需要花费大量的时间和精力在网站的内容建设方面,见效时间较长;SEM 由于有竞价排名或点击付费概念在其中,上线即可见效果;SEO 属于越往后越能看到其优化效果。③SEM 属于效果立即呈现但停止付费后也同时停止了任何的推广;SEO 无须花费大量金钱;SEM 对资金依赖非常严重。

综上所述,企业或个人可以按照自己的需求进行 SEO 或 SEM 方式的选择。而对于急需推广企业产品或服务的企业,建议采用 SEO+SEM 的方式去进行。

案例 6.1

褚橙——一颗互联网的橙子

本来生活网三大运作关键点是:①褚橙——褚时健种的冰糖橙。人生总有起落,精神终可传承。这句话在网上的传播非常广泛。褚老的一生可用一些数字来概括:1985 年跌宕人生,75 岁再次创业,耕耘十载,结出 24 000 万累累橙果。②个性化包装,如图 6.1.2 所示。把包装作为核心传播的素材,并且包装上带着 LOGO,图文被转发,LOGO 一目了然。③十大青年励志微视频。后续又出效果:褚橙柳桃潘苹果。几番营销过后,生活网已经在全国 100 个城市拥有注册用户几百万,均是收入较高、素质高的文化界、白领人士和家庭用户,年龄层为 28~35 岁,女性占 55%。本来生活网褚橙官网如图 6.1.3 所示。

图 6.1.2 褚橙个性化包装

2. 电子邮件营销

电子邮件营销(Email Direct Marketing,EDM)是指在用户事先许可的前提下,通过

图 6.1.3　褚橙网络销售

电子邮件的方式向目标用户传递价值信息的一种网络营销手段,是商业交流的一种直销方式。电子邮件营销有 3 个基本因素:用户许可、电子邮件传递信息、信息对用户有价值。3 个因素缺少一个都不能称为有效的 E-mail 营销。

1) 邮件列表的 5 种常见形式

(1) 电子刊物。

(2) 新闻邮件。

(3) 注册会员通知。

(4) 顾客服务/顾客关系邮件。

(5) 顾客定制信息。

2) 开展 E-mail 营销的一般过程

(1) 制订 E-mail 营销计划,分析目前所拥有的 E-mail 营销资源,如果公司本身拥有用户的 E-mail 地址资源,首先应利用内部资源。

(2) 决定是否利用外部列表投放 E-mail 广告,并且要选择合适的外部列表服务商。

(3) 针对内部和外部邮件列表分别设计邮件内容。

(4) 根据计划向潜在用户发送电子邮件信息。

(5) 对 E-mail 营销活动的效果进行分析总结。

案例 6.2

奥巴马大选成功绝对是网络营销行业的热门话题,从他身上可以看到很多,例如一个非文化主流年轻人是怎么成功的。奥巴马利用新媒体传达给他的拥护者年轻、平实、易于沟通等信息,虽然仅是和拥护者的一种感性沟通,但从很大程度上助他最终登上美国总统的位置。奥巴马获选总统,成就了美国历史上第一个黑人总统的美国梦,他的成就也代表了广告、营销、公关手段的进化和发展,伴随着新媒体和数字技术的飞速发展,美国竞选也以更深入和互动的方式建立起与选民之间的关系,获得选民的忠诚度和信任度。美国总统奥巴马在竞选过程中,邮件营销费用占到网络营销团队费用的 62%。这份邮件不仅有针对美国公民的电子邮件信息,奥巴马还用中文写了一篇《我们为什么支持奥巴马参议员——写给华人朋友的一封信》,署名全美华人支持奥巴马委员会,通过 EDM 营销自动传播,奥巴马竞选团队获得了大量 200 美元以下的小额捐款,最终奥巴马团队获得竞选所需要的巨额资金,也赢得了总统宝座。

3. 口碑营销

口碑营销是指企业在品牌建立过程中,通过客户间的相互交流将自己的产品信息或者品牌传播开来,信息像病毒一样传播和扩散,利用快速复制的方式传向数以千计、数以百万计的受众,所以口碑营销又称病毒式营销,其核心内容就是能"感染"目标受众的病毒体——事件,病毒体威力的强弱则直接影响营销传播的效果。在今天这个信息爆炸、媒体泛滥的时代,消费者对广告,甚至新闻都具有极强的免疫能力,只有制造新颖的口碑传播内容才能吸引大众的关注与议论。口碑营销常用于网站推广、品牌推广。

案例 6.3

免费电子邮件服务提供商 Hotmail 在创建之后的一年半时间里就吸引了 1200 万名注册用户,而且还在以每天超过 15 万新用户的速度发展,令人不可思议的是,在网站创建的 12 个月内 Hotmail 只花费很少的营销费用,还不到其直接竞争者的 3‰。Hotmail 之所以爆炸式地发展就是由于利用了"病毒性营销"的巨大效力。Hotmail 标志如图 6.1.4 所示。

图 6.1.4　Hotmail 标志

4. 论坛营销

论坛营销就是企业利用论坛这种网络交流的平台,通过文字、图片、视频等方式发布企业的产品和服务的信息,从而让目标客户更加深刻地了解企业的产品和服务。最终达到企业宣传其品牌、加深市场认知度的网络营销活动。

1) 论坛营销的特点

(1) 论坛营销的针对性强。

(2) 口碑宣传的比例高,互动性好。

(3) 低投入,发布信息即时性,推广快。

(4) 能及时掌握用户的反馈信息,便于及时调整营销策略。

2) 论坛营销的操作步骤

论坛营销的操作步骤如表 6.1.2 所示。

3) 论坛营销的策略

(1) 精选目标论坛。

(2) 严守版规,输入正能量。

(3) 多发原创帖。

(4) 回帖的技巧。

表 6.1.2 论坛营销的操作步骤

序号	操作步骤	说明
1	了解需求	需要了解营销的目标、产品、用户和竞争对手
2	找到最佳卖点	可以是备受关注或有争议的人;制造的话题或有争议的话题;热门事件或者策划的事件
3	制造不同阶段的话题	就像一部电视剧,不断地增加续集,目的是将营销效果延续并放大
4	互动的设计	内容需要关联所推广的产品,能引起用户的共鸣和讨论,造成轰动效应
5	阶段性的营销手段和方案	例如将帖子炒热阶段、将帖子炒火阶段、帖子被各大论坛竞相转载的火爆阶段,不同阶段应使用针对性的手段和方案
6	做营销总结	分析收获与不足,及时总结并改进

(5) 自顶帖技巧。
(6) 使用论坛短消息。

案例 6.4

雪佛兰新赛欧网络口碑营销方案

1. 雪佛兰新赛欧营销目的
(1) 改善雪佛兰新赛欧目前存在于网络中的负面信息。
(2) 树立雪佛兰新赛欧正面网络口碑形象。
(3) 打造雪佛兰新赛欧"全民理想家轿"的全新理念。

2. 雪佛兰新赛欧目标人群
(1) 新城市年轻家庭大多以理性消费为前提,注重家庭使用车型,希望有高性价比的家庭用车。
(2) 女性购车族对于时尚外观车型有很强的追逐欲望,另外新赛欧在倒车的过程中拥有更佳的后方视野,得到女性车主更大的青睐。
(3) 20~28岁的年轻白领拥有不断发展的事业和拼搏进取的内心,因目前收入有限,渴望得到高性价比的驾乘体验。

依据雪佛兰新赛欧确定的营销目的和目标人群购买行为分析,确定新赛欧的营销策略如表 6.1.3 所示。

3. 网络信息量监控:新赛欧车型

从谷歌与百度搜索引擎看,新赛欧网络信息量比较大,大部分信息都是以新赛欧官方评测为主,但是根据各大汽车门户网站信息显示,新赛欧存在大量负面信息,应及时进行维护,增加新赛欧网络的正面信息。

新赛欧现有的负面信息主要有:①网友反映新赛欧配置差、性价比低;②网友反映新赛欧 EMT 变速箱之速选器极易损坏且只能更换;③网友比起新赛欧更愿意选择同类竞品车型;④网友对厂商及 4S 店服务态度表示极其不满。

表 6.1.3　新赛欧营销策略

宣传主题	新赛欧一大二高一低	同级车型 PK 评测	打造"全民理想家轿"理念
阶段排期	新赛欧提升期	新赛欧造势期	新赛欧引导购买期
辅助话题	集中创作新赛欧正面话题,提升正面声誉,引发网友对新赛欧的关注度	创作新赛欧对比其他车型话题,以崭露新赛欧在同级车中的优势为最终目的	结合热点以自驾游评测及生活 FB 评测,更贴近生活的话题能引起网友的共鸣

雪佛兰新赛欧营销总策略：专家式优质口碑＋扩散式大量传播。

配合资源：专家博客营销＋论坛口碑营销。

营销步骤：①提升期,论坛大量口碑,打造新赛欧网络知名度！②造势期,意见领袖引导传播,改变网友网络偏好度！③引导期,结合式营销,全面提升整体销量！

雪佛兰新赛欧营销话题如表 6.1.4 所示。

表 6.1.4　雪佛兰新赛欧营销话题列举

4S 店觅车归来	横扫紧凑型族群,谁是"蜗居"首选	纯爷们大男子也有颗温柔玻璃心,记假日里的 FB 游记
概要：年轻白领小陆路考顺利通过,即将拿到驾照。于是就想去附近的 4S 店寻觅一款适合自己刚建立小家庭的车型。走进一家雪佛兰的 4S 店,进了展厅,立即被新上市的新赛欧给吸引住了,时尚的外观,超大的空间,性价比还比较高	概要：此帖为原创对比帖,以一个专业车友对目前热门多款紧凑型车型进行总体对比评论,从其他车型说起,一笔带过,最终隆重推出新赛欧,凸显其与其他车型各方面优势,灌输给网友新赛欧是紧凑型家轿中的佼佼者	概要：某日晚,几个大学同学多年后头一次相聚 FB,哥几个终于可以好好地聚一聚,而且大家都组成了自己的家庭,虽然有的赚大钱开名车,可是家庭关系总那么紧张,就属男一家和睦温馨,虽然开的新赛欧,但过着小康生活,甚是让旁人羡慕
车友选车叙述	专家全面点评	车友车型评价
选车类	车型对比类	户外 FB 类

雪佛兰新赛欧营销媒介选择策略如表 6.1.5 所示。

表 6.1.5　雪佛兰新赛欧营销媒介选择

版面类型	论坛名称	版面名称	论坛特性	受众群	受众群特性
汽车综合类论坛	TOM	汽车广场	人气足,信息流量大,信息面较广	汽车爱好者,准车主,普通网友	对新车敏感度高,汽车爱好者集中,有利于品牌口碑的宣传
	天涯	汽车时代			
	网易论坛	车迷闲聊			
	太平洋汽车网	车天车地			
	新浪	汽车时代			
	车天下	天下汽车			
	天一论坛	车行天下			

续表

版面类型	论坛名称	版面名称	论坛特性	受众群	受众群特性
汽车综合类论坛	搜狐	车行天下	人气足,信息流量大,信息面较广	汽车爱好者、准车主、普通网友	对新车敏感度高,汽车爱好者集中,有利于品牌口碑的宣传
	汽车之家	车友评车			
	中国汽车网	看车天地			
汽车专业类论坛	XCAR爱卡	上海分会	话题专业性强,原创性强,拥有较强互动性	车主、准车主居多	集中讨论各类车型,对各类车型都有相当深度的了解
	雅虎	新车选购			
	搜狐汽车俱乐部	新车谍照			
	汽车族	新车最前线			
	车天下	新车谍报			
	苏E车友会	车市热点讨论室			
	汽车之家	上海			
	汽车之友网论坛	侃车天地			
生活、自驾游类论坛	XCAR爱卡	爱卡自助游	人气足,图文形式传播,相关信息更加直观	车主、白领、自驾游达人	喜欢组织户外自驾旅游,并发布活动照片的网友
	搜狐汽车俱乐部	自驾游			
	奥一论坛	自驾出游			
	车天下	自驾游			
	19楼论坛	旅游先遣队			
	东方热线	自驾游			
	虎拜车友会	自驾摄影			
	51766旅游社区	快乐自驾			
	天一论坛	车行天下			
	汽车之家	自驾游记			

5．**网络事件营销**

网络事件营销是企业、组织主要以网络为传播平台,通过精心策划、实施可以让公众直接参与并享受乐趣的事件,并通过这样的事件达到吸引或转移公众注意力,改善、增进与公众的关系,塑造企业、组织良好的形象,以谋求企业的长久、持续发展的营销传播活动。

1）网络事件营销特征

(1) 事件内容的刺激性。必须吸引网民与媒体。

(2) 事件角色的另类型。事件的创意是最关键的。

(3) 事件传播的需求性。会给客户带来什么样的影响是你必须考虑的。

(4) 事件本质的利益性。事件营销本身是双赢的产物,那么利益就需要提前估算。

(5) 事件的真实性。无论做什么事件营销,你的事件本身必须是真实的,可以是自然形成的,也可以是人为特意安排制造的,但是必须保证真实性。

2) 制造网络事件的步骤

(1) 确定传播目标。

(2) 分析当下网络舆论环境。

(3) 制订话题传播方案。

(4) 组织话题实施步骤。

亚马逊——马上有惊喜

1. 背景及目标

淘宝"双11"采购单日创下350亿元销售额,让电商行业竞争愈演愈烈。亚马逊作为国际化电商巨头,希望在电商大战中提升品牌高度,并能在2014年新春打响电商第一枪。为此,亚马逊推出"马上有惊喜"网络事件营销方案(见图6.1.5)。与此同时,亚马逊也对搜狗提出了3个挑战。

图6.1.5 亚马逊——"马上有惊喜"网络事件营销

(1) 6亿网民中谁是亚马逊核心用户?中国网民快速发展和流量的迅速攀升让亚马逊对有效流量的需求愈发迫切,如何针对性地找到受众?在广撒网的同时精准找到消费受众是营销能否成功的关键。

(2) 如何在众多电商品牌中形成差异化?如何将推广与自身定位匹配,实现品牌和销量共赢?

(3) 搜狗除了传统搜索服务,如何创新?亚马逊不希望搜狗只是单纯地提供PC搜索服务这一单纯的广告形式,还需要有更多广告展现样式,更多流量入口,让营销变得更加饱满、丰富。

与传统的营销活动不同,在淘宝"双11"大捷后,亚马逊希望能够在本次营销活动中让品牌和销量实现双赢。

品牌层面:在电商白热化竞争中脱颖而出,深度展示品牌信息,传递品牌创新理念。

效果层面:在元旦春节采购季,提高年货采购量,并且借助PC和移动双网联动,覆盖全网用户。

2. 解决方案及实践

合作充分利用了搜狗搜索的两大核心平台——PC搜索+无线搜索平台,借助如搜狐网、腾讯网、搜狗浏览器、QQ聊天、搜狗输入法等多样的入口资源,让用户在搜索亚马逊相关信息时,在搜索结果页以浮层弹框形式出现动态的Flash广告。覆盖屏幕的立体动画,可以让用户充分点击;结合马上有的热潮,让用户很轻易地想到采购年货选择亚马逊;更配合搜狗PC品牌专区和无线品牌专区,在搜索结果页增加购买转化。

创意策略:马上有,借助马上有让用户在输入时、搜索时、聊天时、浏览新闻时等各个场景进行搜索都能看到亚马逊的广告信息。

媒体策略:全面打通搜狗系、腾讯系、搜狐系资源,多入口、高曝光、全覆盖,短时间内增加亚马逊搜索转化效果,提升品牌。

此次营销是搜索广告形式的重要突破,是搜索精准广告和品牌展示广告的有机结合,也开启了搜狗与众品牌的浮层品牌专区深入合作。

3. 创新价值点

与传统客户选择搜索引擎侧重效果不同,亚马逊更加重视品牌和效果的双向结合。如何满足亚马逊的双重需求?搜狗有机结合了品牌展示广告和搜索广告,为亚马逊定制化推出全新搜索引擎推广形式——浮层品牌专区,借助"马上有"热潮和创新浮层,满足亚马逊品牌推广和效果考核的双重需求。

在用户搜索亚马逊等信息时,搜索结果以Flash方式弹出全屏广告,占据搜索结果页整个屏幕。此时,恰好"马上有"的活动席卷微博微信,借助马年,搜狗为亚马逊推出"马上有惊喜"浮层专区,马上就能轻松阅览丰富的商品。

在搜狗亚马逊战略推广案例中,双方在合作深度、合作形式与合作流程上的创新,体现出了搜狗搜索营销在时效、整合、创新三方面的优势。八大互联网入口的跨屏传播达到了效果的最大化;浮层品牌专区代表了互动创新的趋势,实现了品牌认知的强化;而PC+无线端的整合营销也为一屏多资源推送奠定了坚实的基础。搜狗搜索用创新的多维推广精准覆盖了亚马逊的潜在消费目标人群,成功地将大量流量导入亚马逊。

6. 社会化营销

它是利用社会化网络,如在线社区、博客、微博、百科或者其他互联网协作平台媒体来进行营销,是公共关系和客户服务维护开拓的一种方式,又称社会媒体营销、社交媒体营销、社交媒体整合营销、大众弱关系营销。

1)博客营销

博客营销的概念可以说并没有严格的定义,简单来说就是利用博客网络应用形式开展网络营销。博客(Blog)是新型的个人互联网出版工具,是网站应用的新方式,它是一个网站,它为人们提供了信息的发布、知识交流的传播平台,博客使用者可以很方便地用文字、链接、影音、图片建立起自己个性化的网络世界。博客内容发布在博客托管网站上,如博客网、新浪博客等,这些网站往往拥有大量的用户群体,有价值的博客内容会吸引大量潜在用户浏览,从而达到向潜在用户传递营销信息之目的。

博客营销主要表现为3种基本形式。

(1) 利用第三方博客平台的博客文章发布功能开展的网络营销活动。

(2) 企业网站自建博客频道,鼓励公司内部有写作能力的人员发布博客文章以吸引更多的潜在用户。

(3) 有能力运营维护独立博客网站的个人,可以通过个人博客网站进行推广,达到博客营销的目的。

2) 微博营销

微博营销是指最近推出的一种网络营销方式,随着微博的火热,它催生了有关的营销方式,就是微博营销。每一个人都可以在新浪、网易等门户网站注册一个微博,利用更新自己的微型博客的机会,可以与大家交流,或者有大家所感兴趣的话题,这样就可以达到营销的目的,这样的方式就是新兴推出的微博营销。

微博营销的优点如下。

(1) 操作简单,信息发布便捷。一条微博最多140个字,只需要简单的构思就可以完成一条信息的发布。这点就要比博客方便得多,毕竟构思一篇好博文需要花费很多的时间与精力。

(2) 互动性强,能与粉丝即时沟通,及时获得用户反馈。

(3) 低成本。做微博营销的成本可比做博客营销或是做论坛营销的成本低得多。

(4) 针对性强。关注企业或者产品的粉丝都是本产品的消费者或者是潜在消费者,企业可以对其进行精准营销。

微博营销的缺点如下。

(1) 需要有足够的粉丝才能达到传播的效果,人气是微博营销的基础。应该说在没有任何知名度和人气的情况下去通过微博营销,很难。

(2) 由于微博里新内容产生的速度太快,所以如果发布的信息粉丝没有及时关注,那就很可能被埋没在海量的信息中。

(3) 传播力有限。由于每条微博文章只有几十个字,所以其信息仅限于在信息所在平台传播,很难像博客文章那样,被大量转载。

微博营销与博客营销的本质区别。博客营销以信息源的价值为核心,主要体现信息本身的价值;微博营销以信息源的发布者为核心,体现了人的核心地位,但某个具体的人在社会网络中的地位又取决于他的朋友圈子对他的言论的关注程度,以及朋友圈子的影响力(群体网络资源)。微博营销与博客营销的区别在于博客营销可以依靠个人的力量,而微博营销则要依赖社会网络资源。

案例 6.6

神州专车 Beat U

神州租车发起的 Beat U 在社交网络上到处都是以吴秀波为首的多位明星举着 Beat U 的牌子,以及这种行为引发的大规模争论。Beat U 就是抵制 Uber,神州租车的策略是抓住 Uber 的弱点,也是共享经济的弱点——不安全大力放大,从而突出自己相对竞品的优势。它成功的地方在于以明星效应与目前最火的打车软件交锋,从而引发争议,扩大声势,从这个角度来说,骂声越大,争论越多,神州租车也就越成功,这之后神州租车的市场份额从第六名上升到第三名。

神州租车广告海报如图 6.1.6 所示。

图 6.1.6　神州租车广告海报

7．网络广告推广营销

网络广告起源于美国,早在 1994 年 10 月美国 *Wired* 杂志推出了网络版的 Hotwired,其主页 www.hotwired 开始有 AT&T 等 10 多个客户的横幅广告。这就是网络广告史上的一个里程碑式标志。中国的第一个商业性的网络广告出现在 1997 年,是 Intel 发布的广告,广告表现形式为 468 像素×60 像素的动画旗帜广告。

网络广告就是广告主借助于网络平台发布的广告,其表现形式主要是通过在网站上发布横幅图文、文本链接、多媒体等方法和手段,在互联网刊登或发布广告,通过网络传递给互联网用户。

网络广告推广的优点如下。

(1) 不受时间限制,广告宣传效果持续性强。

(2) 不受空间限制,广告范围大,受众群体大,有广阔的传播空间。

(3) 方式灵活多样,实时交流、互动性强。

(4) 可以分类检索,广告针对性强。

(5) 发布方便快捷、费用低廉、不受折旧影响。

(6) 可以准确地统计受众数量。

网络广告最初仅体现在网页本身,但随着商业网络化,网络广告为网络商业带来了可观的利益,网络广告表现的形式就越来越多,内容也越来越丰富。按其表现形式的不同可以分为以下类型。

(1) 横幅广告。

(2) 电子邮件广告。

(3) 链接广告。

(4) 插播式网络广告。

网络广告策划就是广告策划者从互联网的特征出发,根据网络用户群的不同需求特性,对某产品或服务进行全面筹划和宣传的一项工作。

(1) 确定网络广告的目标。
(2) 确定网络广告的目标群体。
(3) 进行网络广告创意及策略选择。
(4) 选择网络广告发布渠道及方式。

网络广告的收费方式如表 6.1.6 所示。

表 6.1.6 网络广告的收费方式

序号	类型	定义	举例	应用
1	CPC	点击成本收费方式	假设一则广告的单价是 250 元/CPC,那么 5000 元则可以购买到 20 个千次点击,也就是 2 万次点击	百度、谷歌
2	CPM	千人(次)印象成本	假设某一个广告横幅的单价是 1 元/CPM,那么每 1000 人次看到这个广告的话就收 1 元,依次类推,10 000 人次访问的主页就是 10 元	雅虎
3	CPD	按天收费	例如一则广告的单价是 250/CPD,那么 5000 元则可以购买到 20 个 CPD,也就是可以播放 20 天	新浪首页
4	CPA	行动成本收费方式	例如形成一次点击、获得一个注册用户、产生一次下载行为、完成一笔交易等。这类模式直指游戏、电子商务广告主的核心需求——产生注册和订单	淘宝、eBay、易趣、招聘网

案例 6.7

福特福克斯——超级时尚车手训练营

1. 广告背景

继广州车展正式揭幕福特福克斯两厢车后,长安福特宣布福特福克斯超级时尚车手训练营全面启动。参与者将有机会在全球最具挑战性之一的上海国际赛车场 F1 赛道上,与方程式赛车发展有限公司(FRD)的专业赛车教练进行一对一的当面切磋。

活动期间,凡在 2006 年 8 月 31 日前预订福克斯两厢车的消费者,或者参加网络互动的时尚车手训练营活动,就有机会成为幸运实战车手。福特福克斯两厢车是长安福特继三厢福克斯之后推出的又一款时尚车型。为配合新车型上市前的预售活动、进行前导性宣传,在福克斯两厢正式上市之前,CCG 便帮助福特设计并开展了"超级时尚车手训练营"等造势活动,并在相关门户网站投放了网络广告。

2. 网络广告效果图

图 6.1.7 展示了福特福克斯网络广告效果图。

3. 案例点评

(1) 广告设计

CCG(亚洲互动营销服务提供商)将线下的驾驶培训活动包装成时尚的互动参与性活动——"超级时尚车手训练营",在网络上虚拟一个训练营,生动地融合多种时尚元素在其中。

网站内采用模拟真人实景的创意手法,突出偶像形象,将目标消费者所崇尚的理想生

图 6.1.7　福特福克斯网络广告效果图

活形态生动地呈现出来,使受众产生对品牌的深度认知和好感。

(2) 广告创意

网站在创意上采用模拟真人实景的创意手法,多角度呈现的三维立体画面,将现实的活动整个转移到了网络上,真实而又生动。

设计者使色彩充满张力,黑色背景与福克斯两厢车的主打色调黄色的组合让每个广告画面都热情如火。硬线条设计风格的导航条引导受众进入一个机械化的玄幻世界。

(3) 广告效果

该广告选在福克斯两厢车正式上市前开展推广活动,通过真人实景模拟训练,让受众真切体验到福克斯两厢车的与众不同之处,加深了目标受众对福克斯品牌的认知度和好感度。

活动实施

以组为单位,按表格形式比较各网络营销模式的优缺点。

活动小结

根据表 6.1.1 所示的活动评价项目及标准总结自己的学习成果。

任务 2　开展网络营销

情境设计

李玲正式开始在上海大众 4S 店的网销部上班。为了马上进入工作状态,李玲想先认识网销部的同事及他们所负责的工作,然后熟悉自己的工作任务。

任务分解

李玲在同事的帮助下先熟悉了公司网络营销的主要工作流程,然后看了一些公司最近的促销活动方案。

活动1　熟悉网络营销的内容

活动背景

为了以后能与同事配合完成工作,李玲通过经理介绍,了解了每位同事所负责的工作。

知识探究

网络营销是企业整体营销战略的一个组成部分,是为实现企业总体经营目标所进行的,以互联网为基本手段营造网上经营环境的各种活动。网络营销就是以互联网为主要手段开展的营销活动。网络营销有以下基本职能。

(1) 网络品牌:网络营销的重要任务之一就是在互联网上建立并推广企业的品牌,知名企业的网下品牌可以在网上得以延伸,一般企业则可以通过互联网快速树立品牌形象,并提升企业整体形象。网络品牌建设是以企业网站建设为基础,通过一系列的推广措施,达到顾客和公众对企业的认知和认可。在一定程度上说,网络品牌的价值甚至高于通过网络获得的直接收益。

(2) 网址推广:这是网络营销最基本的职能之一。相对于其他功能来说,网址推广显得更为迫切和重要,网站所有功能的发挥都要以一定的访问量为基础,所以网址推广是网络营销的核心工作。

(3) 信息发布:网站是一种信息载体,通过网站发布信息是网络营销的主要方法之一,信息发布也是网络营销的基本职能,无论哪种网络营销方式,结果都是将一定的信息传递给目标人群,包括顾客/潜在顾客、媒体、合作伙伴、竞争者等。

(4) 销售促进:营销的基本目的是为增加销量提供帮助,大部分网络营销方法都与直接或间接促进销售有关,但促进销售并不限于促进网上销售,事实上,网络营销在很多情况下对于促进线下销售十分有价值。

(5) 销售渠道:一个具备网上交易功能的企业网站本身就是一个网上交易场所,网上销售是企业销售渠道在网上的延伸,网上销售渠道建设也不限于网站本身,还包括建立在综合电子商务平台上的网上商店,以及与其他电子商务网站不同形式的合作等。

(6) 顾客服务:互联网提供了更加方便的在线顾客服务手段,从形式最简单的FAQ(常见问题解答),到邮件列表,以及BBS、聊天室等各种即时信息服务,顾客服务质量对于网络营销效果具有重要影响。

(7) 顾客关系:良好的顾客关系是网络营销取得成效的必要条件,通过网站的交互性、顾客参与等方式在开展顾客服务的同时,也增进了顾客关系。

(8) 网上调研:通过在线调查表或者电子邮件等方式,可以完成网上市场调研,相对传统市场调研,网上调研具有高效率、低成本的特点,因此网上调研成为网络营销的主要职能之一。

网络营销常见的工具如图6.2.1所示。

开展网络营销的意义就在于充分发挥各种职能,让网上经营的整体效益最大化。网络营销的职能是通过各种网络营销方法来实现的,网络营销的各个职能之间并非相互独立的,同一个职能可能需要多种网络营销方法的共同作用,而同一种网络营销方法也可能适用于多个网络营销职能。

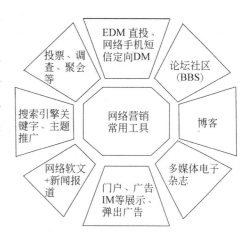

图6.2.1 网络营销常用工具

活动实施

公司安排李玲带领团队完成某一产品的网络营销,作为领队该如何做?

活动评价

根据表6.1.1所示的活动评价项目及标准总结自己的学习成果。

活动2 了解网络推广效果评价

活动背景

经过前一段时间的努力,公司网站已经建好,也针对公司的基本情况做了网络推广活动。大家都想知道网络营销是否有效果?整个网络营销活动过程是否可控?如何进行评价?

知识探究

网络营销与线下营销相比最大的优势之一就是网络营销的投入产出都可以相对精确统计和测量,而大部分线下营销方式很难准确评测营销效果。广告界有一个著名的说法,广告商都知道有50%的广告预算是浪费了,但是却不知道浪费在哪里。进入网络营销领域,广告商可以在很大程度上精确测量投入以及产出。

正确评价一个网络营销的前提是否有合理的评价指标体系,网络营销综合效果评价就是看营销目标。如果营销目标是客户咨询量,那评价的标准就是客户咨询量提升的比例。如果考核品牌影响力,则通过品牌词的检索量、品牌词的导放量、网站平均停留时间、品牌曝光量、客户咨询量等进行评价。网络营销效果的评价体系如表6.2.1所示。

活动实施

按照网络营销效果的评价体系来评价某一网站的情况,并提出改进意见。

表 6.2.1　网络营销效果的评价体系

评价一级指标		评价二级指标
网站建设评价	关于网站优化设计	网站设计对用户阅读习惯的合理性,网站结构对搜索引擎抓取信息的合理性,有网站导航和网站帮助,有网站地图,网站链接有效,网页下载速度快,每个网页都有合适的标题,网页标签中的关键词和网站描述合理
	网站内容和功能	网站基本信息完整,网站信息及时、有效,产品信息详尽,查找产品信息方便,网站功能运行正常,用户注册和退出方便,体现出网站的促销功能,具备网站的各项网络营销功能,是否采用弹出广告等对用户造成骚扰的功能
	网站服务有效性	网站帮助系统,详尽的 FAQ,网站公布多渠道顾客咨询方式,提供会员通讯录,建立会员社区
	网站可信性	网站介绍明确说明了企业的基本状况,网站具有必需的法定证书,网站公布多渠道顾客咨询方式,网站信息及时、有效,公布服务承诺,有合理的个人信息保护声明,网站内容、功能、服务满足用户的一般需要
网站推广评价		搜索引擎收录和排名状况,获得其他网站链接的数量,注册用户数量
网站访问量指标评价		独立访问者数量(UV),页面浏览数(PV),每个访问者的页面浏览数
网络营销活动反应率评价		用户访问量的变化情况和访问网站的时间分布,用户浏览器的类型,访问者电脑分辨率显示模式,用户所使用的操作系统,访问者所在地区和 IP 地址,访问者来自哪些网站、URL,访问者来自哪些搜索引擎,用户使用哪些关键词检索,最主要的进入页面,每个访问者的平均停留时间,独立访问者数量和重复访问者数量

活动评价

根据表 6.1.1 所示的活动评价项目及标准总结自己的学习成果。

活动 3　了解网络营销促销

活动背景

因国庆节马上来临,公司准备将这次网络促销活动方案撰写的任务交给李玲完成。

知识探究

网络促销是指利用计算机及网络技术向虚拟市场传递有关商品和劳务的信息,以引发消费者需求,唤起购买欲望和促成购买行为的各种活动。

网络促销和传统促销的区别如表 6.2.2 所示。

网络促销是在网络营销中使用的手段之一,在适当时候利用网络促销可以更好地促进转化销售,更好地为销售服务。在这里总结了 10 种比较常见的网络促销手段方法。

表 6.2.2　网络促销和传统促销的区别

评价指标	网络促销	传统促销
时空观	电子时空观	物理时空观
信息沟通方式	网络传输、形式多样、双向沟通	传统工具、单向传递
消费群体	网民	普通大众
消费行为	大范围选择、理性购买	冲动型消费

1. 打折促销

打折促销又叫折扣促销,是企业在特定市场范围和经营时期内,根据商品原价确定让利系数,进行减价销售的一种方式,是现代市场上最频繁的一种促销手段。折扣促销是一把"双刃剑"。折扣促销可以给消费者以较明显的价格优惠,可以有效地提高商品的市场竞争力,争取消费者,创造出良好的市场销售态势。同时,刺激消费者的消费欲望,鼓励消费者大批量购买商品,创造出"薄利多销"的市场获利机制。

如图 6.2.2 所示,汽车折扣的宣传海报以折扣为主题。

图 6.2.2　汽车打折宣传海报

2. 赠品促销

赠品促销是指企业一定时期内为扩大销量,迫于市场压力,向购买本企业产品的顾客实施馈赠的促销行为;赠品促销是最古老也是最有效、最广泛的促销手段之一。具体手段有直接赠送、附加赠送等。赠品若与产品的特性或使用有相关性,则促销的诱因更大,并方便顾客使用产品。一般都是在终端店内设立专柜或单独展示台,由雇用的促销小姐,将已准备的产品分份,还有的将赠品贴附于产品上,在消费者浏览产品时分送给顾客。

赠品促销的关键点如下。

(1) 主题策划。在促销活动的信息上进行筛选和提炼,突出核心利益点,然后借助巧妙的手段进行概念转换,转译为受众喜闻乐见的信息。

(2) 赠品决策。包括赠品选择、赠品的发送即顾客的获取方式、后续赠品的承接。也就是说在一次买赠促销活动结束后,后续再进行的买赠活动中所选择的赠品与现时所使用赠品的关联度。

(3) 立体辅助支持。立体辅助支持包括很多环环相扣的细节,如整个促销活动的各种媒介的宣传造势,主推品的品牌力和产品力(主要是质量、包装等),包括价格设置、铺货上的配合,以及店铺促销气氛的生动化营造等。立体辅助支持系统要求整个赠品促销活动在运作上应自成体系,有一个完整的策划方案和执行方案,有可行性的论证和促销预算成本控制,有预防变故的备选方案和危机协调机制。

图 6.2.3 赠品促销宣传海报

如图 6.2.3 所示,赠品呈现在醒目的位置,并将赠品的价值直接显示,表示虽然赠品是免费赠送,但赠品是与众不同的,与产品有相关性。

3. 积分促销

积分促销是采用虚拟的积分或积分卡,客户每消费一次,给会员累积积分,积分可以兑换小赠品或在以后消费中当成现金使用。

积分促销在网络上的应用比起传统营销方式要简朴和易操纵。积分促销的效果可信度很高,操纵起来相对较为简便。积分促销一般设置价值较高的奖品,消费者通过多次购买或多次参加某项活动来增加积分以获得奖品。积分促销可以增加上网者访问网站和参加某项活动的次数;可以增加上网者对网站的忠诚度,提高网站的知名度。

积分促销的优点如下。

(1) 客户重复购买的小技巧。①优惠券策略:一个客户订购成功之后,一定要赠予客户一张优惠券,然后在一定期限内再次购买产品的时候,优惠券可以充当一定的金额,但是过时作废。这样客户就会想办法把这张优惠券花掉或者赠予他有需要的朋友。②数据库营销:按期向客户推送对其有价值的信息,同时附带产品促销广告。

(2) 增加潜在客户数据库。浏览网站的人多,直接购买的人少,这是很多网站的常态。所以利用积分促销,让登录网站的大部分用户都心甘情愿地留下联系方式。这样只要不断地开展让潜在客户愿意接受的营销策略,他们都会逐步成为忠实的顾客。

(3) 利用客户评价影响潜在客户的决定。绝大部分顾客都有从众心理,所以购买产品的时候,其他购买过的人对产品的评论会对潜在客户的购买决议产生非常的大影响。所以每个产品下面都要公道地放上六七个以上客户从各个角度对这个产品的好评价。

东风日产通过送积分来发展客户资源,如图 6.2.4 所示。

4. 抽奖促销

抽奖促销就是利用公众消费过程中的侥幸获大利心理,设置中奖机会,利用抽奖的形式来吸引消费者购买商品。这是网络上促销常用的方法,抽奖时要公开公正公平,奖品对大家有吸引力,这样才会有更多的用户对促销活动感兴趣。

为了提高抽奖促销活动的效果,策划时应注意抽奖方案的科学设计,特别注意中奖率、奖品价值的设计。在奖金总额既定的前提下,在法律允许范围内,有两种设计办法:要么降低中奖率,提高单项奖的奖金数额;要么降低单项奖的奖金数额,提高中奖率。这样抽奖活动对消费者才会具有吸引力。

采用抽奖促销的优点就是能够覆盖大范围的目标消费群体,对销售具有直接的拉动

图 6.2.4　东风日产积分活动方案

作用，可以吸引新顾客尝试购买，促使老顾客再次购买或者多次重复购买。但这种抽奖促销的缺点主要表现在现在消费者已经比较理性，对抽奖促销这种把戏已经见多不怪，不能引起消费者的兴趣了。

抽奖促销是日常生活中最常见的促销方式。采取抽奖促销不分是大品牌，还是新进入市场的品牌，对其而言都是很好的促销方式。图 6.2.5 所示为中国移动通信组织的抽奖活动。

图 6.2.5　中国移动通信抽奖结果公布

5. 联合促销

联合促销是指两个以上的企业或品牌合作开展促销活动。这种做法的最大好处是可以使联合体内的各成员以较少费用获得较大的促销效果，联合促销有时能达到单独促销无法达到的目的。联合促销是最近几年来发展起来的新的促销方式。进行联合促销时，让联合促销的双方都能最大限度地暴露在目标消费者面前，最大限度发挥促销的功能，最终会收到理想的效果。

联合促销分为两种形式：一种是企业内部自己两个不同品牌的联合促销；另一种是不同企业、不同品牌之间的联合促销。第一种较为常见，而第二种比较少见，但发展比较迅猛、前景更广阔。

联合促销应注意的几个要点。

(1) 关联性。联合进行促销的两个品牌必须是具有一定关联性的品牌,这个关联性可以是品类上的、功能上的、作用上的等。千万切忌不要将两个完全没有任何关联的品牌撮合在一起,进行联合促销。假如把汽车上用的润滑油和喝的牛奶联合起来搞促销,效果会怎么样？因为这两个产品无论从品类还是功能来说,都相隔太远了。消费者根本不能把两者联系在一起,也不习惯将两者联系在一起。联合促销的两个品牌是否具有关联性,这一点对促销最后是否成功起着非常大的、决定性的作用。

(2) 可操作性。在进行联合促销的时候,虽然两个品牌之间存在某种程度上的关联性,运作联合促销双方也都能实现双赢,但实际操作起来却发现效果不明显或根本没有,或者整个方案根本就没办法执行的现象。对于这一现象,仔细探询缘由,其实就是方案缺乏可操作性的缘故。云南盘龙云海的灵丹草颗粒上市的时候,也曾尝试过联合促销。在策划的联合促销方案中,要顾客把灵丹草颗粒这种药倒入与之联合促销的某品牌提供的免费纯净水中,摇匀,完全溶解后变成凉茶再喝。这个联合促销乍一看上去很好,但实际执行起来却完全缺乏可操作性。因为在现实生活中,消费者根本就没有这样的消费习惯,而且这样操作起来很麻烦,试问消费者哪来那么多时间配合你的促销？所以这个促销最后也以惨败结束,不但没有促进销售,反而还影响了品牌原来的美誉度,真是赔了夫人又折兵！因此,企业在进行联合促销的策划和运筹时,必须注意考虑促销活动是否符合消费者的消费行为和习惯、促销环节是否过于烦琐,大至整个方案,小至每个细节,它们的可操作性有多大？切忌不能闭门造车,完全不顾市场和消费者的情况而胡乱拉郎配。

(3) 持续性。联合促销是合两个或多个品牌的力而共同进行的促销。因此在其高效、节俭的同时也存在单个品牌传播弱化的问题。所以要想取得比较理想的效果,一般情况下,联合品牌双方必须注意整个促销方案的持续性。在实际操作中,可以通过适当延长整个联合促销的时间,并通过在整个促销过程中策划多个主题,将整个联合促销串起来等方式来弥补联合促销的这一缺憾。例如品客薯片和国际知名的百威啤酒进行联合促销时,围绕"百威·品客夜"这一主题,先后策划了"夜夜皆精彩"等一系列的活动,将整个联合促销有机地融合成一个系列。这样一来,整个促销活动延续了3个月的时间,不但每个品牌都获得了充分的曝光和传播,而且经过各方面的努力,最终使联合促销的双方品牌每个都实现了"名利双收"。所以由此来看,在进行联合促销时,务必尽量考虑整个促销活动的持续性,让联合促销的双方都能最大限度地暴露在目标消费者面前,最大限度发挥促销的功能,最终收到理想的效果。

如图6.2.6所示,一汽丰田联合促销的抢购会与保险公司、车管所合作,让用户真实体验购车后的便捷,增强了企业的服务能力,提升了顾客满意度。

6. 节假日促销

节假日促销是非常时期的营销活动,是指在节日期间,利用消费者节日消费的心理,综合运用广告、公演、现场售卖等营销手段,进行产品、品牌的推介活动,旨在提高产品销售力,提升品牌的形象。它是整个营销规划的一部分,而不是短期售卖活动,对于一些节

图 6.2.6　一汽丰田联合促销活动海报

日消费类产品来说,节假日营销的意义显得更为重要。

策划节假日促销的注意事项如下。

(1) 明确目标。节假日营销必须有针对性,分清主次,重点解决终端通路,主要目标是通过一系列活动来提高零售商的产品库存、增加上柜率,以及取得卖点的优越化、生动化。节假日促销活动必须有量化的指标才能达到考核、控制、计划目的。

(2) 突出促销主题。促销活动要给消费者耳目一新的感觉就必须有个好的促销主题。因此,节假日的促销主题设计有几个基本要求:一要有冲击力,让消费者看后记忆深刻;二要有吸引力,让消费者产生兴趣,例如很多厂家用悬念主题吸引消费者探究心理;三要主题词简短易记,比如酒店在春节期间要做好年夜饭生意就必须以"合家欢""全家福"为促销主题,有针对性地开展服务项目。

(3) 关注促销形式。一提到促销,很多人会想到现场秀、买赠、折扣、积分、抽奖等方式。尽管在促销方式上大同小异,但细节的创新还有较大的创意空间。

(4) 产品卖点节日化。根据不同节日情况、节日消费心理行为、节日市场的现实需求和每种产品的特色,研发推广适合节日期间消费者休闲、应酬、交际的新产品,这是顺利打开节日市场通路,迅速抢占节日广阔市场的根本所在。

(5) 促销方案要科学。搞好节假日促销要事先准备充分,把各种因素考虑周到,尤其是促销终端人员,必须经过培训指导,否则会引起消费者不满,活动效果也会大打折扣。节假日促销至少要做好以下 3 件事,销售促进媒介的选择、销售促进时机的选择、销售促进目标对象的选择。

(6) 促销活动的设计。促销活动的设计要独辟蹊径,突出自己的优势和卖点。加快发展信息网络上的文娱、体育、阅读、通信、教育、购物等消费项目。比如可在家通过网络、有线台等渠道点播经典佳作、地方戏剧等,也可在家里进行网上订购商品或礼品,通过商家送货上门。

(7) 产品卖点。制定出行之有效、颇具节日特色、适应节日营销的产品策略组合,研发推广更有利于适合节日期间消费者休闲、学习、游玩的新产品,便可另辟蹊径抢占先机。这也是顺利打开节日市场通路,迅速抢占节日广阔市场的重要手段。产品节日化的实现借"节"造势,打"节日牌",售卖概念产品,赋予产品更多的精神载体功能、特征,卖产品的休闲化、主题化、情感化这3个基点。营销产品的3个核心层次经济、环保、时尚,暗示了潜在产品的利益点——欢乐、祥和、经济、方便、文化。重视包装产品"三分养七分装",包装要"酷、炫",别具一格。节日包装要求做到素雅化、环保化、附加值化、个性化。

(8) 资源协调。节假日促销所涉及的范围之广、投入之大、时间之长,无异于一场大兵团作战,它不仅是营销部门的事,还牵涉到IT企业产、供、人、财、后勤等部门,并且必须借助外部力量,如政府部门、新闻媒介、广告策划公司、礼品供应商,加以协调配合才能顺利实施。以上因素都是开展节日营销需整体统筹的因素。开展节日营销之前,要制定出该活动的日程安排、关系分工、资源配合。

销售促进方案的控制、评估主要做法有询问法、调查表、图表统计分析法、因素分析法。这些方法让企业在实施过程中发现有利差异,纠正不利差异,使整个活动控制在计划之内。

图6.2.7所示为奇瑞双节同庆促销活动。

图6.2.7 奇瑞双节同庆促销宣传海报

7. 电子优惠券促销

电子优惠券(Electronic Coupon, or E-Coupon)是优惠券的电子形式,指以各种电子媒体(包括互联网、彩信、微扑、短信、二维码、图片等)制作、传播和使用的促销凭证。例如,二维码及图片集成的电子优惠券,其中以电子打折券、电子代金券为主要形式。电子优惠券有别于普通纸质优惠券的特点,主要是制作和传播成本低,传播效果可精准量化。电子打折券与电子代金券统称为电子促销券(或电子优惠券)。

优惠券(或称促销券)按计价形式分为两种。①打折券,一般指消费(或购买)发生时,消费者(或购买者)可以凭打折券证在商家公开的清单价格基础上,按打折券证所规定的比例折扣计价。如2折优惠就是在清单价格基础上打20%的折扣。②代金券,一般指载有一定面值的促销券证。如100元代金券指的是消费(或购买)时使用该券证,可以抵用100元现金。

电子优惠券的目的是帮助商家在一定的短时期内,对消费者(或购买者)以让利形式进行促销。所以商家必须注意以下3点。

(1) 让利的幅度必须适度，从而达到增加销售的目的。也就是说让利幅度需要足够大才能吸引消费者，但也不可过分打折而损害总体销售利润。如果让利带来的新增利润（新增客户身上的利润）不及在老客户身上损失的利润，销售总体利润就会下降。这样的让利对于商家来讲就不叫让利，而叫割肉了。所谓让利，应该是在单位数量的货品或服务上让利，但销售总利润至少应该不减少。

(2) 让利必须是短期的，商家必须让消费者对这一点有清楚的预期。否则如果消费者把促销当成了降价，让利就从短期变成了永久让利。以后商家再想把价格提升回原有的水平就不可能了，因为消费者已经把降下来的价格当成了理所应当。

(3) 给出的折扣必须是真实的，最低的。这样才能达成消费者对产品的购买欲望和购买力度。如果给出的折扣是一般折扣，没有把促销的底线折扣报出来，那么无论做多大的宣传都不能吸引消费者。

图6.2.8所示为奇瑞汽车的代金券。

图6.2.8　奇瑞汽车的代金券

天猫"双11"网络促销方案

2009年，淘宝尝试"双11"概念，提出在光棍节进行大促，当年的销售额是5000多万元；网购狂欢节引爆了这个时间点的网络消费热情，并且一发不可收拾；次年"双11"，销售额再次突破9亿元大关；2015天猫"双11"交易额达912.17亿元，无线交易额为626亿元，无线占比68.67%，物流订单量4.67亿元，覆盖232个国家和地区。2016年"双11"天猫交易额1207亿元，同比增长32.3%，其中移动端实现销售988亿元，占比81.9%，同比提升13.2个百分点。速度上，2016年天猫成交额攀升速度明显快于2015年，6分58秒即实现100亿元，为2015年同期的两倍；同时仅用时15个小时交易额便超过2015

全天的 912 亿元。

"双 11"大促,天猫网上商城的流量已突破 900 GB,并且每天将商品放到购物车及收藏夹的人数有 2000 万,另外,支付宝充值送红包的红包被抢完以后,天猫还不得不采取积分兑换优惠券的方式持续推进网购狂欢节。天猫网上商城"双 11"促销活动如表 6.2.3 所示。

表 6.2.3　天猫网上商城"双 11"促销活动

活动主题	活　动　内　容
优惠券	天猫派送 100 亿元优惠券供用户收藏在"双 11"当天使用。派送优惠券的商家包括骆驼、jack&jones、only、七格格、nike 等,既有国际大牌又含淘宝品牌。这一举动是天猫"双 11"打响的第一炮,提前一个月便开始在用户群体预热、传播,起到了很好的传播和宣传作用
预售	10 月 15 日起,天猫开始预售"双 11"产品,进入预售平台付定金再付尾款即可购买。预售产品的好处很明显:缓解"双 11"当天压力、提前备货、更加精准锁定用户群体、有效管理供应链。可谓是业界对电商促销模式的一种新尝试与探索
抢红包	"双 11"另一大举动为抢红包,继续添油加火为网购狂欢节预热。11 月 1 日开始,天猫、支付宝、聚划算联合推出提前充值抢红包、11.11 支付宝余额支付抽现金、付定金获红包等系列活动,在活动前 11 天就开始引爆用户热情及活动氛围,效果明显
五折包邮	五折封顶直接刺激用户神经最敏感的部位,这也是用户扎堆在"双 11"购买的最直观、最实际的原因。所有参与活动的产品都被系统自动标上"11.11 购物狂欢节"的字样,并且承诺价格是近 30 天最低价,部分产品还有五折封顶的标识。"全场五折"这一优惠不得不说是促销好手段
移动端口	手机移动端口同样出现了很多的新花样。手机下单可在整点时段参加抽红包,还能浏览最热宝贝、最八卦内容、附近的人购买(收藏)了哪些宝贝等,此举为上网不便的用户提供了很多便利,增加了大量的客户

活动实施

"双 11"马上到来,李玲该如何来设计一次促销活动呢?(给出一个活动策划方案的案例)

活动小结

根据表 6.1.1 所示的活动评价项目及标准总结自己的学习成果。

  项目总结

本项目知识体系如图 6.2.9 所示。

通过项目六的学习和实践,已基本了解什么是网络营销,学习了网络营销主要从事哪些工作、工作任务、工作流程及关键步骤。通过了解不同的网络营销,能知道根据不同的情况使用不同的网络营销和促销手段促进商品销量、提高品牌知名度和品牌影响力。通过对各种案例的讲解、分析和讨论,让学生深深感受到网络营销是一项有挑战、有乐趣、重创意、重创新的工作,只要团队目标准确、沟通顺畅、协同配合,就一定能圆满完成工作任务。

项目六 认识网络营销

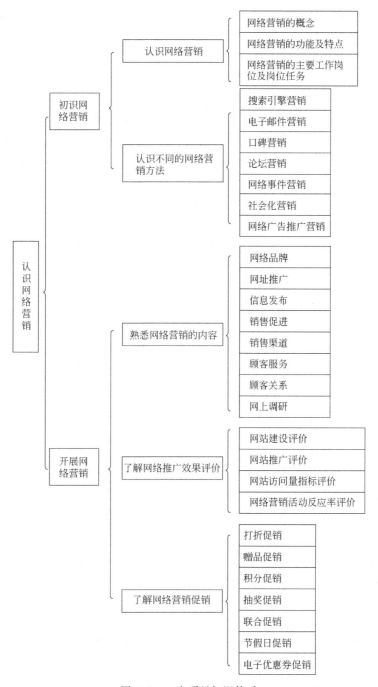

图 6.2.9 本项目知识体系

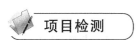 项目检测

一、单选题

1. 在下列网络营销工具中,最基本、最重要的是( )。

A. 搜索引擎　　　　B. 企业网站　　　　C. 电子邮件　　　　D. 网络广告
2. 按上网目的对消费者进行分类时，习惯于购买便宜商品，喜欢讨价还价的顾客属于（　　）。
　　A. 冲浪型　　　　B. 定期型　　　　C. 简单型　　　　D. 议价型
3. 兴趣可以影响网络消费者的购买行为，这种因素属于（　　）。
　　A. 产品因素　　　B. 心理因素　　　C. 收入因素　　　D. 文化因素
4. 为了鼓励消费者淡季购买或经销商淡季进货，企业经常采用（　　）策略。
　　A. 数量折扣　　　B. 现金折扣　　　C. 季节折扣　　　D. 交易折扣
5. 评价网络广告效果时，CPA 指的是（　　）。
　　A. 千人印象成本　B. 每点击成本　　C. 每行动成本　　D. 每购买成本
6. 网络广告运作程序的第一步是（　　）。
　　A. 进行广告创意　B. 确定广告预算　C. 进行广告设计　D. 明确广告目标
7. 在进行网站定位时，首先要进行（　　）。
　　A. 目标定位　　　B. 类型定位　　　C. 核心业务定位　D. 功能定位
8. 网站的（　　）是其具有生命力的源泉之一。
　　A. 多发广告　　　B. 不断更新　　　C. 设备投入　　　D. 加强力量
9. 下列服务不能在 Internet 上实现的是（　　）。
　　A. 网上美容　　　B. 网上购物　　　C. 网上图书馆　　D. 网上医院
10. （　　）不是旗帜广告的制作技巧。
　　A. 增加旗帜广告的吸引力
　　B. 选用多媒体形式
　　C. 选择最佳的位置
　　D. 在广告上加上 Click 或"请点击"字样

二、多选题

1. 下列因素中属于网络营销微观环境因素的是（　　）。
　　A. 人口　　　　　B. 供应商　　　　C. 竞争者　　　　D. 中间商
2. 网络商务信息的特点包括（　　）。
　　A. 实效性强　　　B. 准确性高　　　C. 便于储存　　　D. 完全免费
3. 影响网络营销定价的外部因素包括（　　）。
　　A. 客户因素　　　　　　　　　　　B. 市场和需求的性质
　　C. 竞争环境　　　　　　　　　　　D. 竞争对手
4. 网络营销的基本流程应该包括（　　）。
　　A. 网络市场调研　B. 市场预测　　　C. 市场计划
　　D. 网络营销实施　E. 网络营销评估
5. 网络营销工具主要类型有（　　）。
　　A. 网站工具　　　B. 交换链接工具　C. 搜索引擎工具　D. E-mail 工具
6. E-mail 营销与其他网络营销方法的关系中，下面说法正确的是（　　）。
　　A. E-mail 广告是网络广告的一种形式

B. E-mail 营销是主动营销

C. E-mail 是问卷调查的一种方式

D. E-mail 营销与其他营销方式可互相促进

7. 企业网站是有效的网络营销工具和网上销售渠道,它能( )。

A. 使外界了解企业 B. 树立企业形象

C. 使企业在竞争中立于不败之地 D. 提供一定服务

8. 网络营销的客观环境不包括( )。

A. 经济环境 B. 科技环境 C. 法律环境 D. 社会环境

9. 网络社区的主要形式有( )。

A. 聊天室 B. 交友 C. 论坛(或 BBS) D. 网络寻呼

10. 网络信息发布的基本方法可以概括为( )。

A. 建立网站发布各种信息 B. 利用网络传播工具发布网络信息

C. 利用现有的网络资发布信息 D. 利用网络广告发布信息

三、判断题

1. 现代电子技术和通信技术的应用与发展是网络营销产生的技术基础。( )

2. 与传统营销管理一样,网络营销计划同样要先明确其营销目标。( )

3. 制定网络促销预算方案首先必须确定网络促销的目标。( )

4. 有了网络顾客并不意味网络营销的成功,网络营销实施的必不可少的基础是内部支持系统,即企业内部网。( )

5. 网络营销不等于电子商务。( )

6. 插页广告又称为弹出式广告。( )

7. 在线调查表应主题明确、简洁明了,问题便于被调查者正确理解和回答。( )

8. 通过互联网,生产商可与最终用户直接联系,中间商的重要性因此有所降低。( )

9. 企业只有建立自己的网站平台,才能够开展网络营销活动。( )

10. 网络营销就是网上销售。( )

四、简答题

1. 何谓口碑营销,企业如何开展口碑营销?

2. 企业建设好一个网站后,如何进行网站推广?

3. 何谓搜索引擎优化,搜索引擎优化的内容包括哪些方面?

4. 网络广告主要有哪几种形式?

5. 理性的消费行为主要表现在哪些方面?

五、实训题

1. 小玲已在网络运营部工作 3 个月了,在小玲的努力工作下,公司网站已建好并投入使用,那如何来评价网络营销效果?

2. 网站建好一段时间后,在网上也经常发布网络广告,但小玲觉得与顾客的互动、交流较少,想多开通几个网络社区的服务,那么网络社区的主要形式有哪些?

3. 公司准备发布一款新的产品,决定这款新产品主要在网络上营销,小玲在制订网络营销计划时,要考虑哪些方面的因素?

项目七

熟悉电子商务岗位

 项目综述

美姿电子商务服务有限公司是一家主营女装的电商企业,2013年6月成立,开始是刚刚毕业的大学生在淘宝开的一家网店,网络销售服装。经过两年多努力,目前公司拥有淘宝、天猫、京东3大平台上10家店铺,日访问量上万次,月销售订单近2万件,销售额500万元。作为一家纯互联网女装专营企业,现在雇员超过40余人,员工平均年龄22岁,堪称全国最年轻的电商团队。

今年公司全线进军O2O,准备增加更多上线产品类目,扩大运营团队。"90后"的王芳刚毕业于一所职业院校,有幸通过网上招聘进入公司运营部,跟着张经理做营销专员,与买家沟通,推广营销,处理买家意见,她还主动学习摄影、美工,装修的淘宝店铺特别受买家欢迎。如今她已是这个运营团队的核心,在市场中摸爬滚打,锻炼了个人工作能力,获得了宝贵的实践经验,这更加增强了她在电商行业路上的自信心。

 项目目标

通过本项目的学习,应达到的具体目标如下。

知识目标

(1) 了解当前电商人才市场状况、招聘岗位和从业要求;

(2) 掌握网店商品拍摄、图片处理、商品标题描述优化编辑技巧;

(3) 掌握常见的网店推广方法和营销策略要点和技巧;

(4) 掌握网店销售服务流程及工作技巧。

技能目标

(1) 会操作计算机网络和应用E-mail、阿里旺旺等网络工具;

(2) 会利用商品拍摄和图片处理技术,拍出靓丽好照片;

(3) 会很好地完成淘宝店铺装修美化,设计特色店铺;

(4) 能够宣传推广店铺,打造爆款,提升店铺销售量和知名度;

(5) 能够做好网店销售客服工作,做大网店规模。

情感目标

(1) 培养积极活跃的思维和学以致用的意识;

(2) 培养正确的职场心态,关注岗位,关注社会;

(3) 培养优秀的团队精神和职业素养;

（4）培养良好的创业和创新意识。

任务1　走进招聘市场
任务2　走进网店美工
任务3　走进产品编辑
任务4　走进营销专员
任务5　走进网店客服

任务1　走进招聘市场

情境设计

2015年6月，王芳从一所职业院校电子商务专业毕业，一毕业便投入毕业季第一轮求职的高潮中。通过学校就业部门介绍，王芳了解到求职主要有3个渠道：一是各大招聘网站，如中华英才网、51job、智联招聘，选择适合自己的工作岗位；二是学校OA上公布的就业信息，学校推荐，自主选择；三是企业招聘会现场，直接接触用人单位，面对面应聘。毕业求职是一次良好的机会，同时也是一次重大的挑战。能否脱颖而出决定了个人人生起点的高低、个人发展空间的大小。

任务分解

如何尽快获得自己所需要的职位呢？王芳向老师请教，和同学们商量后决定先通过调查了解当前电子商务人才需求状况，用历练和技能找准定位，然后关注网上招聘，获知相关企业的岗位需求。相信自己，勇敢地迈出去，成功就业。且看王芳如何打赢这场没有硝烟的战争。

活动1　了解电子商务人才需求

活动背景

近年来，随着全球电子商务高速增长，国内企业纷纷尝试发展电子商务，电子商务的人才需求更加趋紧。正值毕业季的王芳为了能顺利地就业，提升就业质量，她想先通过调查深入了解当前电子商务人才需求信息，从而为自己即将向电子商务方向发展做好就职前准备。

知识探究

1. 电子商务人才需求

电子商务发展离不开人才的驱动，而目前电子商务人才市场需求状况如何，权威调查监测数据分析让人一目了然。

1）电子商务人才需求总量

国内知名第三方电子商务研究机构中国电子商务研究中心（100EC.CN）的监测数据显示，截至2016年6月，中国电子商务服务企业直接从业人员超过285万人，由电子商务间接带动的就业人数已超过2100万人。

预计我国在未来10年大约需要200万名电子商务专业人才，每年需求约20万人。电商企业处在快速发展期，公司发展需要各种各样的电子商务人才。

2）目前急需的电子商务人才

中国电子商务研究中心联合专业电子商务人力资源服务商赢动教育发布的《2015年中国电子商务人才状况调查报告》显示，企业目前急需的人才，有44%是电商运营人才，18%是技术性人才（IT、美工），22%是推广销售人才，5%是供应链管理人才，11%是综合性高级人才，如图7.1.1所示。

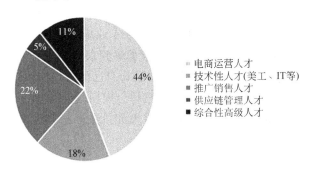

图7.1.1 电商企业当前急需人才

现在企业处在开疆拓土的阶段，电商运营、技术、推广是最迫切的应用性人才。随着企业向纵深发展，竞争不断加剧，负责电商运营的人才会越来越受欢迎。

3）"90后"员工占比情况

《2015年中国电子商务人才状况调查报告》显示，在被调查企业的员工构成中，"90后"员工比例占20%以下的企业只有3%，占30%以下的约10%，占40%以下的企业有6%，占50%以下的企业有16%，占50%以上的企业有65%。数据说明，"90后"员工已经成为电商企业的主流人员，而且有逐渐扩大化的趋势，他们的激情和创造力正在推动行业快速发展。

2. 电子商务人才层次

电商企业处在快速发展期，企业发展需要各种各样的人才。电子商务人才很吃香，只有知道自己适合干什么，才能顺利成功就业。

1）电子商务人才层次

（1）领导管理层。领导管理层是高层次电子商务人才，其特点是通晓电子商务全局，懂得"为什么要做"电子商务，并熟知至少一个行业或一种模式的电子商务理论与应用，能够从战略的角度上分析和把握电子商务的发展特点和趋势。

（2）应用操作层。应用操作层是商务型电子商务人才，其特点是精通现代商务活动，同时具备足够的电子商务知识,懂得电子商务"能做什么",善于提出满足商务需求的电子商务应用方式。他们一般不需要更深入了解电子商务所涉及的技术细节,只需知道如何在电子方式下开展商务活动。

(3) 技术支持层。技术支持层是技术型电子商务人才,其特点是精通电子商务技术,掌握电子商务技术的最新进展,同时具备足够的现代商务知识,懂得"怎样做"电子商务,并能够以最有效的技术手段予以实施和满足。这层人员主要着眼于电子商务的技术方面,如网络建设、系统管理、网页制作、程序开发等。

2) 找准方向,准确定位,成功就业

在电子商务当前形势大好、人才急剧缺乏的情况下,电子商务专业毕业生只要找准今后就业方向、明确自己的发展目标,从现在开始,通过自身的努力去学习和实践工作岗位上的知识与技能,就会大大提高自己的就业能力与就业竞争力,从而更好更快地就业。

■ 活动实施

(1) 通过权威调查,了解最新的电子商务人才需求。
(2) 充分理解电子商务人才的层次结构,对自己进行准确定位。

■ 活动小结

经过权威数据的调查分析,王芳对目前电子商务行业人才状况有了基本了解,也对自己将来从事电子商务行业能做什么、向什么方向发展有了很好的定位。

活动 2　关注网上招聘

■ 活动背景

作为跃跃欲试即将踏入电商行业的梦想者,王芳感觉到在目前"互联网+"风潮下,电子商务专业毕业生应是供不应求,而这股热潮可以从各大招聘网站发布的职位中略见一二。王芳对自己在电子商务行业就业前景很乐观,为了理想就业,她决定关注一下各大企业的网上招聘。

■ 知识探究

1. 网上招聘

中国的电子商务发展至今,已经有不少个人和企业卖家从网上崛起,由此带来电子商务方面的人才需求越来越迫切,大量电商企业有大规模招聘需求,纷纷通过各种渠道解决人才问题,其中通过招聘网站仍然是主要渠道。

1) 电子商务人才需求量大

智联招聘推出的《2015 上半年中国就业市场景气指数报告》显示,2015 年第二季度行业 CIER 指数(中国就业市场景气指数)中各行业就业市场景气指数有所差异。基金/证券/期货/投资行业就业市场景气指数最高,为 5.82;其次是互联网/电子商务行业,为 5.60。金融、互联网行业的就业景气程度最强,人才供不应求。

由于电子商务行业的蓬勃发展,越来越多的传统企业也加入进来,一些电子商务相关的边缘产业也发展起来,借助电子商务"上位"成为主角,其中电子商务用工需求同比大幅增长71%,如图7.1.2所示,社会招聘的职位数达到历史最高,这表明电子商务依然是互联网领域热门职业。

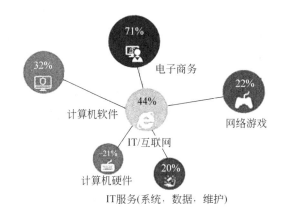

图7.1.2　2015年上半年互联网行业用工需求同比增长情况

2）网上招聘最普遍

《2015年中国电子商务人才状况调查报告》显示,企业在解决人才问题的渠道上,在被调查企业中,依托招聘网站招聘的占89%;传统人才市场招聘的占18%;专业人力资源服务商的占24%;通过企业内部培养提拔的占17%;与大中专院校建立合作关系,接受电商专业毕业生的企业占17%。看来网络依然是招聘的主渠道,因为"80后""90后"更喜欢在网站投简历找工作。

3）电子商务岗位比较多

现在大部分毕业生不知道自己将来可以从事哪些工作,找不到在电子商务行业自己喜欢的岗位方向,综合各大招聘网站,电子商务不同岗位方向主要有以下几种。

（1）电子商务平台设计(代表性岗位：网站策划/编辑人员)：主要从事电子商务平台规划、网络编程、电子商务平台安全设计等工作。

（2）电子商务网站设计(代表性岗位：网站设计/开发人员)：主要从事电子商务网页设计、数据库建设、程序设计、站点管理与技术维护等工作。

（3）电子商务平台美术设计(代表性岗位：网站美工人员)：主要从事平台颜色处理、文字处理、图像处理、视频处理等工作。

（4）电子商务运营(代表性岗位：网站推广人员/网络营销人员/客服人员)：主要是利用网站为企业开拓网上业务、网络品牌管理、销售服务等工作。

（5）网上国际贸易(代表性岗位：外贸电子商务人员)：利用网络平台开发国际市场,进行国际贸易。

（6）电子商务综合管理(代表性岗位：电子商务项目经理/部门主管)：主要从事企业电子商务整体规划、建设、运营和管理等工作。

2．了解电商企业对毕业生的要求和看法

通过调查了解企业对电子商务人才的要求和看法。从整体来看,企业对应届毕业生或实习生是开放的态度,只要有责任心、有上进心、不好高骛远,就业形势乐观。

1)企业对电子商务人才要求具备的素质

《2015年中国电子商务人才状况调查报告》显示,企业对电商人才应具备的最重要素质中占比最大的前七大素质中,"责任心"占比48%;专业知识和学习能力占39%;创新能力占37%;协同合作能力占35%,如图7.1.3所示。可以看出,员工责任心是职业化的永恒主题,是企业发展的根基。企业对人才学习能力、创新能力、合作能力的重视,充分反映出电商企业变化快的特征。

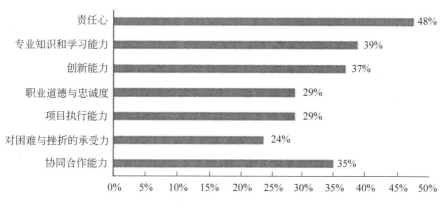

图7.1.3 电子商务人才需要具备的素质

2)企业对员工的基本学历要求

被调查企业对企业员工的基本学历要求,中专水平占9%;大专水平占46%;本科生水平占3%;学历不重要,关键看能力占42%。从统计数据中可以发现,电商企业整体对学历的要求并不是很高,更看重的是员工的责任心、职业精神,以及实战技能水平。

3)电商企业对应届毕业生或实习生的看法

被调查企业对应届毕业生或者实习生的看法中,好高骛远,稳定性不高,不予考虑占10%;若有符合岗位要求的会选择此类人员,但会控制一定的比例占32%;可塑性高,有激情,会考虑录用此类人员,但需从基础岗位做起占57%;其他占1%。从数据中看到,应届毕业生入职后,培训7~30天才能上岗的企业占89%,充分说明绝大多数企业对培训工作的投入程度,以及员工职业化的重视。

从以上调查整体情况可以看出,只要自己在知识学习与技能素质上做好与社会行业及工作岗位对接,就为顺利就业指明了方向。

活动实施

关注网上的招聘信息,根据自己的业务能力,进一步关注企业对人才的要求,找出差距,完善自我。

活动评价

明确了自己想要并适合从事的电子商务岗位,以及职业岗位对人才素质的要求,王芳有了自己明确的职业规划,通过努力很快成功应聘美姿电子商务服务有限公司,在公司运营部做电子商务推广与营销专员。

合作实训

【实训目标】

为自己将来的职业生涯做出规划,做好入职前准备。

【实训内容】

(1) 确定职业目标:我将做什么职业,成为什么样的角色。

(2) 客观认识自我:我能做什么,适合做什么,包括职业兴趣、性格能力特长、不足、差距等。

(3) 制订行动计划:我如何有计划、有措施、有行动的实现自己的职业目标。

(4) 他人评价:通过教师的评价与建议,进一步完善自我。

【完成任务】

(1) 全体同学以小组为单位,4人一组,教师说明实训内容,分配实训任务。

(2) 每组每位同学做出自己的职业规划,完成"个人职业规划表"的填写(如实填写),如表7.1.1所示。

表 7.1.1　个人职业规划表

姓　　名		专　　业	
职业目标			
认识自我			
行动计划			
教师评价			

(3) 填写完毕,小组内进行讨论交流,谈谈个人对职业生涯规划的认识。

(4) 讨论交流结束,各小组收集表格。教师点评,对如何做好职业生涯规划提出合理化的建议。

(5) 点评完毕,同学们的"个人职业规划表"将自动为来年毕业求职提供参考。任务完成。

任务 2　走进网店美工

情境设计

王芳开始上班了,星期一早上王芳和同事陈晓玲、赵艳一起参加部门早会。在会上张经理说两个月后将迎来"双11"全民购物狂欢节,值此节日期间公司要开展线上线下促销,运营部得到的任务是美化公司淘宝店铺、增加产品上线类目、优化店铺产品、开展推广促销活动策划、协助公司客服部做好客户服务。根据最近公司淘宝店铺订单系统数据分析,这个星期的任务就是对公司淘宝店铺进行重新装修美化,以增加店铺的浏览量,提升成交率。会

项目七　熟悉电子商务岗位

上张经理吩咐刚入职的王芳做好准备,快速充电,学习好网店美工知识和技能,完成公司任务。听到这个消息,王芳甚是高兴,精心准备,跟团队一起努力学习网店装修与美化。

任务分解

为了助力这次"双11"购物狂欢节网店推广促销,王芳作为新手在同事陈晓玲、赵艳的指导帮助下,决定从两方面入手,一是先准备好摄影器材,更新升级软件,学习网店商品拍摄和图片处理技术;二是准备好相关素材,学习淘宝网店装修技能。

活动 1　商品拍摄与图片处理

活动背景

网店经营中,一张好图胜千言。图片是商品的灵魂,漂亮的图片不仅吸引买家的眼球,更会引爆点击率,刺激买家的购买欲望。缺少摄影经验的王芳为此决定好好地补习一下有关产品拍摄与图片处理技能。

知识探究

1. **摄影器材的选择**

对摄影器材的选择最重要的就是选好数码相机,数码相机是最方便拍摄网店商品照片的拍摄工具。现在的数码相机品种繁多,如何选购适合商品拍摄的数码相机呢?如图 7.2.1 所示,要具备以下功能和条件。

(1) 选择适合的感光元件(CCD)

(2) 要有手动模式(M模式)

(3) 有热靴插槽外接闪光灯

(4) 具备微距特写拍摄功能

图 7.2.1　数码相机的选购

(1) 要具备适合的感光元件(CCD)。传统相机使用"胶卷"作为其记录信息的载体,而数码相机的"胶卷"就是其成像感光元件,感光元件是数码相机的核心。

(2) 要有手动模式(M 模式)。手动曝光模式即计算机采用自然光源的模式,包括快门优先、光圈优先、手动曝光、AE锁等模式。照片成像质量的好坏与曝光量有关,也就是说取决于应该通多少的光线才能够使CCD得到清晰的图像。

(3) 要有外接闪光灯的热靴插槽。只要在热靴插槽上安装外置闪光灯进行拍摄,那么在按下相机快门的瞬间拍摄信号会通过热靴插槽的电子接点传递到外置闪光灯上,从而使闪光灯闪光。

(4) 要具备微距特写拍摄功能。微距功能是数码相机的特长之一,主要作用就是拍摄离镜头很近的物体,目的是力求将主题的细节纤毫毕现地表现出来,把商品的细节部分放大拍摄后呈现在顾客的眼前,让顾客对商品观看得更加仔细。

2.通用拍摄技术

不管拍摄哪一类照片都会用到相机的一些基本功能和简单设置。对于初学者而言,只有通过不断地学习拍摄技术和积累拍摄技巧和经验,才能拍出好的商品照片。

(1) 光圈。用来控制光线透过镜头进入机身内感光面的光量的装置,它通常在镜头内。如图7.2.2所示,光圈值的大小用f表示,大的f数值代表了一个小孔洞的开启,而小的f数值则代表开启了一个大的孔洞,这说明f数值越小,光圈越大,则进光量越多;f数值越大,光圈越小,则进光量越少。旋转镜头上的调节环或者数码相机机身上的旋钮可以调节光圈大小。

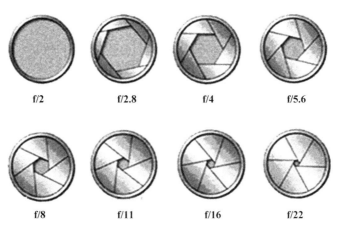

图7.2.2 数码相机的光圈值

(2) 景深。景深是指在镜头聚焦调节中能清晰成像的最远部分和最近部分之间的距离。光圈和景深有密切关系,因为通过调整光圈的大小可以直接控制景深,决定景深的3个基本因素:一是光圈(光圈越大,景深越小);二是焦距(焦距越大,景深越小);三是物距(物距越大,景深越大)。

(3) 曝光补偿。曝光补偿是一种曝光控制方式,一般常见在±2.3EV左右,如果照片过亮,就需要减小EV值,做曝光负补偿,EV值每减小1.0相当于摄入的光线量减小一半,则照片的亮度降低;相反照片过暗就需要增加EV值。通过手动调节曝光补偿值让画面达到最佳的亮度和对比度。

(4) 白平衡功能。白平衡就是在不同的光线条件下,调整好红、绿、蓝三原色的比例,使其混合后成为白色,使摄影系统能在不同的光照条件下得到准确的色彩还原,如

图 7.2.3 所示。

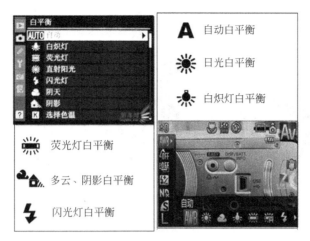

图 7.2.3　数码相机的白平衡设置

3．商品的拍摄

拍摄出亮丽的图片是网店销售至关重要的环节。有时候能吸引顾客眼球的精美的商品图片甚至比好的货源还重要,一幅好的图片可能会让宝贝的点击率成倍增长。但是对不同类型商品拍摄有不同的方法和技巧。

1) 小件商品的拍摄

(1) 拍摄场景。一般来说,小件商品适合在有自然光的室内或在微型摄影棚里拍摄,如图 7.2.4 所示,这样免去了布景的麻烦,还能拍摄出漂亮的、主体突出的商品照片。

图 7.2.4　小件商品的拍摄场景

(2) 拍摄技巧。拍摄时选择正确的对焦点以突出商品,如拍摄首饰对焦点在首饰而不是包装盒;其次还要注意商品的摆放造型,如将项链摆成心形可以给人一种雅致的感觉。当然拍摄时背景、布光、道具也要注意搭配协调,切忌平淡无味。

2) 服装类大件商品的拍摄

(1) 拍摄场景。拍摄大件商品在室内室外都可以。如图 7.2.5(a)所示,是室内拍摄大件商品的环境布置,室内拍摄对拍摄场地、背景布置、灯光环境等都有一定的要求。外景拍摄主要是选择风景优美的旅游城市和商业气氛浓厚的街区作为背景,采用自然光加反光板补光的方式进行拍摄,这样的照片风格感更加明显,比较容易形成独有的个性特色和营造泛商业化的购物氛围,如图 7.2.5(b)所示。

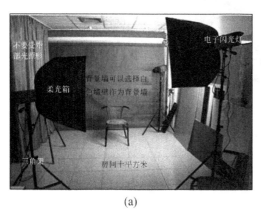

(a)   (b)

图 7.2.5　服装类大件商品的拍摄

（2）拍摄技巧。拍摄时适当搭配一些小装饰,如鲜花、杂志、相框、玩具等,使整体构图显得更加饱满、生动;其次不可忽略细节拍摄,如衣领、扣子等,以体现服饰的材质和做工;另外,展示衣服最好使用模特,这样才能完全表现出衣服的立体造型。当然拍摄时在背景和布光的处理上也要下些功夫。

4. 商品图片处理和美化

拍摄好的照片由于各种原因有时会有不尽如人意的地方。为了使宝贝图片变得更有视觉冲击力,更吸引人,需要使用光影魔术手、Photoshop 等软件对图片进行处理和美化。由于光影魔术手操作简便,所以更适合刚入门的新手使用。以下就来学习如何使用光影魔术手给刚拍摄的照片作适当的美化处理。

1）光影魔术手基本界面

光影魔术手基本界面如图 7.2.6 所示,基本界面并不是一成不变的,可以随时对界面的外观及操作的方法和形式等进行不同的设置。

2）调整图片大小

打开被裁剪的图像,单击"裁剪"工具图标,或者单击右侧栏中"快捷工具"内的"自定义裁剪"按钮,都可以打开"裁剪"对话框;然后调整裁剪框的大小,并且移动裁剪框的位置至满意的状态,然后单击"确定"按钮就好了,如图 7.2.7 所示。

由于在拍摄照片时所选用的分辨率不同,所以打开图像的尺寸也不一样。单击工具栏中或者右侧栏内的"缩放"命令,打开"调整图像尺寸"对话框,对照片进行缩放,如图 7.2.8 所示。

3）调整图片亮度和色彩

在图像编辑窗口中,单击工具栏中的"曝光"图标即可自动执行曝光调整,还可以手动完成"数码补光"和"数码减光"功能,另外单击标题栏中的"调整"图标,通过调整"色阶""曲线""对比度""白平衡"等功能也可以完成图片亮度色彩的调整,如图 7.2.9 所示。

项目七　熟悉电子商务岗位

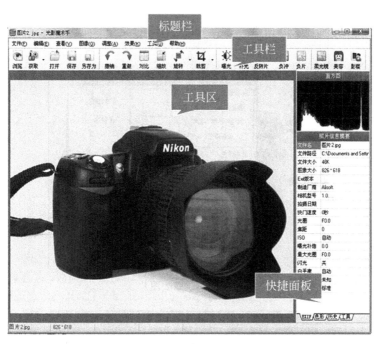

图 7.2.6　光影魔术手基本界面

图 7.2.7　裁剪图片

187

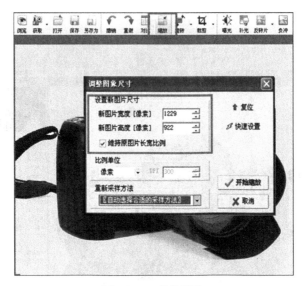

图 7.2.8　缩放图片

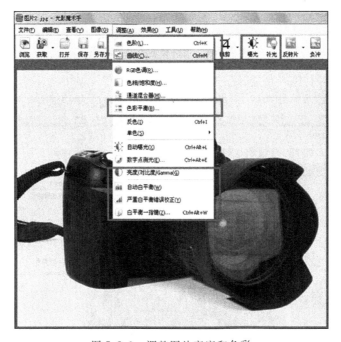

图 7.2.9　调整图片亮度和色彩

4）提高图片清晰度

单击标题栏中的"效果"图标,选择"模糊与锐化"命令,弹出"精细锐化"对话框,可以把模糊的照片调整清晰,如图 7.2.10 所示。

5）给图片添加边框

光影魔术手中提供了多种形式的边框素材,包括轻松边框、花样边框、撕边边框和多图边框等,单击标题栏中的"工具"图标即可添加,如图 7.2.11 所示。

项目七　熟悉电子商务岗位

图 7.2.10　锐化图片

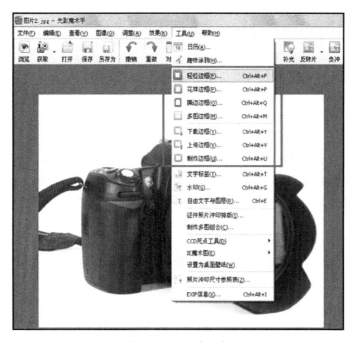

图 7.2.11　添加边框

6）给图片添加水印

为了防止图片被别人盗用，可以给图片添加水印，单击标题栏中的"工具"图标，选择"文字标签"命令，可以给图片添加文字标签。单击标题栏中的"工具"图标，选择"水印"命令,可以给图片添加水印,如图 7.2.12 所示。

图 7.2.12　添加文字标签和水印

以上仅是光影魔术手部分基础功能的应用,光影魔术手功能强大,可以对数码照片进行多种画质改善和效果处理等。它的最大特点是操作简单,好学易用。

活动实施

(1) 服装挂拍的造型。服装挂拍有多种造型,如图 7.2.13 所示,可以用衣架或者木制晾衣夹将衣服挂起来,如果再搭配一些小装饰物就会显得更加与众不同,用半身的木制模特座或是铁丝架将衣服撑起来挂也会产生不错的效果,因为这样做会让服装的立体感更强一点,让人可以想象到衣服穿在身上的感觉,而且服装表面因为有了阴影和凹凸的细节变化就会显得更加生动。

(2) 试用光影魔术手软件对活动(1)中拍摄的照片进行处理,使其更加引人注目。

活动小结

经过团队协作和个人努力,王芳学会了基本的商品拍摄技术和图片处理美化技巧,从菜鸟逐步成为高手,这不仅丰富了她的业务知识,更为她后面的工作积累了宝贵经验。

项目七　熟悉电子商务岗位

图 7.2.13　服装挂拍的造型

活动 2　网店装修与美化

活动背景

因"双 11"购物狂欢节,为与促销活动更相符,与商品更相关,营造气氛,增加买家对网购的信任,提升公司店铺形象,提高销售量,需要对公司淘宝店铺进行装修美化。但是王芳对如何装修美化店铺仍然是一知半解,随即王芳又和团队一起学习了网上店铺装修美化知识与技巧。

知识探究

1. 做好网店装修的前期准备

刷颜值的时代,不装修无网店。漂亮美观的网店总是让买家愉悦的,愉悦的买家总是容易下单。做好网店装修美化,前期的准备是不可缺少的。

1)整体布局

店铺装修要整体考虑,定位要明确,风格要统一,颜色要协调;切忌弄得太多太乱,花里胡哨,风格不搭。一个特色鲜明的网店才会给浏览者留下深刻的印象。

2)收集装修素材

店铺名称、店标、签名、店铺公告等文字和图片素材要事先准备好,如经过处理美化的商品图片、百度中搜索的装修素材等。这样不但可以提高装修的效率,也可以避免返工,

191

能够达到双赢的效果。

3）熟悉网店装修工具的使用

网店装修无外乎图片编辑、网页制作。Photoshop、Fireworks 是图片设计处理方面的专业软件，FrontPage、Dreamweaver 是网页制作方面的专业软件。任选两种软件组合使用就可以了。

4）选择网店装修类型

在淘宝网开发早期，淘宝提供的店铺只有几种简单的模板样式，为淘宝普通店铺。为了满足卖家对店铺装修的要求，淘宝网推出了淘宝旺铺，让卖家可以具有更强大的店铺设置功能，同时可以定制完全属于自己的个性装修风格。初学者应先从普通店铺装修开始。

2．淘宝普通店铺装修内容

对于普通店铺来说，装修的内容主要包括店标、公告栏、宝贝分类、宝贝描述、店铺介绍等内容，如图 7.2.14 所示。

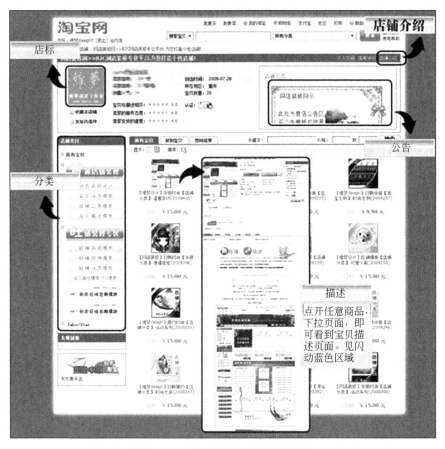

图 7.2.14　淘宝普通店铺装修内容

3．**店标的设计与发布**

店标是店铺最重要的标志之一，一个好的店标可以给买家留下深刻的印象，让买家更容易记住店铺，让更多的买家光临。

1) 店标设计的原则

（1）富于个性，新颖独特。设计店标要讲究个性，与众不同，别出心裁；要突出视觉形象，易于识别，便于记忆。如图7.2.15所示的是一些具有个性的店标设计作品。

图7.2.15　具有个性的店标

（2）简练明确，信息表达。店标设计要求简练、明确、醒目，图案切忌复杂；要传达明确的信息，给买家留下美好、独特的印象。

（3）符合美学原理。店标设计要造型美观，讲究艺术性，符合人们的审美，具有较强的视觉冲击力。

2) 设计制作网店店标

（1）制作静态店标。一般来说，静态店标由文字、图像构成。作为卖家，可以将商品商标用数码相机拍下，然后用Photoshop软件编辑制作；或者自己绘图，输入计算机，然后用图像处理软件进行编辑制作。

（2）制作动态店标。对于网店而言，动态店标就是将多个图像和文字组合成GIF动画。这种动态店标可以使用GIF制作工具来完成。

3) 将店标发布到店铺

设计好店标后就可以通过淘宝网上的店铺管理工具将店标发布到自己店铺上。在打开的"我的淘宝"网页中，单击"我是卖家"按钮，进入"我是卖家"页面，单击左侧"店铺管理"栏中的"店铺基本设置"超链接。然后在打开的"店铺基本设置"网页中，单击"店铺标志"一栏下方的"上传图标"按钮即可，如图7.2.16所示。

4．设计制作公告栏

公告栏是发布店铺最新信息、促销信息或店铺经营范围等内容的区域。通过公告栏发布内容，可以方便买家了解店铺的重要信息。

1) 公告栏制作的注意事项

（1）淘宝普通店铺的公告栏具有默认样式，如图7.2.17所示。卖家只能在默认样式的公告栏上添加公告内容。

（2）卖家在制作公告栏时，可以将默认的公告栏效果作为参考，使公告的内容效果与之搭配。公告栏设置了默认的滚动效果，在制作公告时无须再为公告内容添加滚动设置。

（3）淘宝普通店铺的公告栏内容宽度不要超过480像素，否则超出的部分将无法显示，而公告栏的高度可随意设置。

图 7.2.16　店铺基本设置页面

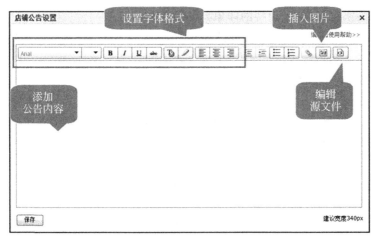

图 7.2.17　店铺公告栏默认样式

（4）如果公告栏的内容为图片,那么需要指定图片在互联网上的位置。

2）公告栏装修制作方法

（1）单击右侧"管理我的店铺"按钮,然后单击"编辑"按钮,如图 7.2.18 所示。

（2）弹出"店铺公告设置"窗口,在这里编辑公告内容（像 Word 软件一样自由编辑）,发布后都是滚动文字。

（3）当然,也可以图片公告,方法很简单,先单击"图片"图标,弹出"图片设置"对话框,然后将图片在互联网上的地址粘贴复制到"图片地址"文本框中,再单击"确定"按钮即可。

5. 宝贝分类的设置

为了满足卖家放置各种各样商品的要求,淘宝普通店铺提供了"宝贝分类"功能,如图 7.2.19 所示。好的店铺分类会让客户很容易找到想要的产品,尤其商品种类繁多的时候,从而提高成交量。

项目七 熟悉电子商务岗位

图 7.2.18 "管理我的店铺"页面

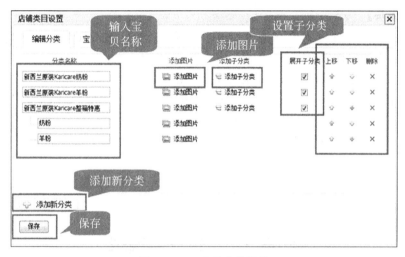

图 7.2.19 宝贝分类操作

1）宝贝分类制作的注意事项

（1）宝贝分类的设置需要从整体的装修风格出发，让分类的设置符合店铺的装修要求。

（2）宝贝分类图片最大宽度是 150 像素，高度不限，JPG 或 GIF 动画图片。

（3）卖家可以根据宝贝分类再添子分类，让宝贝分类更加合理，更方便买家浏览。

2）设置宝贝分类

如图 7.2.18 所示，单击右侧"管理我的店铺"按钮，进入宝贝分类管理界面，如图 7.2.19 所示，操作完成，最后保存。

活动小结

对于新手来说，王芳在团队的帮助下，经过个人努力，如期完成了任务。虽然很辛苦，但累并快乐着，在学习和团队交流过程中，王芳学会了淘宝店铺装修基本知识和技巧，也认识到自己作为电商人，还要不断学习，不断成熟。

合作实训

商品拍摄与图片处理

【实训目标】

使用相机(或手机)完成基本商品拍摄并进行后期美化处理。

【实训内容】

(1) 从自己身边选择一件日常用品,在任意背景、时段等不限定条件下,完成商品拍摄。

(2) 使用光影魔术手或 Photoshop 软件对拍摄好的商品图片进行美化处理,并符合店铺装修。

【完成任务】

(1) 全体同学以小组为单位,4 人一组(两人负责拍摄,两人负责图片处理)。教师说明实训内容,分配实训任务。

(2) 每组开始商品拍摄,拍摄不能使用手机相机自带的美化功能。

(3) 对拍摄好的图片从构图、布光等角度,分组讨论交流,谈谈商品拍摄技巧。

(4) 讨论交流结束,教师点评哪组拍摄效果最佳。

(5) 点评完毕,每组开始对拍摄好的作品采用光影魔术手或 Photoshop 进行美化处理。

(6) 处理结束,保存并提交,教师对处理好的图片分组对比分析,说明好或不好的理由。任务完成。

任务 3 走进产品编辑

情境设计

学会店铺装修和产品图片处理美化,王芳掌握了网店运营的基本能力,这是决定网店能否成交的第一个环节。但是此时王芳有个问题:如何在"双 11"购物狂欢节期间让买家在店浏览时更容易了解到经营的产品,提升网店的浏览量和成交率?带着问题,王芳请教张经理,咨询同事陈晓玲、赵艳,得知需要对店铺上架经营的产品进行编辑优化。于是,王芳马不停蹄地跟随团队一起学习产品编辑优化知识和技巧,以为"双 11"购物狂欢节公司增加产品上线类目推广促销活动做好准备。

任务分解

张经理告诉王芳,做好产品编辑主要包括两方面工作:一是如何优化商品标题与描述;二是怎样选择好产品上架下架时机并有效管理。经过张经理指引,王芳思路清晰,很好地完成了这次学习任务。

活动1 优化商品标题与描述

活动背景

与传统销售方式不同,网络销售的商品陈列是以网页的形式来展示的,买家是通过"搜索商品名称→比较商品图片→了解商品介绍"这样一个流程来寻找和选择商品的,因此商品名称及其描述非常重要。要想使公司淘宝店铺在短时间内增大销量,如何优化商品标题和描述是王芳必须学习的网店成功运营的秘笈。

知识探究

1. 宝贝标题优化

在淘宝开店,卖家需要思考自家店铺宝贝怎么才能被买家快速搜索到。而影响淘宝站内搜索结果排名的诸多因素中,宝贝标题描述是其中一个重要方面。

1)宝贝标题怎样设定最好

一个好的宝贝标题要做到卖点明确,简洁直接,从而吸引买家点击。买家想要在网上浩瀚的商品中尽快找到自己想要的宝贝,一定会用到标题关键字搜索。如需要购买裙子的买家一定会用"裙子"这个关键字搜索宝贝。关键字有以下几种类型。

(1)属性关键字。指介绍商品的类别、规格、功用等字或者词,如 iPhone 6、美白。

(2)促销关键字。指关于清仓、折扣、甩卖、赠礼等信息的字或者词,如打折、包邮。

(3)品牌关键字。包括商品本身的品牌和店铺的品牌两种,如耐克、苹果。

(4)评价关键字。主要是产生一种心理暗示,一般都是正面的、褒义的形容词,如皇冠、好评如潮。

对商品关键字的设定可以直接影响到商品的浏览量和销售量。设定商品关键字组合有以下几种方式,如图7.3.1所示。

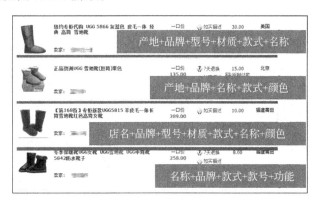

图 7.3.1 关键字组合

(1)促销关键字+属性关键字。

(2)品牌关键字+属性关键字。

(3)评价关键字+属性关键字。

（4）品牌关键字＋评价关键字＋属性关键字。

（5）评价关键字＋促销关键字＋属性关键字。

2）如何让宝贝标题设定更吸引人

要做好淘宝宝贝标题优化，关键是设置好宝贝标题关键词。淘宝商品标题关键词有60个字符，30个汉字。商家应该从类目相关性及宝贝本身所要覆盖的消费群体出发进行关键词设置与优化。如图7.3.2所示，这件宝贝标题设定就不科学，"快来买吧"只表达了商家盼望交易的急切心态，却没有具体指向任何一件实际的物品，没有体现卖点。

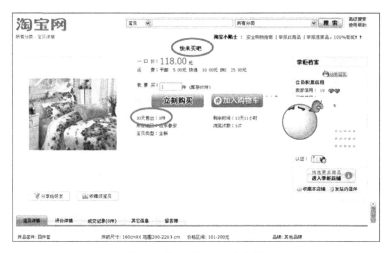

图 7.3.2 不好的宝贝标题

其实，不管商品标题如何设定，卖点关键字一定是其中一个重要的组成部分。如果根据前面5种关键字来进行修改和重组，商品标题为"罗莱家纺 纯棉斜纹印花床品四件套 快来买吧 七折包邮"，如图7.3.3所示。这件商品的名称被搜索到的概率就会大很多，买家的印象和好感度也会相应地加深。

图 7.3.3 好的宝贝标题

2．宝贝描述优化

一个好的网店宝贝描述能让卖家快速了解到产品的大概,同时对提升网店转化率有相当大的影响。而好的宝贝描述不仅要具备良好的视觉效果,而且要注意产品描述的细节和技巧。

1) 宝贝描述要全面

宝贝标题的 60 个字符 30 个汉字不足以充分说明宝贝的优势和价值,因此要在宝贝描述里补充文字、图片甚至视频,让买家在购买之前对宝贝有更全面、客观的了解。淘宝的宝贝描述容量是 25 000 字节,足以添加更为详细的宝贝介绍和相关说明,如宝贝的品牌、型号、材质、规格、功能、功效、包装等基本信息,如图 7.3.4 所示。其至包括促销活动介绍、会员优惠、FAQ(常见问题解答)、买家须知、联系方式等有利于销售的信息。

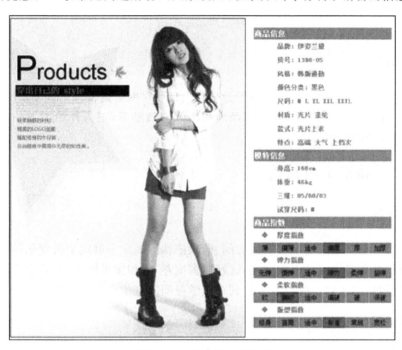

图 7.3.4　全面的宝贝描述

2) 宝贝描述技巧

(1) 宝贝主图。这是买家最容易看到的地方。所以提升宝贝主图的视觉效果非常必要,要突出宝贝的亮点。

(2) 对宝贝细节的把控。尽可能多地展现出宝贝的细节。作为买家,他们都希望能尽可能多地对宝贝详情进行了解,所以做好宝贝细节的展现也是非常有必要的。这能提升买家购物体验,也能有效地规避交易纠纷。

(3) 卖点展现。一件宝贝能让买家最终下单,除了价格等外部因素,宝贝本身的卖点最为关键。这好比同类型产品,你家的宝贝在功能质量上比别家的表现更为优异,那么顾客会更加倾向于你的产品。而在宝贝描述里,如何将宝贝卖点展现出来,是提升转化的关键所在。

3. 宝贝描述资料的撰写

（1）首先要向自己的供货商索要详细的商品信息。图片虽不能完全反映商品的信息，如材料、产地、售后服务、生产商品厂家、商品的性能等，但只要是对相对于同类产品有优势和特色的宝贝信息一定要详细地描述出来，这本身也是产品的卖点。

（2）买家的提问和用后反馈信息。这也是卖家收集宝贝描述信息的重要途径。不仅可以完善自己网店的商品信息，同时也能够辅助自己发现宝贝新卖点和做好市场细分。

（3）到同行中去参考。网店中有许多优秀、信用和后起之秀，可以去他们的网店转转，看看他们的商品描述是怎么写的。特别要重视自己的同行中做得好的网商。

（4）留意生活，挖掘与宝贝相关的生活故事。这个严格来说不属于商品描述信息的范畴，但是由于与宝贝相关的感人故事更加容易打动消费者，因此不少商家也将此加入宝贝描述资料的撰写里。

活动小结

学会了淘宝网店宝贝优化技巧，王芳很高兴自己对网店运营有了进一步的了解，也对这次部门工作任务充满了信心。在张经理和团队的激励下，王芳开始了下一步有关商品发布与推荐技巧的学习。

活动2 商品发布与推荐

活动背景

众所周知，淘宝是按照宝贝上架时间、橱窗推荐等因素来确定宝贝展示的优先性。分析买家心理，合理安排宝贝上架时间，选好橱窗推荐，增加宝贝曝光率，才有机会提升店铺销售量。如何做呢？这个时候王芳想到在校学习期间电子商务老师说的……

知识探究

1. 合理安排宝贝上架时间，让流量翻番

很多网店新手卖家认为新商品的上架时间越早越好，所以商品一到货就迫不及待地发布了。但是有经验的卖家不这样认为，他们知道必须选对商品发布时间才能让买家在第一时间搜索到你的商品。要合理安排商品上架时间必须做到以下几点。

1）熟悉网店搜索的时间排序

淘宝在搜索关键字后，宝贝的排名位置是按宝贝离下架剩余的时间多少来排列的，宝贝离下架时间越近，排名就越靠前，越容易展现在买家朋友前，越容易被点击。因此，到货的商品不要同时发布，最好分几次发布，如果同时发布，一个星期中商品只有一天会排在最前面，如果隔天分几次发布效果就不同了，这样在一个星期中商品就有多次排在最前面的机会了。

2）抓住商品发布的黄金时间段

买家上网也是有黄金时间段的，只有抓住黄金时间段发布商品，才能增加商品的"曝

光度",从而提高成交率。因此,发布商品还要考虑什么时间上网的人最多这个问题。据统计,一天中上网人数最多的时间为 8:30~11:30、15:00~17:30、19:30~22:00,选择这些黄金时间段发布商品,商品的浏览量会随之上升,成交量便会提高。如图 7.3.5 所示为设置商品在黄金时间段定时上架。

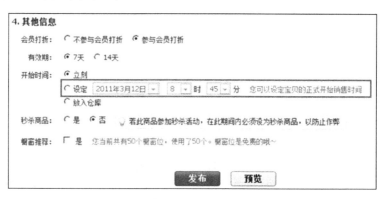

图 7.3.5　商品在黄金时间段定时上架

为了达到最佳搜索排名效果,在黄金时间段也不要集中发布商品,也要每隔半小时左右发布一次新商品的信息,这样避免同时发布的商品同时消失的情况。

2. 选好橱窗推荐,增加店铺浏览量

橱窗推荐是淘宝为卖家设计的特色功能,是提供给卖家展示和推荐宝贝的功能之一。橱窗推荐宝贝会集中在宝贝列表页面的橱窗推荐中显示,每个卖家可以根据信用级别和销售情况获得不同的橱窗推荐位。合理利用这些橱窗推荐位,将大大提高宝贝点击率。

1) 选择橱窗推荐的商品

(1) 店铺中人气商品、爆款商品,也就是有很多买家购买的商品。

(2) 性价比高的商品。

(3) 价位最低的商品。很多买家按价格来搜索商品,所以低价格商品会优先排在前面。

(4) 好标题的商品。会合理利用关键字,突出卖点的商品,才有可能被买家搜索到。

(5) 图片有吸引力的商品。这类商品能把流量引入店铺中。

(6) 可以考虑将小部分包邮商品上橱窗推荐。

2) 橱窗推荐的技巧

(1) 不要留空余推荐位,空一个就少一个商品曝光的机会。

(2) 人气爆款商品一直推荐,爆款在搜索时带来的流量是很可观的,可以将它设置为必推荐的宝贝。

(3) 优先选择临近下架时间的商品作为橱窗推荐。因为淘宝默认按照剩余时间由少到多的方式来显示商品。

(4) 把握在高峰时间段推荐。高峰时间一般在上午 10 点后、下午 3 点到 5 点或晚上 8 点到 10 点。而你抓住了这个时间,也许就能抓住一天的大部分流量了。

(5) 当发布商品连续7天的访问量都很低时，要考虑关键字的设定是否恰当。

活动小结

王芳通过学习对网店商品发布推荐技巧有了一个基本的认识和了解，并根据自己所学的技能对公司淘宝店铺进行了全面更新和优化，同时向张经理做了汇报，受到了经理的称赞表扬。王芳很开心，这让她明白了做任何事有付出就有收获。

合作实训

【实训目标】

掌握优化商品描述的技巧，完成淘宝店铺女装商品详情信息的描述。

【实训内容】

(1) 买家浏览店铺关注的焦点无非就是与商品相关的商品详情信息，但是这些信息在你的商品描述页面该如何撰写和展现给顾客？怎样的撰写方式方法才能提升客户转化率，促进店铺销量？

(2) 撰写内容包括商品基本属性，如名称、品牌、规格等；商品细节图，如衣服布料、纽扣等；使用方法，如洗涤方法等；买家须知，这里主要说明买家购物之前需要了解的店铺相关信息。

【完成任务】

(1) 全体同学以小组为单位，4人一组，教师说明实训内容，分配实训任务。

(2) 分组开始撰写商品描述详情信息，组内可讨论交流，以优化宝贝描述。

(3) 将撰写好的宝贝详情信息编辑到店铺"宝贝描述"对应的选项框中并"发布"或"预览"。

(4) 将"发布"或"预览"页面截图并提交，教师点评，提出问题与建议。任务完成。

任务4　走进营销专员

情境设计

王芳学以致用，对公司淘宝店铺进行了装修美化，可是仍然没有带来店铺成交量明显的提升。眼下临近"双11"了，王芳显得有点一筹莫展。在周一公司晨会上，公司对下周"双11"活动进行了全面筹划。此时，王芳明白了网店生意为什么不够理想？做好的网店如何让买家光顾，让买家的点击量转化为成交量，唯一的方法就是积极主动地推广营销，否则尽管产品质量好，价格便宜，店铺具有特色，但买家依然不会知道它的存在。有了目标，王芳心中豁然开朗，在张经理和同事陈晓玲、赵艳等帮助下，王芳很快学会了网上推广与营销技能，为迎接下周公司"双11"活动做好准备，且看王芳怎样完成这次学习任务。

项目七　熟悉电子商务岗位

任务分解

这次学习任务主要有两个方面：一是如何推广网店，让买家"知道我们"；二是如何做网店促销，让买家"上门"后"选择我们"，促使交易成功。

活动1　宣传推广网店

活动背景

一个成功的店铺是离不开推广和宣传的，作为一个新卖家更少不了要做一些推广和宣传，让目标客户知道你、找到你，通过宣传推广来提升公司店铺知名度并树立品牌。王芳认为，这就要看推广手段与方法了，通过张经理点拨，王芳知道如何做网店的宣传推广，让网店人尽皆知了。

知识探究

1. 利用淘宝店内站内资源推广网店

除了设置店铺名称、设计特色店标、优化宝贝标题关键字和宝贝描述等可以增强店铺的宣传推广效果之外，还可以利用淘宝本身店内站内资源推广，也会大大提高网店的销售量。

1）使用阿里旺旺免费推广

阿里旺旺是淘宝网为店主量身定做的商务沟通软件，同时也是一个好的推广工具，是卖家生意的好帮手，随时为你接收买家反馈，与买家洽谈推广。

（1）阿里旺旺签名助推广。阿里旺旺签名可以帮助推广，即使不在线，只要设置了个性签名，那么在添加为好友的对方联系人列表中就可以显示宣传标语，如"新品上市，敬请关注！""尾单甩卖，限时抢购！"，如图7.4.1所示。

（2）建立阿里旺旺群交流推广。当阿里旺旺达到一定等级时，就可以建立自己的群了。通过群和群友们聊天沟通，让大家慢慢地认识你，接受你，这样大家就会有兴趣去你的店铺和空间看看，无形中就增加了曝光率，如图7.4.2所示。

（3）旺遍天下随时随地推广。设置"阿里旺旺头像"可以更方便他人随时随地与你联系，买卖宝贝，广交朋友。可以在互联网上任何地方添加，让别人知道旺旺的在线状态，只要轻轻一点"和我联系"，买卖双方就可以沟通了，生意就来了，如图7.4.3所示。

2）交换友情链接提高曝光率

淘宝的店铺有一个非常宝贵的免费推广资源——友情链接，数量为35个，显示位置是在店铺左侧宝贝分类的下面，只要交换过友情链接的店铺，彼此都会出现在对方的店铺页面里。这样能很好地增加自己店铺的曝光率，提高自己的人气。比如卖衣服店铺，可以与饰品店做链接，如图7.4.4所示。

图 7.4.1 阿里旺旺签名

图 7.4.2 启用阿里旺旺群

图 7.4.3 "和我联系"按钮,"旺遍天下"超链接

3) 相互收藏店铺增加人气

在淘宝店铺首页店标下面的"收藏"栏里可以了解买家收藏了哪些宝贝,说明这些宝贝是买家需要的。这样通过相互收藏店铺进行推广,增加人气。现在由于移动电商的发展,淘宝店铺还可以收藏到手机,如图 7.4.5 所示。

图 7.4.4 交换友情链接

图 7.4.5 收藏店铺

4）利用店铺留言进行宣传

店铺留言位于店铺的底部，它除了用于买家与卖家进行交流外，还可以用来发布信息、补充店铺介绍、写入店主联系方式、购买宝贝注意事项等。单击"管理店铺全部帖子"超链接，进入"留言管理"页面，如图 7.4.6 所示，在这个页面中可以对店铺留言进行管理，如发布留言、回复买家留言、删除留言（对店铺不利的留言要及时删除）等。如此通过店铺留言一问一答，无形中起到宣传店铺的作用，留言越多，表明店铺越受关注。

5）运用信用评价免费广告

网上商店会员在使用支付宝服务成功完成每一笔交易订单后，双方均有权对对方的交易情况做出相关评价。卖家可以针对订单中每件卖出的宝贝给买家"好评""中评"或"差评"，这些评价即为信用评价。卖家在"发表评论"的文本框中输入评论时，可以加上一些店铺的宣传广告语，从而达到免费宣传自己店铺的目的，如图 7.4.7 所示。

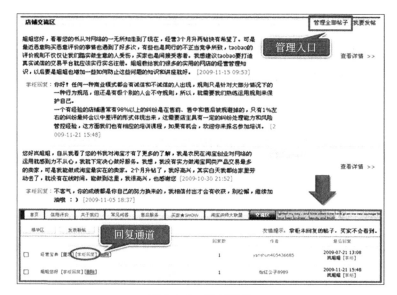

图 7.4.6　留言管理

图 7.4.7　信用评价

6）多用拍卖拉人气

一元拍卖或低价拍卖可以吸引不少买家。拍卖宝贝的出价次数和浏览量不仅意味着对此件宝贝关注的人多，而且整个店铺的关注率都上升了。访问量增加了，购买概率才会增加。图 7.4.8 所示为利用拍卖提高人气。

7）加入淘宝商盟宣传店铺

淘宝上的商盟就像现实中的各大商会一样，基本上每个区域都有自己的商盟，如图 7.4.9 所示。加入商盟能提升顾客对你的信任，起到宣传店铺提高知名度的作用。

8）在论坛免费推广

淘宝论坛是一个人气非常旺盛、活跃的网上社区，包括淘宝社区、淘江湖、帮派等，每天有大量的浏览量来自各个板块的新闻资讯、生活便利、娱乐八卦等，因此精明的卖家都不会轻易错过采用淘宝论坛这类推广方式。

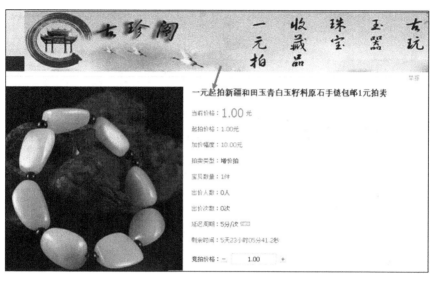

图 7.4.8　利用拍卖提高人气

图 7.4.9　淘宝商盟

在淘宝论坛中,精明的卖家多发帖回帖,多参加论坛活动,如图 7.4.10 所示,聚集自己的人气,吸引人的眼球,赢取百万流量,有效提升店铺浏览量。

9) 付费推广

除上述之外,淘宝网店还提供一些付费推广方式,如淘宝直通车、淘宝客、钻石展位、超级卖霸、加入消保等等。

做一做

在付费推广中,淘宝直通车推广是最直接能提升店铺流量的一种推广方法。

(1) 什么是直通车。直通车是淘宝为卖家量身定做的推广工具,当买家在淘宝或搜索工具上搜索产品时,你的宝贝将第一时间出现在他们眼前。同时也可以根据自己的实

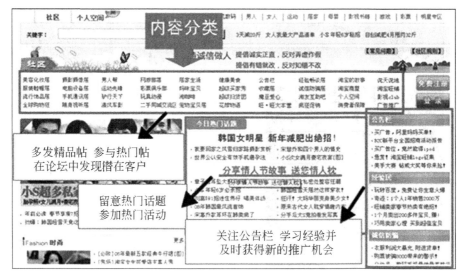

图 7.4.10　淘宝论坛推广

际情况报名直通车的相关活动(如淘宝首页热卖单品、时尚频道、女人频道等),设定一个适合自己的活动出价,如果被选中就有机会出现在淘宝首页及各大频道下方的热卖单品中。按获得的点击流量付费,卖家小投入就可获得巨大的流量,从而提高成交率。

(2) 加入淘宝直通车。在"我是卖家"页面中单击"我要推广"按钮即可。如图 7.4.11 所示。

图 7.4.11　加入直通车

(3) 推广新的宝贝。在"我的直通车"页面可以选择新的宝贝推广,如图 7.4.12 所示。

(4) 更多活动推荐机会。如在周末疯狂购、午间欢乐购、情人节等全站型活动中,单品推广位均为直通车会员所独享,如图 7.4.13 所示。

项目七　熟悉电子商务岗位

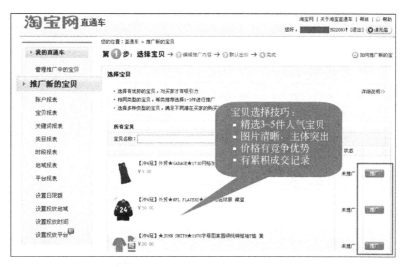

图 7.4.12　推广新的宝贝

图 7.4.13　直通车推广活动

2．运用淘宝店外网络资源推广网店

做网店推广除了可以在淘宝上进行免费或花钱的推广以外，还可以在淘宝店铺以外进行推广。如利用搜索引擎宣传、登录导航网站、利用即时聊天工具、电子邮件广告、BBS论坛宣传、投放广告、微博微信推广等。

1）利用搜索引擎宣传推广

全世界大部分互联网用户都是采用搜索引擎来查找信息，搜索引擎已经成为用户搜索目标最便捷的工具。这就意味着登录搜索引擎是互联网上最经济实用的网站推广形式。

（1）将网店提交到搜索引擎，如图 7.4.14 所示，这样在各个搜索引擎就能找到你的店铺了。

（2）优化搜索引擎与竞价排名。简单来说，就是通过修改和添加一些热门关键词来促使搜索引擎在检索信息的时候最先检索到你的店铺和商品，然后使你的排名更加靠前，

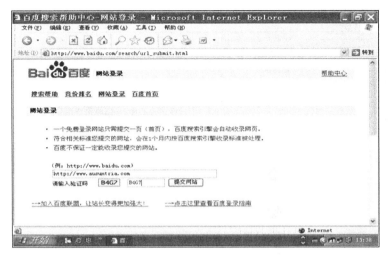

图 7.4.14　百度搜索引擎登录页面

得到更靠前的展示机会,从而达到推广网店的目的。

2)巧用百度引流(量)推广

百度是全球最大的中文搜索引擎,如果你的网店能在百度搜索中排名,那对店铺的浏览量提升会有很大的帮助。除了百度搜索引擎可以做推广之外,还有以下地方也可以。

(1)百度知道。可以在"百度知道"上回答别人的问题。在回答问题的时候,下面有一个参考资料的位置,在这里可以把自己店铺的链接写上去,如果你的问题答案被采纳为最佳答案,无疑会在无形中成倍增加你店铺的浏览量。如图 7.4.15 所示即为百度知道中的推广。

图 7.4.15　百度知道

(2)百度贴吧。百度贴吧里用户活跃量很大,流量也很大。卖家进入"百度贴吧",在发言中照样可以做些软广告。如图 7.4.16 所示即为百度贴吧中的推广。

(3)百度经验。百度经验是一个网上分享经验的平台,也是一个流量很大的地方。卖家发布一篇经验分享文章,或是自己分享别人文章跟帖留言时,可以在文章或留言结尾写上自己店铺的链接。在文章分享和被分享的同时,也为自己店铺做了广告。如图 7.4.17 所示即为百度经验中的推广。

图 7.4.16 百度贴吧

图 7.4.17 百度经验

3)利用导航网站链接推广

目前国内有大量的网址导航类站点,如 https://www.hao123.com/。在这些网址导航类站点上放上店铺链接,也能带来流量。图 7.4.18 所示即为将店铺登录在网址之家 hao123 上。

4)利用即时聊天工具推广

有互联网的地方就有 QQ。这是一个大家都用的即时聊天工具,利用得好是可以达到网站宣传和推广的效果的。

(1)利用 QQ 签名。在设置自己个性签名时,如图 7.4.19 所示,即可以添加自己店铺名称或广告信息,从而引起关注。

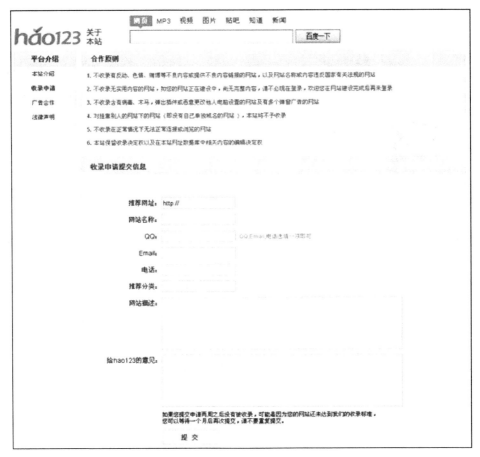

图 7.4.18　登录在网址之家网站

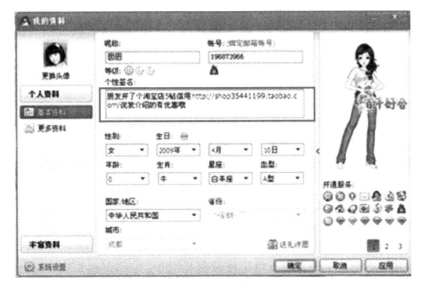

图 7.4.19　设置个性签名

（2）利用QQ空间。在自己QQ空间日志里添加店铺信息，通过日志互相转载被一传十、十传百地传播。也可去访问别人的QQ空间，通过"互踩"引导别人回访等。这样利用QQ空间提高流量，推广效果肯定不错，如图7.4.20所示。

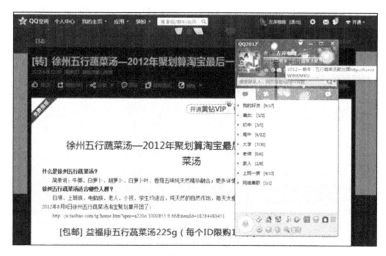

图7.4.20　利用QQ空间推广店铺

5）电子邮件推广

网民、淘友、粉丝们基本上都有自己的邮箱，如百度、雅虎、新浪、163、网易、QQ邮箱等。以电子邮件为主要的网站推广手段，常用的方法包括电子刊物、会员通讯、专业服务商的电子邮件广告等。考虑到陌生的广告邮件会引起人们的反感，所以可以在E-mail里加些精美的图片或有兴的话题，引导人们的参与热情。如推广介绍新产品；对于一些节日及优惠活动做宣传等。图7.4.21所示即为利用电子邮件推广店铺商品的示例。

图7.4.21　电子邮件推广店铺商品

6）博客推广

利用博客这种网络交互性平台发布专业性的优秀博文，并附带宣传店铺和商品。目前，百度空间、QQ空间、新浪、搜狐、网易等这些门户论坛都有自己的博客。

利用博客推广首先博文标题要醒目,内容要丰富。博客如果没有专业的内容充实,只会降低网店的品牌形象和影响。正确的做法应该是更多地提供经过精心编辑的时事热点娱乐,或是相关专业知识和经验体验等内容,并达到互动的目的,如图 7.4.22 所示。其次,在博文里避免生硬地做广告,最好是软文广告,如销售美食的淘宝店,在新浪发博客写关于美食做法之类的相关文章,加上自己的网店地址,这样就会不断吸引想了解相关信息的人来访问,不断扩大影响力,从而达到传播的效果。

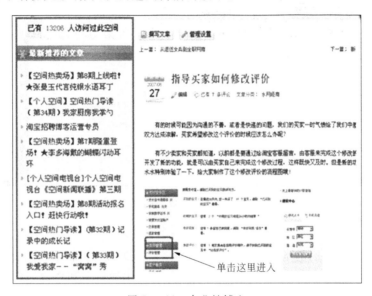

图 7.4.22 专业性博文

7) 微博推广

自新浪微博与淘宝在产品上合作开设出微博淘宝版以来,越来越多的淘宝经营者开始注重微博这个新媒体与听众(粉丝)的互动推广意义。微博提供卖家和广大买家零距离接触机会,真诚的沟通和关怀会让卖家赢得忠诚粉丝,在微博平台持续传播店铺商品及品牌。

发布微博要实名,用真实的图像,用好个人介绍和标签,那是做广告的好地方。在微博上发布广播内容要善用大众热门话题,吸引粉丝的永远是质量高、对粉丝有用的或者他们感兴趣的内容,而且最好是原创。另外要关注粉丝,与粉丝互动。这样创造更多曝光、口碑传播和销售的机会。微博有 140 个字的长度限制,包含标点符号。图 7.4.23 所示为微博推广。

8) 视频推广

上传一些与店铺产品相关的视频,在视频里加入自己店铺的地址,店铺的名称,然后把视频上传到土豆、优酷、Ku6 等视频网站。别人看见了,对你的宝贝感兴趣,会去看看你的店铺,无形中增加了你的店铺浏览量。

9) 间接网站推广

在互联网上有各种分类信息网站,为用户提供及时、方便、有用的关乎日常生活信息,如房产、人才招聘、二手交易、征婚交友等。在这类分类信息平台上也可以推广自己的网店。图 7.4.24 所示即为在站台网推广商品。

项目七　熟悉电子商务岗位

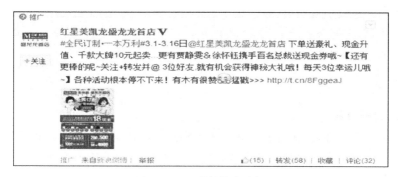

图 7.4.23　微博推广店铺

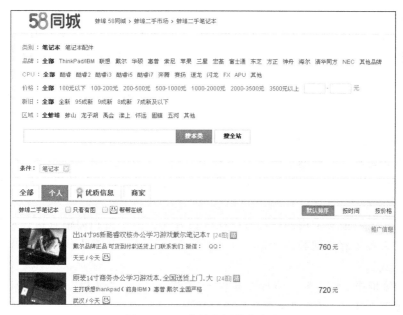

图 7.4.24　在站台网推广商品

活动小结

除了做广告，网店推广的方法很多。现在网上开店越来越多，竞争越来越激烈，王芳相信只要不坐等买家上门，积极主动运用一切淘宝站内站外资源，有计划地进行宣传推广活动，公司店铺浏览量、成交量就会慢慢地高起来，就会有越来越多的目标客户，公司知名度也会逐步提升起来。

活动 2　网店促销

活动背景

在熟悉了网店推广之后，张经理告诉王芳，在客户知道我们以后，接下来就是利用有

215

效的促销手段促使交易成功,让客户选择我们。"双11"即将临近,为了在激烈的市场竞争中创造佳绩,做大网络市场蛋糕,公司要不遗余力地做好一切促销活动准备。王芳感觉到任务的紧要,时间的紧迫,马不停蹄地投入工作。

知识探究

1. 网店营销分析

同传统的商店一样,网店也离不开各式各样的营销活动。做活动的电商很多,做成功的电商很少。营销不是说做活动越多效果越好。作为新手卖家,要做好网店营销,应该考虑清楚以下几个问题。

(1) 目标客户分析。分析目标买家,明确市场定位,才能将营销活动做到更具有吸引力,更准确有效。

(2) 根据目标客户制订营销方案。明确了目标客户后,接下来就是制订一套具有针对性的营销方案。在制订方案的过程中,应有效地整合一些有利于获得更好效果的营销策略和方法。

(3) 营销方案要有很强的执行能力。要按照方案积极地开展营销活动,学会在实际工作中总结经验,要学会灵活应变,才能不断地取得更好的营销效果。

2. 淘宝网店常见促销策略

网店促销是利用互联网展开的商品营销活动。由于网店不如实体店有销售员的导购,网店更偏向于"拉"的方式,所以促销策略作为打动消费者的利器显得尤为重要。

1) 折扣促销

折扣促销是目前最常用的一种阶段性促销方式。由于折扣促销直接让利与消费者,让买家非常直接地感受到实惠,因此,这种促销方式是比较立竿见影的。折扣促销主要有以下两种方式。

(1) 直接折扣。在重要的节日如春节、情人节、母亲节、"双11"、圣诞节等进行打折优惠活动。如图 7.4.25 所示即为商品打折促销。

图 7.4.25 商品打折促销

(2) 变相折扣。商家通过优惠券、红包、抵价券等形式销售,更加人性化,而且折扣不露痕迹。如图 7.4.26 所示即为抵价券形式折扣。

2) 免邮费促销

网络购物中间环节的邮费问题一直是买家关注的焦点之一,这会影响买家对于网购价格优惠的感知。卖家可以根据买家所购买商品的数量来相应地减免邮费,让顾客心理感觉实惠。图 7.4.27 所示即为免邮费的商品促销。

图 7.4.26　抵价券形式折扣

图 7.4.27　免邮费的商品促销

3）赠品促销

赠品是争取顾客购买商品,提升销售业绩的法宝。赠品促销应用效果的好坏关键在赠品的选择上,一个贴切得当的赠品会对产品销售起到积极的促进作用,而选择不适合的赠品只能是赔了夫人又折兵,你的成本上去了,利润减少了,但顾客却不领情。图7.4.28所示为购手机送手机贴膜保护壳等。选择赠品要注意以下几点。

（1）要保证质量,不要选择次品、劣质品作为赠品。

（2）选择顾客需要的赠品才会有吸引力。

（3）要有足够的价值,给顾客以超值的感受。

（4）要与商品有相关性,这样很容易提升顾客对商品的体验。

（5）准备多份赠品,满足不同的顾客需要。

图 7.4.28　购手机送手机贴膜保护壳等

4）积分促销

积分促销是商家为回馈老客户而采取的一种方法，先设定一定的积分，达到一定额度的消费即取得一定的积分，就可以赠送礼品、购物券或代金券或是参与抽奖等其他优惠活动。如图 7.4.29 所示即为网店商品积分促销。积分促销可以增加顾客访问网店和参加某项活动的次数；增加顾客对网店的忠诚度；提高活动的知名度等。

图 7.4.29　网店商品积分促销

为了给淘宝卖家提供可以自己设置积分促销的平台，2011 年淘宝网官方推出了"集分宝超值送"营销工具，以帮助卖家店铺迅速成长。如图 7.4.30 所示为积分换购。

项目七　熟悉电子商务岗位

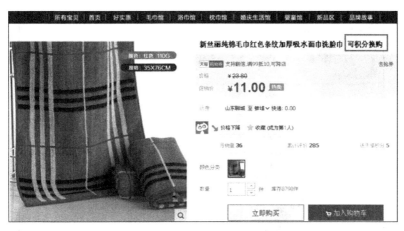

图 7.4.30　积分换购

淘　金　币

淘宝网最近推出淘金币虚拟积分。在淘金币平台上,买家能够兑换、竞拍到全网品牌折扣商品;也可以兑换、抽奖得到免费的商品或者现金红包,并可以进行线上线下商家的积分兑入。图 7.4.31 所示为淘金币积分促销。

图 7.4.31　淘金币积分

5) 会员制促销

为了争取更多的销售机会,通过会员制方式留住老顾客是最常见的方法。商家可以根据消费者在其店铺的交易笔数和交易金额建立分级会员制,如普通会员、高级会员、VIP 会员、至尊 VIP 会员等,如图 7.4.32 所示,不同级别会员可以享受不同折扣特权,并且可以优先获知店铺动态。这在一定程度上提供了消费者重复消费的驱动力,增强了顾客对网店的忠诚度。

6) 积极参与淘宝主办的常规促销活动

淘宝不定期会在不同板块组织不同的活动,参与活动的卖家会得到更多的推荐机会,

219

图 7.4.32　设置店铺会员制

这也是提升店铺人气和促进销售的好方法。所以卖家要经常到淘宝的首页、支付页面、公告栏等处关注淘宝举行的活动,并积极报名参加。

从"我的淘宝"→"我是卖家"→"活动报名"进入如图 7.4.33 所示的页面,这里有淘宝组织的所有活动,卖家可以根据店铺的具体情况选择适合参加的活动。

图 7.4.33　淘宝常规促销活动

活动小结

学习就有收获。此刻王芳明白了,决定网店成败的关键是流量和转化率,而这两个数据是由推广和营销来决定的,虽然推广可以带来大流量,但如果没有辅之有效的促销活动,流量只是无效流量。王芳相信,通过自己的学习实践,公司"双11"促销活动会达到理想的效果。

合作实训

【实训目标】

了解如何参与微博热门话题,利用参与话题来提高微博营销的曝光率。

【实训内容】

(1) 发布一条包含"网红"话题微博。

(2) 微博中必须包含"网红""技能""平台""成长""提升"五组词语。

(3) 添加至少一张相关图片(自己制作与网店微博营销相关的图片)。

(4) 微博中必须包含你店铺的网址(自己选择店铺类型,如女装店铺)。

(5) 对于一个人来说,外貌长得如何并不是那么的重要,内在最重要。如果有很大内涵,就算长得并不是倾国倾城,照样会有很强的吸引力,(例如马云)。对于微博营销来说,内容极其重要,这样才能吸引众多粉丝。

【完成任务】

(1) 全体同学以小组为单位,4人一组,教师说明实训内容,分配实训任务。

(2) 分组开始撰写微博,不得抄袭。

(3) 撰写完毕,小组内进行讨论交流,谈谈个人对微博营销的看法。

(4) 讨论交流结束,教师点评,说说如何利用热门话题进行微博营销。

(5) 将撰写好的微博写在 Word 中并提交。任务完成。

任务5 走进网店客服

情境设计

再过两天就是"双11"了,随着王芳及其团队对公司网上店铺推广营销活动的逐步开展推进,店铺访问量和成交量明显提升。眼下,一个店铺一人处理订单,王芳已感觉到应付不了每时每刻不断增长的交易量。她去找张经理汇报情况,张经理告诉她:随着网店规模的扩大,仅仅靠一个人来管理店铺售前售中售后工作是不可能的,网店客服人员开始承担起细分的工作。网店客服人员通过网络即时工具和电话,管理网店、接受顾客网上咨询、处理售后问题等。一个智慧的公司必须有专业的客服团队,必须培训好专业的客服人员才能将网店进一步做大。在张经理的建议下,王芳参加了公司专门组织的客服培训,在团队的指导和帮助下,很快学会了网上客服相关知识和技巧。

任务分解

在公司培训学习会上,王芳对所学的有关客服知识内容做了整理。做好客服主要是做好两个方面工作:一是重视客户服务,掌握买家心理,做好销售客服;二是处理好交易纠纷,维护好客户关系,做好售后客服。且看下面王芳所学的客户服务的具体内容。

活动1 做好销售客服,促成完美交易

活动背景

如今,随着网络购物的兴起,网店经营日益火爆,从而产生了一个全新的职业——网店客服。无论是新开的网店,还是网店已经经营得非常好,王芳认识到客服都是网店运营中一个非常重要的环节。客服工作直接决定网店的销售额及买家对网店的服务印象。

知识探究

1. 认识客户服务

网店客服的好坏直接关系到店铺的成交率和转化率。作为一名客服,其一言一行都代表着公司的形象,客服是买家拿来评论这个店铺的第一要素。

1)客户服务的重要作用和意义

(1)塑造公司形象。买家通过与客服的交流,可以逐步地了解商家的服务和态度,让商家在买家心目中逐步树立起店铺的良好形象。

(2)提高成交率。通过客服良好的引导与服务,买家可以更加顺利地完成订单。对于一个犹豫不决的买家,一个有着专业知识和良好销售技巧的客服,可以帮助买家选择合适的商品,促成买家的购买行为,从而提高成交率。

(3)提高买家回头率。当买家完成了一次良好的交易后,对卖家的服务、商品等有了切身的体会。当需要再次购买同样商品的时候,就会倾向于选择他所熟悉和了解的卖家,从而提高了买家再次购买概率。

(4)更好地服务买家。一个有着专业知识的良好沟通技巧的客服,可以给买家提供更多的购物建议,更完善地解答买家的疑问,更快速地对买家的售后问题给予反馈,从而更好地服务于买家。

2)客服人员应具备的知识和能力

(1)计算机网络知识。客服一般不需要太高深的计算机技能,但是需要对计算机有基本的认识,包括熟悉 Windows 系统;会使用 Word 和 Excel;会发送电子邮件;会管理电子文件;熟悉上网搜索和找到需要的资料。录入方式至少应该熟练掌握一种输入法,打字速度快,能够盲打输入。

(2)产品知识。客服应当对产品的种类、规格、材质、功能用途、使用方法、适用人群、注意事项等都有一定的了解,最好还应当了解同类其他商品其至行业的有关知识。比如化妆品有皮肤性质的问题,不同的皮肤性质在选择化妆品上会有很大的差别。

(3)网站交易规则。有的时候买家可能是第一次在网上交易,不知道该如何进行,这个时候除了要指点买家去查看网店的交易规则外,在一些细节上还需要一步步地指导买家如何操作。此外还要学会查看交易详情,了解如何付款、修改价格、关闭交易、申请退款等。如图7.5.1所示即为淘宝规则。

图7.5.1 淘宝规则

(4)付款知识。现在淘宝网上交易一般通过支付宝和银行付款方式交易。客服应该建议买家尽量采用支付宝等网关付款方式完成交易以确保买家支付的安全,同时提醒买家付款后及时通知。

(5)物流知识。要了解不同物流方式的价格、速度,各物流快递的网点情况,包裹的状态查询、问题件退回、代收货款、索赔的处理等。

(6)良好的沟通能力。不管是交易前还是交易后,在与买家沟通时,要注意讲话的技巧和艺术,良好的沟通是保证交易顺利的关键。同时,与买家保持良好的沟通还有可能将新买家吸收为回头客,成为自己的老买家。

2. 网店客服沟通的基本技巧

网购因为看不到实物,所以给人的感觉就比较虚幻,为了促成交易,客服必将扮演重要角色,因此客服沟通交谈技巧的运用对促成订单至关重要。

1)态度方面

(1)保持积极的态度,树立买家永远是对的理念。

(2)要有足够的耐心与热情。

(3)礼貌待客,多说谢谢。

(4)尊重买家,多听听买家的声音。

(5)坚守诚信,做个专业卖家。

2)语言方面

(1)使用礼貌有活力的沟通语言。沟通过程中其实最关键的不是你说的话,而是你如何说话。多采用礼貌的态度、谦和的语气就能顺利地与买家建立起良好的沟通。下面一起看看小细节的例子,来感受一下不同说法的效果。

"您"和"MM您"比较,前者正规客气,后者比较亲切。

"不行"和"真的不好意思哦";"嗯"和"好的没问题";都是前者生硬,后者比较有人情味。

(2) 学会真诚赞美你的买家。在网络交流中运用一些赞美的小技巧,让买家在购物过程中不仅可以买到自己中意的商品,也能让购物的心情更好,更重要的是让买家更加喜欢你的店铺,增加对店铺的印象,如果买家收到商品很满意,他最终会成为你最忠实的买家。

在网上看不到买方,也不知道对方长什么样的情况下,可以从哪几个方面赞美买家?

(3) 保持相同的谈话方式。对于不同的买家,应该尽量用和他们相同的谈话方式来交谈。如果对方是个年轻的妈妈给孩子选商品,则应该站在母亲的立场考虑孩子的需要,用比较成熟的语气来表述,这样更能得到买家的信赖。如果自己表现得更像个孩子,买家会对你的推荐表示怀疑。

(4) 常用规范用语。"请"是一个非常重要的礼貌用语。"欢迎光临""认识您很高兴""希望在这里能找到您满意的宝贝"。"您好""请问""麻烦""请稍等""不好意思""非常抱歉""多谢支持"……少用"我"字,多使用"您"或者"咱们"这样的字眼,让买家感觉卖家是在全心全意地为他(她)考虑问题。

(5) 尽量避免使用负面语言。这一点非常关键。买家服务语言中不应有负面语言。什么是负面语言?比如说,"我不能""我不会""我不愿意""我不可以"等,这些都叫负面语言。

譬如,当你说"我不能"的时候,买家的注意力就不会集中在你所能给予的事情上,他会集中在"为什么不能""凭什么不能"上。正确方法应该是"看看我们能够帮您做什么",这样就避开了跟买家说"不行""不可以"。

(6) 学会利用阿里旺旺自动回复功能。商家可以通过设置阿里旺旺自动回复功能提前把常用的句子保存起来,这样在忙乱的时候可以快速地回复买家。比如欢迎词、不讲价的解释、"请稍等"等,可以给客服节约大量的时间。如果暂时不在座位上,可以设置"自动回复",不至于让买家觉得自己好像没人搭理。也可以在自动回复中加上一些自己的话语,都能起到不错的效果。

通过旺旺的状态设置可以给店铺做宣传,比如在状态设置中写一些优惠措施、节假日提醒、推荐商品等。

3) 其他方面

(1) 坚持自己的原则。在销售过程中会经常遇到讨价还价的买家,这个时候应当坚持自己的原则。随便让步会给买家留下产品质量不好、经营管理不正规的感觉。

(2) 凡事留有余地。在与买家交流中,不要用"肯定,保证,绝对"等字样,比如化妆品,本身每个人的肤质就不同,不敢百分百保证你售出的产品在几天或一个月内一定能达到买家想象的效果。为了不要让买家失望,最好不要轻易说保证。多给买家一点真诚,也给自己留有一点余地。

(3) 认真倾听后再做判断和推荐。有的时候买家常常会用一个没头没尾的问题来开头,比如"我送朋友哪个好",或者"这个好不好。"此时可以不急着回复他的问题,而是先问问买家是什么情况,需要什么样的东西。如果他自己也不是很清楚,你就要帮他分析他的情况,然后站在他的角度帮他推荐。

(4) 表达不同意见时尊重对方立场。当买家表达不同的意见时,要力求体谅和理解买家,表现出"我理解您现在的心情,目前……"或者"我也是这么想的,不过……"来表达,这样买家能觉得你在体会他的想法,能够站在她的角度思考问题,同样,对方也会试图站在你的角度来考虑。

(5) 遇到问题时多检讨自己少责怪对方。遇到问题的时候,先想想自己有什么做得不到位的地方,诚恳地向买家检讨自己的不足,不要上来就指责买家,而是应该反省自己没有及时地提醒买家。

(6) 沟通要耐心、细致,留住买家。也许很多卖家都有这样的经历,买家问询了2个小时、3个小时甚至于一个下午,但是最后买家说"谢谢了,我再考虑一下"。遇到这种情况时也不要着急,更不要当场谩骂,此时可以对买家说"希望下次有机会合作"。买家这次不买了,也许有其他什么原因。但是他一定会记得客服的诚心,也许还会介绍朋友、邻居下次光临店铺。耐心、细致,服务好了,自然会有回头客的。

(7) 经常对买家表示感谢。当买家及时地完成付款,或者很痛快地达成交易,客服都应该衷心地对买家表示感谢,谢谢她这么配合工作,谢谢她节约了时间,谢谢她给了一个愉快的交易过程。

3. 做好销售客服,促成完美交易

商品发布到网上以后,买家通过各种渠道进入店铺,但是可能对自己想购买的商品在某种程度上抱有疑虑,希望通过直接咨询客服人员的方式来获取更细致和个性化的信息。那么作为客服人员如何在销售过程中做到热情、真诚细致的客户服务,以此打消买家顾虑达成交易呢?以下几个方面非常重要。

1) 开门热情迎客

热情迎客是一个客服的基本要求。所以当迎接买家时,轻轻的问候,真诚的微笑,是给买家良好的第一印象,是成功沟通的基础。对比一下,如图7.5.2所示是两个不同客服开门迎客的阿里旺旺记录,很明显,右图中的客服礼貌待客、热情感染,意味着交易成功了一半。

热情迎客要做到能挖掘买家的潜在需求,按买家咨询的产品方向进行推荐,哪怕买家问的商品没有,也要留住他多看其他产品,才有可能达成交易。

2) 耐心接待咨询

淘宝网店客服一般都是使用阿里旺旺接待买家咨询,因此学会使用阿里旺旺技巧很重要。

(1) 充分利用阿里旺旺的"快捷短语"和"自动回复"功能。当客服暂时离开或是同一时间要接待多位买家咨询的时候,为了节约宝贵的时间,可以把买家咨询的相同问题的答

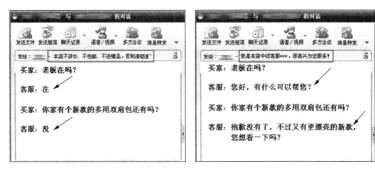

图 7.5.2　不同的客服,不同的开门迎客

案设置为快捷短语、自动回复,如图 7.5.3 所示。当采用自动回复的方式时,技巧方面要注意如何留住买家,告知优惠信息。比如有的网店提倡自助下单会有额外礼物,这样不需要太多咨询的买家就会直接下单购买。

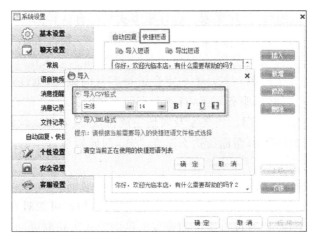

图 7.5.3　阿里旺旺"快捷短语"

（2）充分使用好阿里旺旺表情。在线沟通看不到表情,听不到声音,所以应该选择合适的,有正面积极意义的旺旺表情来为沟通增色。

3）积极推荐产品

通过前面接待咨询过程中的"问"和"察",在大体了解买家喜好、需求后,尤其当买家拿不定主意时,可以有针对性地进行产品推荐,客观地介绍产品。

（1）让买家听你说。在向买家推荐产品时,要站在买家角度介绍自己要推荐产品的优势,继而引发买家对宝贝的兴趣,并将宝贝按买家的兴趣方向推荐,这样更有可能促成交易,如图 7.5.4 所示。

（2）问出买家的心声。没有建立在沟通基础上的盲目推荐是低效的。对比图 7.5.5 所示的两种推荐方案,很明显右图客服在导购过程中,通过提问来巧妙地了解买家的信息,找出真正适合他的购物习惯和需要的宝贝,从而激发买家潜在需求,推荐的成功率才会更高。

项目七　熟悉电子商务岗位

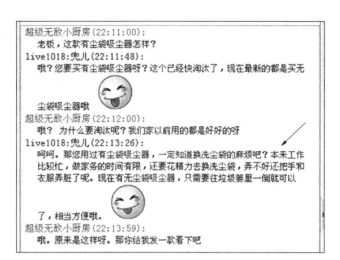

图 7.5.4　让买家听你说

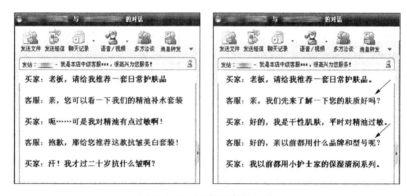

图 7.5.5　问出买家的心声

（3）不忘及时告知优惠活动。在客服导购过程中，在向买家推荐适合的产品时，不忘及时推荐买家参与店铺活动，通过活动引导非强意愿买家购买，以留住更多买家。

4）及时处理异议

在和买家沟通过程中，遇到问题和异议，作为一名成熟的客服人员，不慌张更不回避。要实事求是直面问题，要尊重顾客，站在顾客的立场，及时灵活地为其解答疑问，解决好异议，从而坦诚愉快地促成交易。如图 7.5.6 所示，客服面对买家针对价格的异议，不厌其烦地解释，并心理暗示买家与其实体店价格比较，从而巧妙地消除了顾客的疑虑。

在沟通过程中，买家一般会对商品的价格提出异议，进行讨价还价。事实告诉我们，讨价还价的过程可能直接影响乃至决定交易的成败。作为网店经营者和客服必须掌握哪些讨价还价的策略和技巧呢？

5) 掌握买家心理，促成交易

当消除顾客各种疑虑后，还要进一步掌握买家的消费心理，挖掘其消费需求，针对不同类型的买家，要以专业卖家的身份，针对性地进行沟通并激起他的购物欲望。有针对性地巧妙地向买家推荐产品，从而得到更多的订单。如针对求实心理需求的买家，在产品描述沟通中要突出产品实惠耐用等字眼。如图7.5.7所示，买家是真的嫌功能多吗？他所要的性价比高并不是指价格也高。很显然，客服错误的理解买家需求，推荐造成了反作用。

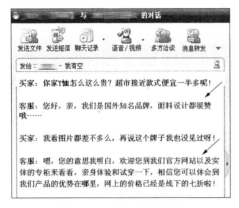

图 7.5.6　处理价格异议

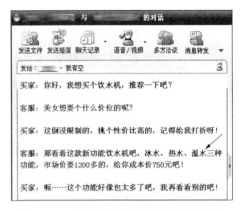

图 7.5.7　错误理解买家心理需求的推荐

6) 确认订单

交易成功后，确认订单也是很重要的步骤，尤其是买家所购商品和收货地址的确认，如图7.5.8所示。因为这样能减少差错率。但这一环节又是客服常忽略的，很多问题和后来的售后纠纷就是由于没有确认订单而导致的。确认订单可以通过旺旺确认，也可以通过邮件方式确认。

在与顾客核实购物清单与收货地址时，如果顾客需要修改地址，要及时标注在备忘录里。如果买家有特殊要求的时候（如要求指定周末快递送达），只要能办到的情况下，也应该积极帮助，让买家感受到真诚细致的服务会使他以后再次光顾。

7) 礼貌告别，下单发货

礼貌告别、下单发货，不仅是一次沟通与成交的良好收尾，同时也是赢取下一次更多回头客的良好开端。做一次完美交易，维系老客户，发展潜在客户，这是每个网店客服工作努力的目标。

对于已成交的买家，礼貌地告别，可以预祝合作愉快，请他耐心等待收货，如有问题可以随时联系，如此用语礼貌、关怀有加的告别会给买家留下好的印象，如图7.5.9所示。对于没有立即成交的买家，可以祝愿对方购物愉快，并诚恳地表达为他提供服务很高兴的心情，如有必要，可以加对方为旺旺好友（包括已成交的买家），以便将来进行客户管理和跟进。

最后进入下单发货的流程，把订单传到库房前要注意再次审单和确认。要认真按照系统程序操作，包括核对订单、添加备注、系统审单、最终下单，从而减少差错率。

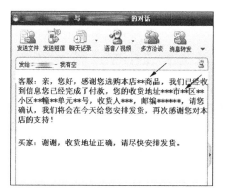

图 7.5.8 确认商品和收货地址

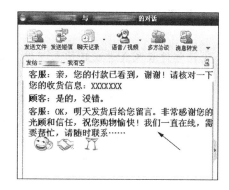

图 7.5.9 礼貌告别

活动小结

在网店售前、售中环节,通过客服人员主动、礼貌、热情、耐心、周到、细致、专业的沟通和服务,把客户潜在的需求变为现实需求,达到促成交易的目的。王芳认为,对于公司来说,无论是在店铺日常经营过程中,还是在促销活动过程中,做好服务尤为重要。这次培训学习,王芳收获颇多。

活动 2 做好售后客服,赢取更多回头客

活动背景

好的店铺是绝不会忽视售后服务环节的。好的售后服务会带给买家非常好的购物体验,可以有效地沟通与买家的感情,获得买家宝贵的意见,能使这些买家成为忠实客户,赢取更多回头客。明天"双 11"全民疯狂购,公司经理叮嘱王芳,做好售后服务,扩大店铺影响,提升公司知名度和美誉度。

知识探究

1. 如何做好网店售后服务

售后服务是整个交易过程的重点之一。售后客服是一项长期的、注重细节的工作,直接决定网店的品牌形象及卖家对网店的服务印象。很多店家都清楚,维护好 1 个老客户比新开发 10 个新客户都重要,那么如何才能做好售后服务呢?

1) 树立售后服务观念

做好售后服务首先要树立"客户是上帝""真诚为客户服务"的观念。通过服务与客户建立感情,增进了解,增强信任。有了感情和信任,买家会把他们认为很好的卖家推荐给更多的朋友。

2) 交易结束及时联系

商品成交后卖家应主动和买家联系,避免成交的买家由于没有及时联系而流失掉。可以发送自己制作的成交邮件模版或者旺旺信息和买家及时联系。

友情提示

设计邮件模版或者旺旺信息可以参考以下例子。

您好：

感谢您购买了本店铺的商品，希望您能够喜欢，如果有任何问题可以和我联系：旺旺××××××或×××@×××.com（卖家邮箱），本店铺收取×××邮费或免费包邮。如无特别需求，本店将会在款到第×天以普通邮寄方式邮寄物品。

您成交的这笔物品的费用为：×××元（含邮费）。

工行信息：××××××××××××。

如您已经汇款完毕，请发送邮件告知我们您的详细信息，我们会款到马上发货。

最后谢谢您购买小店的物品，期待您的下次惠顾！

店家：××××　　日期：××××/××/××

3）买家款到详细记录

网上购物的买家来自五湖四海，使用的汇款方式不尽相同，汇款的时间也会有很大差异。对于卖家来讲，一定要及时记录下买家关于汇款的相关内容，包括汇款到达的时间、买家汇入的银行、汇入的金额等。当遇到买家出价不买的情况，卖家可以发送一封自己撰写的提醒邮件给买家，这能起到一定的效果。

4）商品包装、发货及物流跟踪

买家付款后，要尽快包装好商品，安排好快递或物流公司发货，并及时通知买家，发货后要注意随时跟踪物流去向，如有意外要尽快查明原因，并向买家解释说明。

5）交易结束如实评价

交易结束要及时作评价，信用至关重要，不论买家还是卖家都很在意自己的信用度，及时在完成交易后做出评价会让其他买家看到自己信用度的变化。

如果买家没有及时地做出评价，可以友善地提醒买家给你做出如实的评价，因为这些评价将成为其他买家购买你店铺宝贝前重要的参考。

6）认真对待退换货

在商品包装发货之前要认真审查订单，不要发错货，也不要发出残次品。在遇到买家要求退换货时，先不要去追究谁的责任，此时客服说话语气要温和，先让买家的不安情绪稳定下来。之后再详细记录下买家要求退换货的原因，分析问题出在哪里，责任方是谁。并让买家对产品进行拍照后发电子图片。经协商后要对退货产品进行备案并注明退货原因。处理好买家的退换货问题，有可能这个买家以后会成为忠实客户。

7）平和心态处理买家投诉

任何卖家都不可能让买家100%满意，都有可能发生客户投诉。处理买家投诉是倾听他们的不满，不断纠正卖家自己的失误、维护卖家信誉的补救方法。处理得当不但可以增进和巩固与顾客的关系，甚至还可以留住顾客，促进销售的增长。当然不同的投诉问题卖家处理也不尽相同。

项目七 熟悉电子商务岗位

8) 维护好客户关系，发展潜在的忠实买家

交易结束后也不能就此冷落买家，对买家不闻不问。可以适时地发出一些优惠或新品到货的信息，以吸引回头客；每逢节假日用短信或旺旺发一些问候用语，会增进彼此的感情，从而使其成为忠实的买家。

2. 如何避免可能出现的交易纠纷

在交易过程中，由于交易双方因商品、物流、服务等各种原因，都会不可避免地出现各种各样的交易纠纷。那么作为卖家应如何防患于未然，尽可能地避免交易纠纷呢？

1) 严把商品质量关

商品质量问题是网上交易纠纷产生的最主要原因。因此，任何时候网上交易商品质量都不能打折扣。这要求卖家在进货时一定要把好关，宁愿进货价格高点也要选质量好的。在发货时再检查一下商品，哪怕一点瑕疵都不能放过，保证发给买家的是一件非常完美的高质量的商品。

2) 商品描述要与实际相符

卖家在描述商品时应实事求是客观地描述，包括商品品质、规格、价格、使用方法、售后服务等方面的文字和图片描述，都不能误导买家，这样尽可能地减少交易纠纷的出现。

3) 成交后再次核对确认有关信息

买家下单付款后要再次对买家所购商品和收货地址等信息进行核对确认，以避免发错货或发错地址的情况。

4) 发货前仔细检查

卖家发货前一定要检查商品和包装的完整性，这样做可以减少买卖双方在商品质量和包装方面的纠纷。假如自己已经检查了，不但可以避免出现这样的问题，而且一旦有居心叵测的不良买家找茬，自己心里也有底气应对。

5) 发货后及时告知买家

发货后使用阿里旺旺或电子邮件及时告知买家快递单号，以及大概到货的时间，方便买家收货。提醒买家收货时要当着快递人员的面先检查后签收，有问题马上和卖家联系解决。

6) 有纠纷要心平气和地及时处理

一旦出现纠纷，卖家一定要态度礼貌，及时回复，并先道歉安抚买家的情绪，要心态平和地与买家沟通，阐述自己对这件事情的想法及解决方案，及时采取有效的补救措施，在这一过程中要避免和买家发生争执，不要嫌麻烦，也许通过沟通和一些细节的补救就能"和平"地解决双方的误会和纠纷。

7) 熟悉网上交易规则

尽管网上大部分买家都是友好的，但是难免会有一小部分买家或者卖家利用种种手段搞网上欺骗行为。作为卖家应该积极学习网上交易各项规则，学会使用法律武器来维护自己的合法权益。

当交易出现纠纷，不要回避，采取积极认真的态度去处理问题不仅能有效地化解纠纷，而且还可能获得买家的赞誉。特别注意的是，加入消费者保障计划的卖家更需要重视这一点，如果没有很好地处理交易纠纷，淘宝网可能会使用冻结的保证金对买家进行先行

赔付。

（1）任何一家店铺在销售服务过程中难免会出现顾客投诉现象，因此处理顾客投诉是店铺经营管理过程中客服工作的一项重要内容。那么，作为一名客服应如何应对顾客投诉？

（2）网店经营如何保持网店的好评率非常重要也很关键。因为顾客来到店铺，首先看到的就是店铺的信誉，如果信誉低了，可能就走了。那么，作为一名客服应如何对待和处理顾客中差评？

3. 如何维护好客户关系，赢取更多回头客

网店经营中维护客户关系是非常重要的，一门生意的好坏主要取决于新客户的消费和老客户的重复消费。不管是否已经成为客户，都应该重视他，让顾客感受到愉快的消费、满意的服务。这样才能留住老顾客，才会有回头客。

1）做好营销服务

商家应当重视客户，树立"以客户为中心"的经营服务理念，做好质量营销，强化与顾客的日常沟通，建立与客户的良好关系，留住老客户，发展潜在的新客户。

2）建立客户档案

建立客户档案，将来可以随时查询顾客的消费记录和会员折扣，可以从他们的购物清单和购物频率上分析顾客的消费习惯以及消费心理，以便及时跟进各种促销宣传，或者是设计推出顾客感兴趣的优惠活动。

可以使用诸如"网店管家"一类的专业网店管理软件来建立客户档案，如图7.5.10所示；也可以自行设计一个Excel表格来录入客户资料，需要列明的项目主要有交易日期、顾客ID、真实姓名、电子邮箱、联系电话、收货地址、购买商品、成交金额、购物赠品、会员级别等。

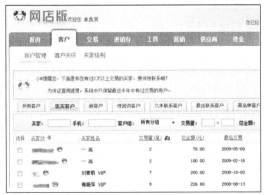

图7.5.10 网店管家

3）有效管理维护客户

可以利用淘宝网的钱掌柜软件来设置买家级别。顾客根据不同的交易金额和交易笔数,享受相应的会员优惠折扣,在交易金额和交易笔数里,只要顾客满足其中一条,就能享受对应的优惠折扣,如图7.5.11所示,这也是培养老顾客和增加店铺吸引力的有效方法。

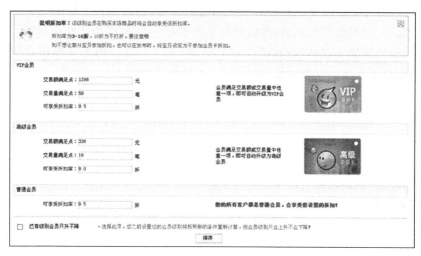

图 7.5.11　客户管理维护

4)要及时客户回访

定期对客户进行回访,如图7.5.12所示,通过提供超出客户期望的服务来提高客户对商家或产品的美誉度和忠诚度,从而创造出新的销售机会。回访中可以巧妙地推出促销活动通知,从而抓住客户,创造出更好的销售业绩。

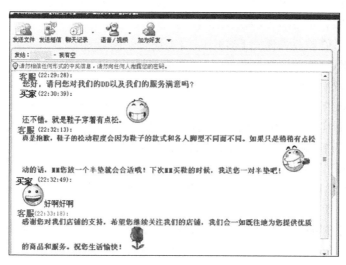

图 7.5.12　客户回访

5)记得时时客户关怀

在重大节日、顾客生日等时点向他们传达问候和祝福,通过这些售后关怀使商品和企业的服务行为增值,借助老客户的口碑提升新的销售增长,也是客户开发有效的方式之一。

活动小结

网店售后服务是最能体现商家对客户利益的关心,也最能树立店铺人情味良好务服的窗口形象。王芳对此很有感触,沟通服务从心开始是商家成功经营的基础。在公司领导和同事的指导帮助下,短短数月的学习和行动,王芳对自己的专业知识进行了再次充电,业务技能日臻成熟。明天就是"双11"了,王芳充满期待……

合作实训

【实训目标】

优秀的客服需要从各方面进行规范加强。其中对客服用语的规范使用,可以增加顾客对店铺的好感,从而转化为订单。

【实训内容】

客服是店家的门面,是与顾客交流的窗口。一个好的客服知道什么该说什么不该说。下面是10种常见的客服场景,同学们根据这些场景模拟出相应的对话内容。

(1) 欢迎语(顾客如沐春风)。

(2) 回复(顾客询问是否有货)。

(3) 对话(顾客求推荐)。

(4) 议价的对话(顾客说价格高了)。

(5) 支付的对话(顾客初次网购,不懂支付操作)。

(6) 物流对话(顾客担心包装是否完好、快递速度太慢、发错货)。

(7) 提问(顾客其他问题,如质量保证吗,有赠品吗)。

(8) 售后对话(关心关怀一下客户)。

(9) 评价对话(期望顾客好评,假如顾客给差评了)。

(10) 运费说明(顾客要求免邮费)。

以上客服场景对话内容要结合本项目中美姿公司的实际情况:美姿电子商务服务有限公司是一家主营女装的电商企业,目前公司拥有淘宝、天猫、京东3大平台上10家店铺,日访问量上万次,月销售订单近2万件,销售额500万元。

【完成任务】

(1) 全体同学以小组为单位,4人一组,教师说明实训内容,分配实训任务。

(2) 分组模拟客服场景,现场记录模拟客服对话内容。

(3) 将各组客服场景对话内容组织成条理清晰的文字,写在Word中。

(4) 组内讨论交流,谈谈客服与买家沟通要注意哪些技巧。

(5) 讨论交流结束,教师点评,提出相关合理化的建议。任务完成。

项目总结

本项目以电子商务专业毕业生王芳求职工作的情景案例引入,讨论了"90后"毕业生怎样关注社会人才需求、成功求职,如何对接电子商务岗位、完成各项工作。

本项目有5项任务,分别重点介绍了目前社会电子商务人才需求状况,以及如何关注网上招聘顺利就业;就职上岗后,应掌握的商品拍摄、图片美化、网店装修、店铺宝贝编辑优化、网店宣传推广与营销,以及客户服务等基本工作技能和技巧。通过学习,锻炼个人职场工作能力,积累宝贵的实践经验,为在电商行业就业创业奠定坚实的基础。通过本项目学习,告诉大家一个基本道理:付出终有回报,技能确实重要。

项目检测

一、单选题

1. 在商品标题中"数码相机"和"大码服装"都属于(　　)关键词。
   A. 品牌　　　　B. 属性　　　　C. 促销　　　　D. 评价

2. 在宝贝描述时,添加图片可以(　　),也可以单击文本框上方的"图片插入"工具进行图片插入。
   A. 直接添加图片代码到文本框中　　B. 直接将图片复制粘贴在文本框中
   C. 直接截图到文本框中　　　　　　D. 直接将图片拖入文本框中

3. 淘宝提供给卖家具有特色功能的展示/推荐宝贝的位置之一是(　　)。
   A. 店铺推荐　　B. 阿里旺旺推荐　　C. 橱窗推荐　　D. 商盟推荐

4. 经常更新文章吸引读者,培养粉丝,扩大潜在顾客群体,这是(　　)推广方式。
   A. 博客　　　　B. 友情链接　　C. 淘客　　　　D. 电子邮件

5. 淘宝的每一家店铺有(　　)个友情链接位。
   A. 10　　　　　B. 25　　　　　C. 35　　　　　D. 不限

6. 为了不影响店铺动态评分,在客户服务过程中应重视服务态度,尽可能避免(　　)。
   A. 交易纠纷　　B. 退货　　　　C. 退款　　　　D. 换货

7. 作为一名客服人员,有顾客问:"我身高163cm,体重49kg,这件T恤哪个尺码合适我呢?"最佳的回复是(　　)。
   A. 亲,个人建议S的,如果您不放心可以具体看下详细的尺码表
   B. 亲,您好瘦啊,穿什么码的都合适
   C. 亲,个人觉得你还是自己选择吧,因为您最了解自己的身材
   D. 亲,您的身材很不错,这件T恤您穿S尺码会合适一些,小码比较显身材。但如果您平时喜好宽松一些可以选择M尺码

8. 修改图片时保持图片比例需要按(　　)键。
   A. Shift　　　　B. Ctrl　　　　C. Alt　　　　D. Tab

二、多选题

1. 以下可能导致宝贝上架失败原因的是(　　)。
   A. 宝贝图片存在盗链　　　　　B. 宝贝属性没填
   C. 宝贝品牌没填　　　　　　　D. 与其他宝贝上架时间重复

2. 下列淘宝商品标题涉及违规的有(　　)。
   A. 裸珠打造 极致成色 10.11 顶级淡水珍珠项链 可媲美高档 AKOYA
   B. 正品 牛皮 包 时尚 保罗 鳄鱼 金利来 梦特娇 七匹狼包 SJGQ19053
   C. 韩版 T恤 衬衫 连衣裙/满3件包邮 手钩花显瘦 V领 毛衣小外套/901

D.【7年实体经验 正品行货 联保发票】诺基亚 N78 另售港行 欧版

3. 图片拍好之后发现有色差,可以通过(　　)做调整。

　　A. 曲线　　　　B. 对比度　　　　C. 色阶　　　　D. 钢笔工具

4. 网店装修一般包括(　　)。

　　A. 店标　　　　B. 宝贝分类　　　C. 公告栏　　　D. 宝贝描述

5. 关于宝贝发布技巧,说法正确的有(　　)。

　　A. 最好将宝贝同时发布

　　B. 上架商品距离结束的时间越近,在商品默认搜索中排名越靠前

　　C. 将橱窗推荐位用在即将下架的商品上

　　D. 商品选择在黄金时段内上架

6. 以下属于客户服务禁语的是(　　)。

　　A. 我不能　　　B. 对不起　　　　C. 我不会做　　　D. 但是

三、判断题

1. 在淘宝的店铺装修中,无法加入背景音乐。(　　)

2. 微博有 140 个字的长度限制,包含标点符号。(　　)

3. 在淘宝网论坛上发帖或者站内短信必须遵守良好社会公德和国家法律法规的规定。(　　)

4. 论坛营销很简单,每天多灌水多回答问题多发些产品知识性帖子就可以产生销售。(　　)

5. 在网上交易成功后,买家收到货物,卖家收到货款,交易就此结束。(　　)

四、简答题

1. 如何让网店宝贝标题设置更吸引人?

2. 当你在淘宝网上注册建立一个新网店后可以采用哪些方法推广店铺?

3. 作为一名客服人员,与客户沟通有哪些技巧?

五、实训题

又一年"双11"将至,一场全民购物狂欢即将开始。节日未动,营销需先行。营销的过程中必然离不开活动。在"双11"即将来临之前,请同学们为自己最喜欢的淘宝店铺在微博上策划两场不同类型的活动(前提是这家淘宝店是有微博的)。为"双11"预热的同时增加店铺流量。

利用微博营销的特点和技巧,在微博上策划促销活动。

电子商务实践

 项目综述

互联网＋时代，电子商务技术日新月异，电子商务得到迅猛发展。电子商务专业的几位学生打算在校期间自主创业，希望从实际操作来获得更直接的体验。在征得学校同意和老师的支持后，这些学生一拍即合，组建了一支校园电商创业团队，团队取名"青苹果"，意为年轻无畏，恣意拼搏，期待收获。

学校位于大学城内，学生群体集中，对生活用品有一定的需求；学校毗邻当地电商城，具有丰富的货源和方便的物流。考虑到地理位置、市场需求、创业起步、淘宝平台的低门槛和操作便捷性等多种因素，青苹果创业团队打算先从日常生活百货入手，先在淘宝网开设店铺，等积累一定经验后，壮大团队，再创建团队的独立网站。微信提供公众平台、朋友圈、消息推送等功能，团队成员决定深入挖掘微信移动营销的功能，搭建一个微信公众号，提升团队及网店的知名度，从而扩大市场占有率，让同学们可以在创业过程中有所收获。

团队成员优势互补，彼此信任、互相欣赏、分工协作、实现共赢。中文水平较高的美佳同学负责文案策划，玩转各种计算机语言的涛涛同学担任平台管理维护员，活泼好动的小爱同学充当客服销售，平面设计大神彤彤做起了美工工作，而善于统筹规划的郑生负责平台运营。物流外包，货品从当地商业城挑选、批发。

 项目目标

通过本项目的学习，应达到的具体目标如下。

知识目标

(1) 掌握淘宝网开店流程；

(2) 了解建立独立网站的方案设计；

(3) 知悉以微信公众号为代表的移动电子商务新模式。

技能目标

(1) 熟悉网店买卖流程步骤；

(2) 熟悉独立网站的设计流程；

(3) 掌握独立网站的创意设计；

(4) 具备独立创建和管理微信公众号的能力；

(5) 掌握微信公众号图文编辑技巧；

(6) 培养电商创业和就业关键能力。

情感目标

（1）激发学生创业和创新热情；

（2）培养学生团队协作意识。

项目任务

任务1　个人电子商务实践

任务2　企业电子商务实践

任务3　移动电子商务实践

任务1　个人电子商务实践

情境设计

网上购物和个人网上开店创业已经成为年轻一代的生活主流，同时也为很多年轻人提供了更为便捷的创业平台。青苹果团队每个成员通过网购为工作室添置了一些必需品，都体验了一番网上购物的乐趣，同时让每个成员都开一个属于自己的个人网店。

任务分解

活动1　我要买——网上购物

活动2　我要卖——开网店与运营推广

活动1　我要买——网上购物

活动背景

淘宝网（网址：https://www.taobao.com），目前拥有近5亿的注册用户数，每天有超过6000万的固定访客，同时每天在线商品数已经超过了8亿件，平均每分钟售出4.8万件商品。青苹果创业工作室刚刚设立，成员们清点了工作室内的物料设备：计算机6台、办公桌6张、办公椅5张、打印机1台、单反相机2台、摄影棚1套等，但还有一些办公用品需采购，团队成员分工后便在主流购物平台淘宝网上面采购。

任务分解

青苹果团队负责人郑生清点了一下办公室的物资和设备，发现工作室还需采购一张办公椅（美佳来采购），打印机需要的A4纸（郑生来采购），同时也想给工作室的每个成员的桌面上放置一盆小盆栽（涛涛来采购），让工作室成员在一个温馨、充满生气的环境中办公。

活动实施

涛涛从未在淘宝网上购物，下面就以涛涛的采购过程展示一下网上购物过程！

步骤1：注册淘宝会员。

只有成为淘宝网的正式会员，才能享受该网站提供的各种服务，自由地在网站中进行购物，以及开设属于自己的网络店铺。

(1) 打开淘宝主页链接：http://www.taobao.com/。

(2) 在淘宝网3个大字的上方有"登录""免费注册"字样，请单击"免费注册"按钮。

(3) 填写用户名、密码、密码确认以及验证码，然后单击"确认"按钮。

(4) 下面进行账户验证。在图8.1.1所示的方框中输入手机号码并提交。

图 8.1.1　淘宝账号注册图 1

(5) 此时手机会收到6位数的验证码，在图8.1.2所示的方框中输入验证码并提交。

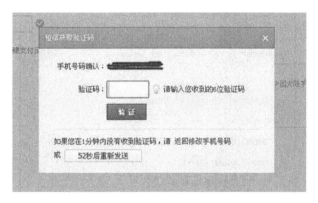

图 8.1.2　淘宝账号注册图 2

(6) 这样涛涛的淘宝账号就申请成功了。

步骤2：寻找适合的网店和商品并与卖家交流。

(1) 按分类搜索商品。

(2) 使用淘宝网搜索引擎，如图8.1.3所示。

图 8.1.3　商品搜索

（3）有很多细分供人们选择，根据自己的需要点击相应的分类就可以了。

步骤3：确认要购买的商品，如图8.1.4所示。

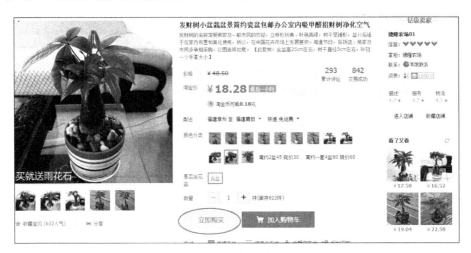

图8.1.4　商品详情图

步骤4：填写收货信息，如图8.1.5所示。

图8.1.5　收货地址

步骤5：为购买的产品付款，如图8.1.6所示。

步骤6：等待送货上门。

步骤7：为产品评价。

收到货后，大家纷纷拿出盆栽布置办公室桌面，工作室一下子变得春意盎然。没想到从网络上也可以买到充满生机的商品，网络购物给大家带来了极大的便利，在家里就可以轻轻松松地买到心仪的商品。大家在这次的购物过程中体会到了极大的乐趣。涛涛也给卖家一个大大的好评，如图8.1.7所示。

项目八　电子商务实践

图 8.1.6　付款页面

图 8.1.7　评价

■ **知识拓展**

如果在浏览目标商品的过程中发现有些店铺或商品比较中意,但又不马上购买,可以收藏这个店铺或商品。

1. 收藏店铺

很多人在淘宝购物的时候碰到自己喜欢的店铺时,就想把这家店铺收藏下来,但很多人对如何收藏淘宝店铺不是很了解,下面就来详细讲一下该如何收藏淘宝店铺。

收藏卖家店铺有两种方法。

(1) 可以单击任一宝贝页面右上方,单击"收藏本店铺"按钮收藏卖家的店,如图 8.1.8 所示。

(2) 也可以在店铺掌柜的信息中收藏店铺,如图 8.1.9 所示。

2. 收藏商品

收藏商品的操作与收藏店铺类似,不同之处在于必须是在商品的详细描述页面中进

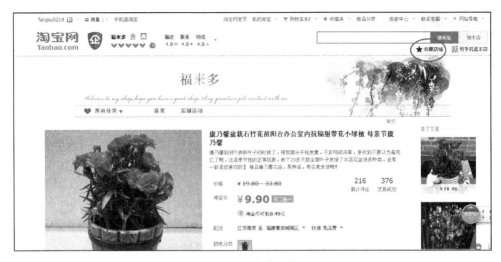

图 8.1.8　收藏店铺 1

图 8.1.9　收藏店铺 2

行收藏,而不能在店铺首页进行收藏。

(1) 登录淘宝,找到自己想收藏的宝贝。

(2) 单击宝贝图片,进入页面后,在宝贝的图片下面找到"收藏宝贝",单击"收藏宝贝"按钮。

(3) 然后在页面中选择商品分类,如果开始没有分类,可以选择新建立一个分类。

(4) 选择分类成功后会显示分类成功,这个时候宝贝就收藏到自己设置的分类当中了,如图 8.1.10 所示。

项目八　电子商务实践

图 8.1.10　收藏商品

（5）把光标移动到页面的"收藏夹"上面，在出现的菜单中选择"收藏的宝贝"。

（6）然后可在页面快速看到自己收藏的宝贝，单击进入就可以进入付款页面。

网上商品品类已经涵盖生活中的各个方面，大家看看淘宝网上有哪些是你们意想不到的商品吧。

活动小结

利用装饰工作室的机会，团队成员在网上体验了网购的乐趣，也进一步感受到电子商务给人们生活带来的便利。

活动2　我要卖——开网店与运营推广

活动背景

淘宝网作为现今最为主流的网购平台之一，经过不断发展，其竞争优势已经非常明显了，那么选择在淘宝网上创业开店要提前做哪些准备呢？

通过上一个活动青苹果团队成员在主流的电商平台淘宝网上申请了属于自己的个人账号，现在大家就用这个账号来直接开通网店，并运营起来吧！

活动实施

步骤1：支付宝实名认证。

在淘宝网上当买家很容易，只要成为淘宝会员就可以了，但是如果想在网上当卖家，就必须先通过支付宝个人认证，取得淘宝网上开业的执照——支付宝个人认证图标。操

243

作方法就是在成功注册了淘宝账号之后进行实名认证。具体做法为登录账号,进入淘宝后台,在网页右边找到"实名认证"。

步骤2:免费开店。

支付宝实名认证后,进入淘宝账号后台找到"卖家中心",单击"免费开店"按钮,如图8.1.11所示。

图 8.1.11　开店认证

单击"立即认证"按钮,如图 8.1.12 所示。

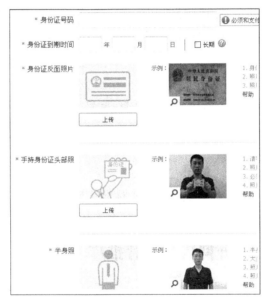

图 8.1.12　开店身份认证

根据网页提示输入相关信息并提交照片(事先需要准备),填写好了之后单击"提交审核"按钮,等待淘宝的审核。

审核通过之后(审核时间一般是3~4天),依次单击"卖家中心"→"免费开店"→"创建店铺",然后就可以开店了。

 **知识窗**

在淘宝上开店还有一些要点是大家要了解的,下面通过3个测试大家来进一步掌握淘宝开店的知识。

(1) 一个淘宝会员能在淘宝开几家店?
   A. 三家
   B. 一家
   C. 两家
   D. 没限制
(2) 下面哪种情况下,淘宝有权收回会员名?
   A. 已通过支付宝实名认证的且连续三年未登录淘宝网或阿里旺旺的会员名
   B. 已通过支付宝实名认证的且连续两年未登录淘宝网或阿里旺旺的会员名
   C. 未通过支付宝实名认证且连续一年未登录淘宝网或阿里旺旺的会员名
   D. 已通过支付宝实名认证且连续一年未登录淘宝网或阿里旺旺的会员名
(3) 淘宝会员名、淘宝店铺名或域名中可以包含什么信息?
   A. 涉嫌侵犯他人权利的信息
   B. 卖家本人已通过工商注册的实体店名
   C. 干扰淘宝网运营秩序等相关信息
   D. 违反国家法律法规的信息

步骤3:上传宝贝。

要上传宝贝,首先要准备好商品的图片,包括商品的主图,详情图等,然后进入卖家中心后台宝贝管理中的"发布宝贝"。商品发布后,进入宝贝管理中的"出售中的商品",对商品进行上下架管理。具体内容可参考项目七任务3中的活动2"商品发布与推荐"。

宝贝发布环节经常是很多新手卖家忽略的,以为随便编辑下就可以了。其实,如果宝贝发布处理得不好,会对以后的营销推广产生很大的影响。上传过程中要注意的内容有以下几点。

(1) 类目和属性填写对商品发布非常重要,很多买家会通过类目搜索导购来找到自己喜欢的商品,如果店铺产品出现在不合适的类目中,会导致买家找不到产品。所以淘宝对于类目、属性和宝贝不匹配的情况会予以降权、扣分处理。

(2) 宝贝的发布时间。买家搜索的时候宝贝的排列顺序是按下架时间排列的,时间越少,宝贝越靠前。因此,发布时要选择以7天为周期,并且每天都要有宝贝发布。还有一天中淘宝人上线的时间是有规律的,一般中午和晚上较集中,因此这两个时间是首选。所以,不同时间段上架的宝贝要合理地安排好。

(3) 宝贝照片的处理。在淘宝开店,能让客户直观地了解产品的方法就是照片。因此如何拍好照片,让照片更诱人一直是广大卖家在努力做的,但产品照片是为了让买家直观地了解产品而不是吸引眼球,因此照片一定要客观真实。

步骤4:装修设置店铺。

装修店铺前也要准备好装修店铺所需的图片、LOGO等。进入卖家中心后台店铺管理中的"店铺装修"对商品进行装修。具体内容可参考项目七任务2中的活动2"网店装修与美化"。

步骤5:推广网店。

网店开好之后不能坐等客户上门,而是要推广网店,吸引流量,让更多的消费者进入网店选购商品。推广网店的方法有很多,可以通过宝贝标题优化、直通车推广、钻石展位、搜索引擎优化、活动报名、交换链接、论坛推广、视频推广、竞价推广等方式推广网店。

青苹果创业工作室结合地区优势,在网络上销售自主品牌运动鞋,充分利用团队成员的优势合作,在淘宝网上开店并推广。经过一段时间的努力,他们的网店由刚开始的无人问津,到后来平均每天有 100 人次的流量,再后来每天有 10 双左右的销量。大家干得热火朝天,干劲十足,同学们在创业的过程中不仅获得了锻炼,也体会到团队合作的重要性。

知识拓展

近几年,电子商务发展速度惊人,目前有淘宝网 C 店 800 万个,淘宝网上每天都有人开店,但也有很多人没有好好运营网店,从而让网店变成僵尸店。可见运营一个网店需要不断地学习、更新,也需要团队的合作。那运营是什么?运营其实主要是要解决 3 个关键问题:流量、转化率、客户黏度。流量:把人带到店铺来;转化率:让进来的人买东西;客户黏度:让买过东西的人以后还经常来买。运营人员的主要工作目标就是这些,首先想办法把人带到店铺里来,然后让进来的人通过活动和所能给他的优惠让他留下来买东西,最后就是用户体验了,让用户感觉店里的东西物超所值,从而以后还会经常来购买。优秀的运营人员需要具备非常庞大的知识体系,如推广技巧,营销策划,交互设计,视觉设计,用户体验,数据分析,消费者行为心理学等,当然还要懂产品。

活动小结

青苹果创业团队成员在主流购物平台淘宝网上分别开设自己的网店,同时又利用团队的力量对网店进行装修、设置、优化。经过一段时间的经营都有了不同数量的订单,让团队在电子商务的创业道路上有了非常好的开端。

任务 2　企业电子商务实践

情境设计

青苹果创业团队积累到了一定的店铺管理经验后,打算建立独立的门户网站。由于经验不足,团队打算和专业的网站设计公司合作,提供思路和需求,参与到网站的设计过程中。公司主要经营生活日常用品,网站旨在宣传本公司经营理念(关怀,创造,卓越),充分展示本公司产品特性及使用效果,传达电子商务创造美好生活的信息,设计风格要求新颖、简洁、阳光、明快。

任务分解

根据此项目需求的实际情况,网站的目标是首先在做好公司基本信息宣传的同时,网站信息面向社会公众,开展网络互动形成一个网络宣传系统,有效利用信息资源,提高办事效率;其次通过网络建立企业独立的销售系统,开拓市场销售网络。信息组组长涛涛负

项目八 电子商务实践

责参与此次的网站设计。为此他和成员商量后确定最终网站方案,并且把 DW 软件更新到最新版本,下载收集最新素材来协助完成任务。

活动 1　参与规划企业网站
活动 2　参与策划企业电子商务应用方案

做一做

注意将需要的相关软件版本升级,使功能更全面。

活动 1　参与规划企业网站

活动背景

根据目前信息化建设项目需求的实际情况,网站的目标是首先在做好公司基本信息宣传的同时,网站信息面向社会公众,开展网络互动形成一个网络宣传系统,有效利用信息资源,提高办事效率;其次通过网络建立企业自身的销售系统,开拓市场销售网络。

知识探究

1. 建设网站目的及功能定位

网站 Internet 系统建设方案在以公司宣传为重点的基础上,突出系统的网络工作安全、广泛、多样、快速的特色,其主要作用如下。

(1) 通过网站展示的风采,传播企业文化,树立企业形象,提高企业知名度。

(2) 通过网站介绍企业的基本情况,使经销商和用户更多地知道企业的存在。

(3) 通过网站互动,经济而又快捷地与外界进行各种信息沟通。

(4) 通过网站可以寻求合资与合作。

(5) 通过网站拓宽目前的销售渠道模式,增加市场化运作。

2. 网站形象设计

网站作为一种媒体,首先要吸引人驻足观看。设计良好、美观、清晰、到位的网站整体结构和定位,要让访问者初次浏览即对网站"一见钟情",进而留下阅读细节内容的保证。色彩的感觉、模块的搭配、流畅的阅览流程、特色内容突出,把网站要表达的内容在第一时间传达给浏览者,这些都需要对网站 CI 有深刻了解的全局设计者分寸把握,从一开始就打好的网络形象基础。具体要求有以下几点。

(1) 网站 CI 设计、系统的页面风格。

(2) 标准的图标风格设计,统一的构图布局,统一的色调、对比度、色阶。

(3) 图片风格要有利于展示产品,给客户留下深刻印象。

(4) 导航/结构设计要排版合理,逻辑清晰。

(5) 提示信息、帮助文档文字表达要遵循开发原则。

247

 想一想

青苹果创业团队所做的网站最好选择哪些色调？

3. 网站的栏目板块

根据主营业务范围将网站页面上的主要栏目设定为首页、母婴、时尚、家居、养身保健、热卖商品，如图8.2.1所示。

图8.2.1　网站首页

活动小结

信息部成员和网站设计公司的同事们加班加点，改版又改版，最终确定了网站要走简洁明了风格，让浏览者更快地找到想要的信息。

项目八 电子商务实践

活动2 参与策划企业电子商务应用方案

活动背景

网站设计公司告诉青苹果创业团队,一套网站的投资可分为以下几个方面:硬件费用、软件费用和管理费用。硬件即任何网站都需要网站空间、域名、办理费用。软件即任何网站都包括开发过程,越多的内容、栏目、交互式操作就会用越长的开发周期,这是成正比的,特别是交互式操作方面,后期的测试也是一项费时费力的工作,而这样的网站也需要多个部门共同配合完成。管理网站的开发也非常重要,开发商和客户需要经常沟通、传递资料或实物。

知识探究

1. 建站

首先要申请域名(即公司门户的网址),现今域名都比较便宜,每年几十元到几百元不等。域名最好能简洁方便记忆,且与企业的名称或标识相统一。

在新的经济环境下,域名所具有的商业意义已远远大于其技术意义,而成为企业在新的科学技术条件下参与国际市场竞争的重要手段,它不仅代表了企业在网络上的独有的位置,也是企业的产品、服务范围、形象、商誉等的综合体现,是企业无形资产的一部分。同时,域名也是一种智力成果,它是有文字含义的商业性标记,与商标、商号类似,体现了相当的创造性。

公司可采用自建服务器架设门户网站,也可以租用虚拟主机(即服务器托管和服务器租用)。自建服务器需要采购联网设备并租用专线。服务器托管是指将属于企业或个人的服务器放置在服务商的网络机房环境中,进行网站部署或建立其他符合法律法规的互联网应用,并接受相关技术及网络支持服务。服务器租用是指企业或个人租用服务商放置在服务商网络机房中的服务器进行网站部署或建立其他符合法律法规的互联网应用,并接受相关技术及网络支持服务。

域名是唯一的吗?

2. 网站设计

在用计算机之前,用笔画一个网站的框架,显示出所有网页的相互关系。计划好你的用户如何以最少的时间浏览你的网站。使用 Dreamweaver、Photoshop 等工具制作,展示特定内容的相关网页集合。

做好网页间的内部链接。内部链接就是在同一网站域名下的内容页面之间的互相链接(自己网站的内容链接到自己网站的内部页面,也称为站内链接)。合理的网站内部链接构造能提高搜索引擎的收录与网站权重。你的网站里面可能有很多类的内容,请确定同类内容互相链接,而不同类内容千万不要互相链接。比如服饰类目的页面链接到生鲜产品页面。

3. 上传测试

可以使用 Dreamweaver 或 IE 浏览器及其他上传工具上传站点。测试内容主要包括以下几种。

（1）功能实现的测试。设计完成后，要根据用户的目标、管理方式、使用习惯等对网站的功能进行一一测试，检测所有功能是否都能实现。

（2）浏览器兼容性的测试。不同的用户可能使用不同的浏览器，不同的浏览器对网页的脚本语言的解释是存在某种差异的。因此，测试中必须让网页能在大多数浏览器中顺利显示，以保住页面内容及显示的一致性，满足大多数用户的需要。

（3）超链接的测试。可利用 Dreamweaver 提供的站点范围的链接检查，来检查网站是否存在断掉的链接或无效链接。

4. 推广宣传

任何一个想盈利的网站都无法回避付费推广服务，推广方面最主要的就是竞价排名。网站推广是建站之后最重要的环节！

5. 维护更新

对网站的内容更新频率进行分析，帮助网站寻找最适合的更新频率。更新越快的网站，用户黏度越高，网站价值发挥越大。

案例

京东商城网页用户体验分析

用户体验是指人们对于针对使用或期望使用的产品、系统或者服务的认知印象和回应，随着网络的普及，人们对网站界面的要求不再仅仅是外观的美化程度和信息的简单堆积，具有良好的人机交互性的网站逐渐成为网站设计的主流。

网站用户体验直接表现为网站的易用性，网站易用性是网站的品质属性，主要表现在易懂易学、高效、易记、出错率、满意度这5个方面，其思想核心是以用户为中心的网络营销思想的体现，具体表现在网站导航、内容、功能、服务以及可信性等网站建设方面。一个网站生存和运营的成功必然是以其具有良好的用户体验为前提的。

活动小结

联系当前团队的资金状况和发展规模，涛涛决定租用服务器来建立公司网站。

网站开发设计并经过严格测试之后即可上线发布；发布之后要提高网站的流量和知名度，这需要大力宣传推广如微信公众号推送、论坛发帖、知名网站互换链接等手段。

知识拓展

自建服务器与租用虚拟主机的优缺点如表 8.2.1 所示。

表 8.2.1　自建服务器与租用虚拟主机优势对比

优势对比 \ 类型	自建服务器	租用虚拟主机
提供服务的主体	企业自己准备硬件资源,自己安装服务软件并自行维护	网站服务器管理简单,诸如软件配置、防病毒、防攻击等安全措施都由专业服务商提供
平台建立持续时间	投入资金购置较好性能的服务器,需要一定时间的基础平台实施	几分钟时间开通,因为服务提供商已实现整个业务流程的电子商务化,选择适合自己需要的虚拟主机,在线付款后马上开通,方便快捷
灵活运用程度	根据实际情况配置服务器,安装适合企业运作的管理软件,更快地获得市场商机,加强与客户的沟通	某些虚拟主机网站访问速度过慢,这可能是由于主机提供商将一台主机出租给数量众多的网站,或者服务器配置等方面的原因所造成的,这种状况网站自己无法解决
适合企业类型	成熟的大中型企业,或只为了实现单纯的文件共享或访问量不大的 Web 需求的中小型企业均可采用	处于发展初期的小型企业,网站内容较少,功能简单,访问量不大,适用此类方式

网站用户体验应从以下几个方面进行分析。

1. 页面响应时间

对于一个网站而言最基本的是网站的空间服务器,其好坏直接关系到网站的用户体验,如果一个网站的进入时间超过几十秒,那么对于用户而言,除非这个网站的内容是用户必须看的,否则用户是不会有任何犹豫便直接退出浏览的。

在 Windows 7 系统下,用 IE 浏览器打开京东商城页面,需要 2~3 秒时间。京东商城是把页面框架、文字、图片一起加载完成,因此其整体页面的加载速度相对会略慢。

2. 页面整体布局与色彩

网站的整体风格是网站外观设计的指导思想,视觉元素、CSS、布局方式、浏览器兼容性等视觉都应与网站的整体风格相符合。其页面的设计风格应与网站目标客户的审美习惯相符合,并能对用户起到良好的引导作用。

京东商城的页面如图 8.2.2 所示,主要以红色为主,页面最顶部是用户购物常用的功能,如注册、登录、我的订单等。然后是网站正在进行的大型活动的横幅广告,如商城的促销活动等。京东商城的 LOGO 除了电子狗图标还展示了域名,位于左上角,突出了京东的品牌特色,确保了品牌的清晰展示。

页面的左侧是商品的分类列表,排列靠前的都是京东主营项目,如家用电器、手机通信产品等。位于页面顶部的是导航栏,包括了网站的一些主要功能,如服装城、美妆馆、超市等,引导用户进入所需信息所在页面。

在导航栏下面是搜索框和购物车,搜索栏下方显示了近期热门搜索的关键词,这样当用户所想搜索的物品是热门关键词时便无须手动输入,比较人性化。

3. 网站导航设计

网站的导航机制体现了网站的内容架构,其是否合理是评价网站易用性的重要指标

图 8.2.2　京东商城首页

之一。网站的导航一般包括全局导航、辅助导航和站点地图等，主要起到体现网站结构和引导用户的作用。

网站导航对于用户形成对网站的正确空间感和方向感起到重要作用，一个正确的网站导航能够让用户无论进入网站的哪一页，都能对自己所在的位置有个清楚的认识，因此网站导航应让用户易于理解和方便使用。

1) 全局导航

京东商城的全局导航如图 8.2.3 所示，可以看出其全局导航是以一致的外观出现在网站所有页面的通用导航中，其对用户的访问起到最基本的方向性指引，并且包含了搜索栏与购物车这两大元素，这样用户在京东商城任何页面都能对商品进行搜索和加入购物车操作。

图 8.2.3　京东商城全局导航

2) 分类导航

对于京东这类 B2C 商城而言，为了能满足用户的多种需求，让用户能够快速地找到自己所需的商品，分类导航是不可或缺的。由于每个 B2C 商城的商品不尽相同，所设置的商品分类也肯定会有所区别，但无论是怎样的商品分类导航，都必须做到分类清晰明了，而页面的点击数应控制在 3 次以内。

京东商城的商品分类导航如图 8.2.4 所示，商品是按照种类进行分类的，无须点击，将光标移到相应的项目上便会自动展开子项目，子项目则是详尽的类别细分。

点击进入后是类似于搜索结果的页面，用户可按照自己喜好对该页面的展示结果进

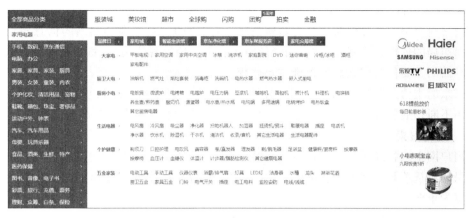

图 8.2.4　京东商城分类导航

行筛选、排序等操作。并且分类导航也会随之改变,显示为当前类别下的更为细致的划分,原来的导航自动折叠。并且在紧靠分类导航栏的上方显示出辅助导航条,以>来对层级进行分割,直观而又形象地从视觉上显示了浏览层次的递进关系,同时也能让用户对自己目前所在的位置一目了然,用户也可通过辅助导航依次返回上一页、首页,页面如图 8.2.5 所示。

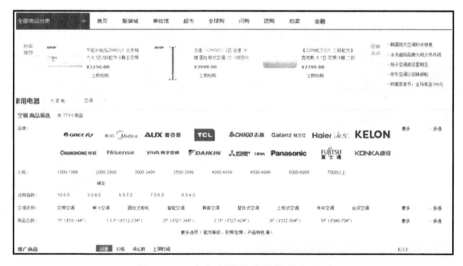

图 8.2.5　京东商城分类导航进入页面

4.浏览器兼容性

网站的浏览器兼容性问题是指因为不同的浏览器对同一段代码有不同的解析,造成页面显示效果不统一的情况。由于用户所用的浏览器不尽相同,因此要应尽可能地保证用户使用不同的浏览器也能看到同样的页面显示效果,从而优化用户客户端方面的体验,京东商城对四大主流浏览器 Safari、Chrome、IE、360 浏览器的兼容性都很好,页面显示和网站功能都能正常显示和使用。

5. 网站内容

网站内容架构与界面布局具有紧密的联系，用户的浏览习惯和网站的信息规划是网站界面布局的依据，合理的网站布局能够将内容有序地呈现给用户，将网站的重要信息放置于页面的重要位置使之能够得到重点体现。

京东的主营业务是3C产品，因此在网站的显眼位置放的商品几乎都是数码产品，并且近年不断拓展服饰、化妆品、食品等类目产品，总导航上也改为服饰等类目模块。

6. 站内搜索

用户网上购物经历越丰富，对站内搜索结果要求越高，这意味着电子商务网站站内搜索结果的质量关系到网上销售的效果，尤其对于有数年在线购买经历的网上购物老用户来说更为重要。

因此网站的站内搜索要做到以下几个方面。

（1）能帮助用户快速获取自己想要的产品资源，同时也对网站理解用户的意图有所帮助。

（2）在优化用户体验的同时，也能根据用户所输入的内容收集用户喜好。

（3）能根据用户的搜索结果对产品的冷热程度进行一个大致的估计，从而使产品结构得到优化。

从京东商城的站内搜索来看，当用户在搜索框内输入关键词后，搜索栏下方会出现相关热门关键词，用户可根据搜索提示进行更广的选择，网站也可借此对用户的消费进行一定程度的引导。当用户点击搜索之后，能够很快地显示出搜索结果，如图8.2.6所示。

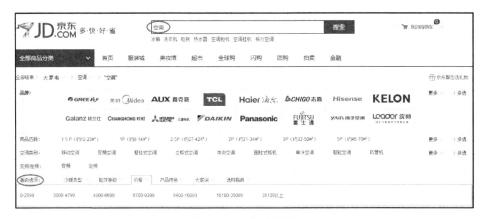

图 8.2.6　搜索结果

任务总结

传统企业借助互联网展示企业形象、发布产品信息、做好客户服务已经成为业界的共识，成为现代企业发展中不可或缺的步骤。互联网不仅仅是网站，更是一种高效高技术含量的管理方法和手段。企业通过互联网的应用引进管理技术和观念，丰富管理手段，倡导互动沟通和透明管理，提高企业管理效率和质量水平，企业通过互联网寻求产品的销售新渠道，寻求更多的商业机会。

合作实训

班级分组给电商创业团队的网站设计一个年中大促活动页面。

任务3　移动电子商务实践

情境设计

青苹果校园电商创业工作室创办以来,各部门群策群力,分工协作,商品销量日增。创业团队的成功,吸引了周边更多的同学加入创业团队中。于是,团队定下了一个更远大的目标:把工作室建成一个规模更大的电商创业孵化场所,吸纳更多的成员,拓展销售渠道,让更多的同学可以在创业过程中有所收获。3G时代全面到来,4G时代接踵而至,移动互联网深刻影响着人们的生活方式和消费行为,移动电子商务推动整个市场经济的飞跃。创业团队意识到移动互联网渠道推广将会是网络营销中不可或缺的重要一环。于是,他们开始关注移动电子商务几种常见的模式:移动O2O、基于社交软件的微店铺、微商等,深入了解它们各自的特点和优势,并且尝试在移动客户端进行购买商品、开设店铺等操作。

微信是亚洲地区最大用户群体的移动即时通信软件,微信提供公众平台、朋友圈、消息推送等功能,深入挖掘微信移动营销的功能可以抢占先机。经过研讨,创业团队决定着手搭建一个自己的微信公众号,将网店、商品及服务从PC互联网拓展到移动互联网,提升团队及网店的知名度,迅速扩大市场占有率。

任务分解

开启移动电子商务新时代,对团队工作提出新的要求,团队成员对工作做了进一步分工。平台管理维护员许涛同学负责创建微信公众号和日后的平台管理、软文推送等工作;善于统筹规划的郑生负责市场调研,准确策划文案话题;文案策划美佳同学负责公众平台上的软文写作;平面设计大神彤彤负责文案的美工和编辑工作。

活动1　创建微信公众号

活动背景

为了提高网店和商品的知名度,增加网店的流量和转化率,创业团队开始策划移动营销方案,他们先从目前移动互联网最新潮的社交工具——微信应用入手。通过系统学习有关微信应用理论知识和功能后,许涛同学马不停蹄地在微信公众平台官网上完成微信公众号的创建工作。

知识探究

1. 微信公众平台

微信公众平台简称 WeChat(如图 8.3.1 所示)。曾命名为"官号平台"和"媒体平台",最终定位为"公众平台",无疑让人们看到微信对后续更大的期望。和新浪微博早期从明星战略着手不同,微信此时已经有了亿级的用户,挖掘自己用户的价值,为这个新的平台增加更优质的内容,创造更好的黏性,形成一个不一样的生态循环,是平台发展初期更重要的方向。利用公众账号平台进行自媒体活动,简单来说就是进行一对多的媒体性行为活动,如商家通过申请公众微信服务号通过二次开发展示商家微官网、微会员、微推送、微支付、微活动、微报名、微分享、微名片等,已经形成了一种主流的线上线下微信互动营销方式。

图 8.3.1 微信公众平台 1

微信公众平台是腾讯公司在微信的基础上新增的功能模块,通过这一平台,政府、媒体、企业、组织和个人都可以打造一个微信的公众号,并实现和特定群体的文字、图片、语音及视频的全方位沟通与互动。通过微信公众平台这条渠道,商家可以将品牌推广给众多微信用户,从而减少宣传成本,提高品牌知名度,打造更具影响力的品牌形象。

想一想

在微信公众平台上有 3 种类型的账号:服务号、订阅号和企业号。这 3 种不同类型的账号功能有什么区别?如图 8.3.2 所示。

图 8.3.2 微信公众号分类

注意：

（1）个人申请只能申请订阅号。

（2）新注册的微信公众平台账号在注册时有一个选择类型让你选择订阅号或者服务号，这个一旦选择就不可以改变了，一定要确定好。

2．注册微信公众号——以个人申请为例

（1）登录 http://mp.weixin.qq.com/，或通过网上搜索"微信公众平台"官网进入微信公众平台界面，如图 8.3.3 所示。

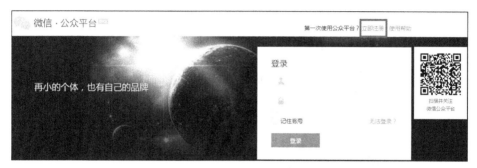

图 8.3.3　微信公众平台登录界面

单击右上角"立即注册"链接跳转到注册界面，填写 QQ 号、邮箱、密码等基本信息。

（2）邮箱激活。登录注册邮箱，单击邮箱里的验证链接激活公众平台账号。

（3）进入微信公众号"类型选择"页面。个人请选择"订阅号"并继续，如图 8.3.4 所示。

图 8.3.4　微信公众号类型选择

（4）进入"信息登记"页面，主题类型选择"个人"，然后填写主体类型、主体信息、身份证姓名、身份证号码和手机号码等用户信息，如图 8.3.5 所示。

（5）进入"公众号信息"设置页面，完成名称、功能介绍等信息填写，如图 8.3.6 所示。

信息提交成功，等待审核结果。审核期间不能群发信息，但可简单地建设自己的账号，如图 8.3.7 所示。

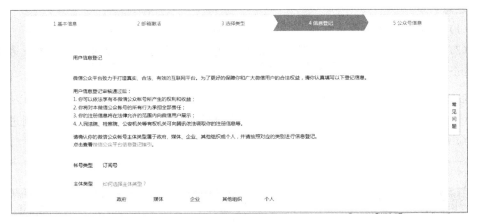

图 8.3.5　微信公众号信息登记页面

图 8.3.6　微信公众号信息设置页面

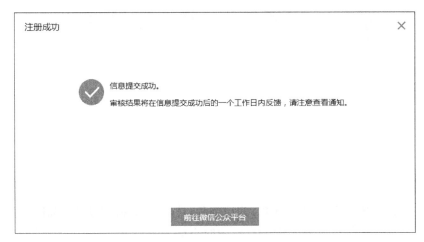

图 8.3.7　微信公众号信息提交成功页面

3. 公众号设置

前往微信公众平台，单击页面右上角的账号名称，或在左侧菜单中单击"设置"→"公众号设置"，进入"公众号设置"页面，如图 8.3.8 所示。

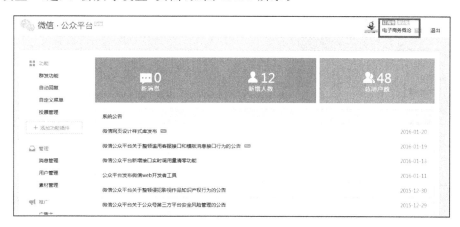

图 8.3.8　微信公众平台 2

在"账号详情"页面用户可以完成修改头像、下载二维码、设置微信号、修改公众号功能介绍、设置所在地址、修改登录邮箱等操作，如图 8.3.9 所示。

图 8.3.9　账号详情设置

在"功能设置"页面用户可以进行隐私设置、图片水印和 IS 接口安全域名设置，如图 8.3.10 所示。

4. 用户管理

单击左边菜单的"用户管理"，用户管理右边的是用户分类标签，除了系统默认的未分组、黑名单、星标组外，可以通过"新建标签"自定义添加自己的分组名称，分组用于把客户分门归类，方便管理维护。如果想修改用户标签，可以通过"打标签"进行修改。可以通过"修改备注"修改用户的昵称。还可以通过用户昵称直接定位找到需要的用户，并查看用户详细信息，如图 8.3.11 和图 8.3.12 所示。

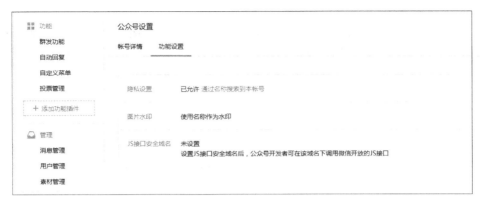

图 8.3.10 账号功能设置

图 8.3.11 用户管理页面

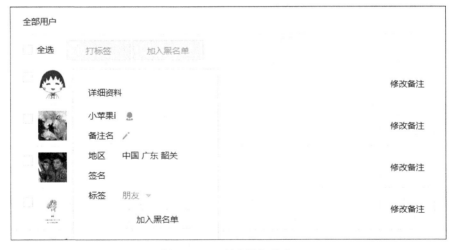

图 8.3.12 用户详细信息

项目八　电子商务实践

为什么进行用户分组管理,分组管理在精准推送信息时有何作用?

5. 自动回复

可以通过左边的"自动回复"菜单进行自定义设置"被添加自动回复"" 消息自动回复"" 关键字自动回复"。

被添加自动回复:在微信公众平台设置"被添加自动回复"后,粉丝在关注您的公众号时,会自动发送您事先设置的文字、图片、语音或视频给粉丝,如图 8.3.13 所示。

图 8.3.13　被添加自动回复页面

消息自动回复:在微信公众平台设置"消息自动回复"后,在粉丝给您发送微信消息时,会自动回复您事先设置的文字、图片、语音或视频给粉丝,如图 8.3.14 所示。

图 8.3.14　消息自动回复页面

关键词自动回复:在微信公众平台设置"关键词自动回复",可以通过添加规则,订阅用户发送的消息内如果有您设置的关键字,即可把您设置在此规则名中回复的内容自动发送给订阅用户,如图 8.3.15 所示。

图 8.3.15 关键词自动回复页面

 想一想

互联网思维下,粉丝思维是很重要的一环,如何让更多的粉丝关注您的微信公众号?

 做一做

同学互粉,并通过微博、微信、QQ、空间、论坛等各种免费途径,推广微信公众号,获得众多粉丝关注。

活动小结

通过努力,创业团队厘清了订阅号、服务号或企业号的功能区别,如期完成微信公众号的创建工作,通过各种途径增加粉丝的关注,并对粉丝进行精准分类,以便今后向粉丝精准推送网店、商品或服务信息,为形成线上线下微信互动营销奠定基础。

活动 2 管理微信公众号

活动背景

许涛已经完成微信公众号的创建和吸粉工作,与此同时创业团队的其他成员也完成了文案话题的策划、商品拍摄与处理、宣传视频的制作、软文写作与编辑等工作。那么,如何把精心策划的文案、图片、语音和视频等信息通过微信公众号推送给粉丝呢?

知识探究

如果在微信公众平台上推送的消息足够精彩,粉丝看到后会情不自禁地收藏,或直接转发给他(她)的好友,或通过 QQ、微信朋友圈、邮箱等途径分享出去,因此创业团队精心打造公众号上的素材和消息,以期达到理想的效果。

1. 素材管理

通过左边的"素材管理"菜单,可以上传和管理"图文消息""图片""语音"和"视频"等素材,供其他功能调用,如图 8.3.16 所示。

图 8.3.16　素材管理页面

(1) 图片。单击"图片"链接,进入图片管理页面(如图 8.3.17 所示),单击"本地上传"链接,选择上载文件,上传图片至素材库,也可通过"新建分组"增加图片分组。

图 8.3.17　图片素材管理页面

注意:上传的图片大小不超过 5MB,可以在图片上添加水印,水印可以使用微信号,也可以使用账号名称。

(2) 语音。单击上面的"语音"链接,进入新建语音页面,如图 8.3.18 所示。

图 8.3.18　语音素材管理

单击"新建语音"链接,进入新建语音素材管理页面。填写标题,选择分类,单击"上传"按钮,选择要上载的语音文件,并保存至素材库,如图 8.3.19 所示。

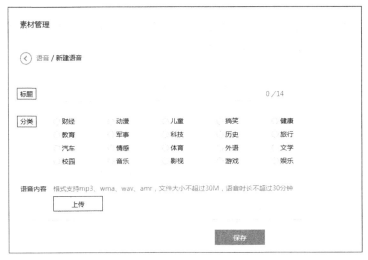

图 8.3.19　新建语音素材

注意:语音支持 MP3、WMA、WAV、AMR,文件大小不超过 30MB,语音时长不超过 30 分钟。

3. 视频

单击上面的"视频"链接,再单击"新建视频"按钮,如图 8.3.20 所示。

图 8.3.20　视频素材管理

进入添加视频页面,选择要上载的视频文件,选择视频分类,填写标题、标签、简介,阅读并同意《腾讯视频上传服务规则》,最后保存,如图 8.3.21 所示。

注意:

(1) 视频不能超过 20MB,支持大部分主流视频格式,超过 20MB 的视频可至腾讯视频上传后添加。

(2) 标签用 Enter 键分开,填写与视频内容相关的标签,视频会被合理地分类整理。

 友情提示

(1) 禁止发布的内容:不得上传未经授权的他人作品,以及色情、反动等违法视频。

(2) 视频大小限制:视频大小不超过 20MB。

(3) 视频格式:常见在线流媒体格式 MP4、FLV、F4V、WEBM;移动设备格式 M4V、

图 8.3.21　添加视频页面

MOV、RM 等；微软格式 WMV、AVI、ASF；MPEG 视频 MPG、MPEG、MPE、TS；DV 格式 DIV、DV、DIVX；其他格式 VOB、DAT、MKV、SWF、LAVF、CPK、DIAC、RAM、FLI、FLC、MOD；主流音频格式 MP3、AAC、AC3、WAV、M4A、OGG。

（4）视频时长：不支持时长小于 1 秒或大于 10 小时的视频文件，上传后不能成功转码。

（5）视频流程处理：①上传：将视频上传至服务器，需视频和文案资料完成才能完成上传；②转码：上传成功后服务器将视频转码成播放器可识别的格式；③审核：转码完成后视频进入内容审核阶段；④可用：只有审核通过的视频素材才可以被使用。

（4）图文信息。单击上面的"图文信息"链接，进入图文信息页面，可根据需要对已有的图文信息进行编辑或删除。也可通过单击"新建图文信息"按钮，开始新建图文信息，如图 8.3.22 所示。

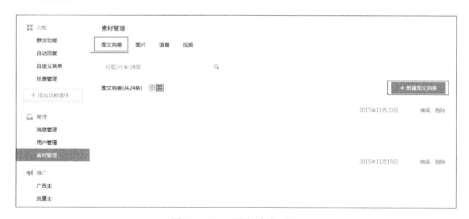

图 8.3.22　图文消息页面

进入新建图文信息页面,在相应处输入标题、作者和正文,根据需要调整正文格式。单击右边"图片""视频""音乐""音频"菜单,可以在正文中插入图片、视频、音乐和音频文件,如图 8.3.23 所示。图片、视频、音乐和音频可以在素材库里直接选择,也可以通过本地上传、新建。

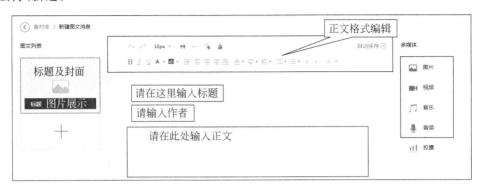

图 8.3.23　新建图文信息页面 1

记得上传封面和填写摘要,封面可以通过本地上传,也可以从图片库里直接选择。

图片信息填写完整后记得"保存"。群发之前请先单击"预览"按钮,然后单击"发送到手机预览"按钮,再输入微信号/QQ 号/手机号,用手机微信预览效果。如果确认完美无误,可以单击"保存并群发"按钮,向粉丝推送图文信息。

 友情提示

(1) 单图文信息:只有一条图文的信息。
(2) 多图文信息:允许拥有多条图文信息。

2. 群发功能

在微信公众平台发布消息,关注你的人都可以看到。打开微信的时候通常会收到公众账号发来的消息,这就是使用了公众平台的"群发功能"。可以"从素材库中选择"已经编写完整的消息"群发";也可"新建图文消息",根据需要完成标题、正文(文字、图片、语音、视频等内容)、封面图片、摘要等后"群发"。发送前可以筛选"群发对象""性别""群发地区",如图 8.3.24 所示。

 友情提示

(1) 微信公众平台群发消息的人数没有限制,只能群发给粉丝,不支持群发给非订阅用户。
(2) 订阅号(认证用户、非认证用户)在 1 天只能群发 1 条消息(每天 0 点更新,次数不会累加)。
(3) 上传至素材管理中的图片、语音可多次群发,没有有效期。
(4) 群发图文消息的标题上限为 64 字节。
(5) 语音限制:最大 5MB,最长 60 秒,支持 MP3、WMA、WAV、AMR 格式。
(6) 视频限制:最大 20MB,支持 RM、RMVB、WMV、AVI、MPG、MPEG、MP4 等格

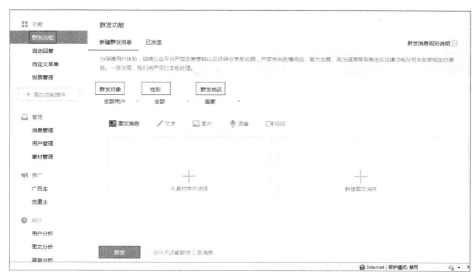

图 8.3.24　群发功能设置

式(上传视频后为了便于粉丝通过手机查看,系统会自动进行压缩)。

(7) 通过微信公众平台群发的图文消息内容(包括群发成功或群发后审核中的内容)可在"已发送"中删除。

(8) 微信公众平台严禁恶意营销以及诱导分享朋友圈,严禁发布色情低俗、暴力血腥、政治谣言等各类违反法律法规及相关政策规定的信息。

3. 编辑与排版

谈到微信公众号的运营,还是少不了推送的内容,而推送内容就涉及内容的阅读率和转化率这个问题,所以除了内容质量,公众号内容的编辑排版就显得尤为重要。很多微信公众平台编辑出来的内容都很漂亮,从排版编辑到背景图片的使用,都很在意细节。无疑,一篇好的内容再加一个赏心悦目、与众不同的排版,那确实增亮不少。

然而,微信公众号的内容编辑框很简单,没有多少编辑功能,那怎么办? 有没有微信内容编辑器可以辅助微信内容的编辑工作呢? 微信编辑哪家强?

现在给大家推荐几个微信发文编辑器:135 编辑器、小易微信编辑器、96 微信编辑器、天行编辑器、微信超级编辑器、易点微信编辑器、微信在线编辑器、秀米微信编辑助手、微信图文排版系统等。用这些编辑器排版出来的文章非常漂亮,使用也非常简单,大家可以学一下,很方便。在百度上直接搜索这些编辑器的中文名字就可以找到,注册后就可以使用。在编辑器中编辑好文章后,按 Ctrl＋A 组合键、Ctrl＋C 组合键,然后再到微信公众号正文编写的地方按 Ctrl＋V 组合键就可以了。

135 编辑器应该是使用率最高的一款微信编辑器(如图 8.3.25 所示),首先它操作简单,花样丰富,可以随意 DIY;其次,135 编辑器有很多强大的功能,之前流行的弹幕等新鲜花样 135 会适时更新,满足不同小编的需求,所以如果发现有新鲜的样式,可以第一时间来 135 试验。

一般每个编辑器都有它特有的几道样式,所以编辑的时候可以博采众长,搭配使用,编辑绝对不是什么技术活,纯粹是多做、多练、多看、多学习,才能编辑排版出理想效果的

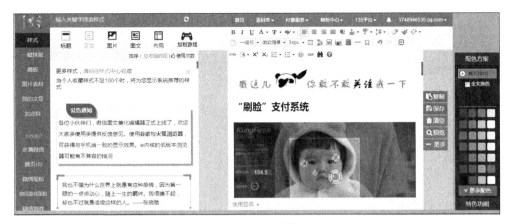

图 8.3.25　135 编辑器页面

软文,为自己的网店或要营销的商品进行推广宣传,提高商品的销售量。

4．软文推广

软文是相对于硬性广告而言,由企业的市场策划人员或广告公司的文案人员来负责撰写的"文字广告"。它是通过特定的概念诉求,以摆事实讲道理的方式使消费者走进企业设定的"思维圈",以强有力的针对性心理攻击迅速实现产品销售的文字模式。

软文之所以叫作软文,精妙之处就在于一个"软"字,好似绵里藏针,收而不露,克敌于无形。等到你发现这是一篇软文的时候,你已经冷不丁地掉入了被精心设计过的"软文广告"陷阱。一篇好的软文是双向的,它既向客户推送了他们想要的内容,又向客户温和地推荐了商品和服务,更像是分享而不是买卖。就好比你去菜市场买肉,遇到两家卖肉的同时向你吆喝,一家说话中肯好听,还跟你拉家常,另一家直接推销,像在逼迫你买一样。软文广告就和第一家一样,站在顾客的角度看问题,对等和你交流,不仅仅是买卖,还是交朋友的过程。

总之,软文就是以文字的形式对自己的网店或要营销的商品进行推广来促进商品的销售。在众多的网络营销推广方式中,软文以可读性强、流通性广、效果持久等特点广受商家追捧。

 做一做

利用 135 编辑器尝试编辑一篇图文并茂、色彩搭配协调、排版吸引眼球的软文,把它复制到你的微信公众平台,并预览。通过展示作品,各成员间互相欣赏学习,共同进步。

活动小结

在微信公众号的管理过程中,团队各成员学会了如何对图文消息、图片、语音和视频等素材进行上传和管理,也掌握了单图文信息和多图文信息的编辑与群发功能。但是大家发现公众号上的文章看起来内容还不够丰富,图文还不够完美,有待今后进一步学习、挖掘和完善。

合作实训

团队成员合作推送一条宣传网店和商品的多图文信息。郑生策划文案话题,美佳负责软文写作,刘彤负责图片拍摄与处理以及文案的美工,许涛负责图文信息的编辑和群发。

项目总结

通过该项目的实践,学生体验了淘宝网店开设与管理过程,了解建立独立网站的方案设计,并进行了以微信公众平台为代表的移动电子商务模式尝试,将网店、商品及服务从PC端拓展到移动端,迅速提升团队及网店的知名度,扩大市场占有率;通过该项目的实践,培养了学生创业和就业的关键能力,激发了学生创新创业的热情,增强了学生团队协作的意识。在互联网+、大众创业万众创新的背景下,电子商务人才需求缺口巨大,为了提高电子商务专业人才培养质量,必须为学生创造一个网实一体化的教学环境,实现教学内容与工作标准相一致。

项目检测

一、单选题

1. 第一次在网上购物的客户,需要在平台上进行( )。
   A. 登录　　　　B. 注册　　　　C. 付款　　　　D. 评价
2. 淘宝网为消费者和商家提供的即时聊天工具是( )。
   A. 诚信通　　　B. 支付宝　　　C. 阿里旺旺　　D. 淘宝助理
3. 在淘宝网上开店可以利用( )批量处理商品、订单等。
   A. 淘宝助理　　B. 阿里旺旺　　C. 支付宝　　　D. 直通车
4. 允许为主页的扩展名的是( )。
   A. dbf　　　　B. html　　　　C. doc　　　　D. jpg
5. ( )不是在"我的购物车"页面显示的内容。
   A. 用户名　　　B. 资金余额　　C. 积分　　　　D. 发票信息
6. Logo 是指( )。
   A. 网站标识　　B. 导航栏　　　C. 广告条　　　D. 首页
7. 下面不是微信公众平台所具备的功能的是( )。
   A. 群发功能　　B. 摇一摇　　　C. 消息管理　　D. 素材管理
8. 移动电子商务是利用( )进行的 B2B、B2C、C2C 或 O2O 的电子商务。
   A. 手机、PDA 及掌上电脑等无线终端　　B. 电视
   C. 计算机(PC)　　　　　　　　　　　D. 手机

二、多选题

1. 对于感兴趣的某一特定商品,暂时又没打算购买,可以( )。
   A. 收藏到购物车　B. 收藏商品　　C. 收藏店铺　　D. 收藏图片
2. 要在淘宝网上开网店需要进行( )。
   A. 淘宝开店认证　　　　　　　B. 个人支付宝绑定
   C. 个人支付宝认证　　　　　　D. 个人银行账户认证

3. 开设个人网店需要的资料有（　　）。
   A. 身份证　　　　　　　　　　　B. 开通网银的银行账户
   C. 户口本　　　　　　　　　　　D. 介绍信
4. 确定电子商务网站的主题应考虑的因素有（　　）。
   A. 所从事的业务　　　　　　　　B. 主题定位要专业
   C. 主题要新颖　　　　　　　　　D. 内容全面
5. 支持在电子商务网站上进行产品展示的主要方法有（　　）。
   A. 分类和搜索目录　　　　　　　B. 产品的搜索引擎
   C. 自动推荐　　　　　　　　　　D. 在网站上发布广告
6. 电子商务网站的实施制作阶段分为（　　）。
   A. 版面设计　　　　　　　　　　B. 编辑排版
   C. 撰写网站规划书　　　　　　　D. 代码整合
7. 移动电子商务的特点是（　　）。
   A. 方便　　　　　　　　　　　　B. 不受时空限制
   C. 潜在用户规模大　　　　　　　D. 迅速灵活
8. 微信公众账号的类型有（　　）。
   A. 订阅号　　　B. 服务号　　　C. 企业号　　　D. 公司号

三、简答题

1. 网上开店成为越来越多年轻人自主创业的主要渠道，请问网上开店有哪些步骤？
2. 以微信为代表的移动电商体现出粉丝经济的巨大力量，你有什么迅速添加微信好友的方法吗？
3. 什么是移动电子商务？举例说明移动电子商务和传统电子商务有什么区别？

四、实训题

1. "90后"作为互联网的原住民，也是电子商务主要的客户群，如果掌握了这一批人的网络浏览习惯，并利用这些习惯来推广网店，这样就能够在短时间内极大地提高网店的流量。请对"90后"做一次市场调查，了解他们的网上冲浪习惯。
2. 公司马上要参加淘宝"双12"活动，公司是卖小家电产品的，已经备好了充足的库存。现在筱优作为项目负责人要思考的是，围绕全平台促销活动有很多实力强大的同行一起参与，如何有效地让自己的产品脱颖而出？

参考答案

项目一

一、单选题
1. D   2. D   3. A

二、多选题
1. AD   2. ABD   3. ABCE

三、简答题
(略)

四、实训题
【法院判决】2009年2月中旬,法院审理后认为,双方之间的买卖合同依法成立,上海某贸易公司在收取周小姐购买唱片的货款后,未履行交付周小姐唱片的义务,其行为显属违约,因此周小姐的诉讼请求依法应予支持。法院判决解除双方所订立的买卖合同;上海某贸易公司返还周小姐所订购张杰唱片货款人民币13.35万元。

项目二

一、单选题
1. C   2. B   3. C   4. A   5. D

二、多选题
1. ABCE   2. ABDE   3. ABCDE   4. ABC   5. ABCD

三、判断题
1. ×   2. √   3. √   4. ×   5. ×

四、简答题
1. 这三者之间的关系应该是互联网包含因特网,因特网包含万维网。

(1) 凡是由能彼此通信的设备组成的网络就称作互联网,即使仅有两台机器(计算机、手机等),不论用何种技术使其彼此通信,都称作互联网。国际标准的互联网写法是internet,字母i一定要小写!

(2) 因特网是互联网中的一种,它可不是仅有两台机器组成的网络,而是由上千万台设备组成的网络(该网络具备一定规模)。因特网使用TCP/IP协议让不同的设备可以彼此通信。但使用TCP/IP协议的网络并不一定是因特网,一个局域网也可以使用TCP/IP协议。判断自己是否接入的是因特网,首先看自己的计算机是否安装了TCP/IP协议,其次看是否拥有公网地址(所谓公网地址就是所有私网地址以外的地址)。国际标准的因特网写法是Internet,字母I一定要大写!

(3) 因特网是基于TCP/IP协议实现的,TCP/IP协议由很多协议组成,不同类型的协议又被放在不同的层,其中,位于应用层的协议就有很多,比如 FTP、SMTP、HTTP。所以,因特网提供的服务一般包括 WWW(万维网)服务、电子邮件服务、远程登录服务(QQ)、文件传送服务、网络电话等。只要应用层使用的是 HTTP 协议,就称为万维网(World Wide Web)。之所以在浏览器里输入百度网址时能看见百度网提供的网页,就是因为个人浏览器和百度网的服务器之间使用的是 HTTP 协议在交流。

2. 常用的私有 IP 地址有:A 类(10.0.0.0~10.255.255.255)、B 类(172.16.0.0~172.31.255.255)、C 类(192.168.0.0~192.168.255.255)。

3. 电子商务安全技术中常用的安全技术有防火墙技术、密码技术、数字签名技术、CA 认证与数字证书等。

五、实训题

(略)

项目三

一、单选题

1. B   2. A   3. B   4. B   5. D

二、多选题

1. AB   2. AD   3. ABD   4. ABD   5. ABCD

三、判断题

1. ×   2. ×   3. ×   4. ×   5. √

四、简答题

1. 三种,B2B、B2C 和 C2C。

B2B(Business to Business)电子商务也称企业对企业的电子商务,或商家对商家的电子商务,是指企业与企业之间通过互联网进行产品、服务及信息交换的商务活动。

B2C(Business to Customer)电子商务也称企业对消费者的电子商务,指的是企业针对个人开展的电子商务活动的总称。它是以互联网为主要手段,由商家或企业通过网站向消费者提供商品和服务的一种商务模式。

C2C(Customer to Customer)电子商务也称个人对个人的电子商务,或消费者对消费者的电子商务,是指通过为买卖双方提供一个在线交易平台,使买卖双方可以在平台上独立展开以竞价、议价为主的在线交易模式。

2. B2B 优势如下。

(1) 买卖双方信息交流低廉、快捷。

(2) 降低企业间的交易成本。

(3) 减少企业的库存。

(4) 缩短企业生产周期。

(5) 24 小时/天无间断运作,增加了商机。

3. 适合网上销售商品的特征如下。

(1) 知识型商品。

(2) 受众(用户)范围较为宽泛,不特定的商品。

(3) 能被普遍接受的标准化商品。内部品种极为丰富的产品。

(4) 个性化需求明显,且需要与消费者互动的商品。

(5) 传统销售方式成本较高的产品。

五、实训题

(略)

项目四

一、单选题

1. B   2. C   3. D   4. B   5. A

二、多选题

1. ABC   2. ABC   3. BC   4. AC   5. ABCD

三、判断题

1. ×   2. ×   3. √   4. ×   5. ×

四、简答题

(略)

五、案例分析

(略)

项目五

一、单选题

1. A   2. D   3. A   4. D.   5. D

二、多选题

1. ABCDE   2. ABCD   3. ABC   4. ABD   5. BCD

三、判断题

1. √   2. ×   3. √   4. ×   5. ×

四、简答题

1. 电子商务物流的特点：①信息化；②自动化；③网络化；④智能化；⑤柔性化。

2. 第三方物流模式的特点有以下几种。

(1) 有利于企业实现资源优化配置。

(2) 第三方物流企业拥有发达的物流网络和针对不同物流市场的专业能力,包括运输、仓储和其他增值服务能力。

(3) 第三方物流企业拥有规模经济优势和成本优势。

(4) 第三方物流为电子商务企业提供了更大的灵活性。

(5) 能够提升企业形象。

3. 相比一维条形码、二维码,RFID电子标签是一种突破性的技术：①RFID系统可以识别单个的非常具体的物体,电子标签芯片包含全球唯一的电子编码信息,而不像条形码那样是识别一类物体；②采用无线电射频,可以透过外部材料读取数据,而条形码必须靠激光来读取信息；③可以同时对多个物体进行识读,而条形码只能一个一个地读；④储存的信息量也非常大。

五、实训题

（略）

项目六

一、单选题

1．B　　2．D　　3．B　　4．C　　5．C　　6．D　　7．A　　8．B　　9．A　　10．C

二、多选题

1．BCD　　2．ABC　　3．ABCD　　4．ABCD　　5．ACD　　6．ABCD　　7．ABD　　8．BC　　9．ACD　　10．ABCD

三、判断题

1．√　　2．√　　3．√　　4．√　　5．√　　6．√　　7．√　　8．√　　9．×　　10．×

四、简答题

1．是企业有意识或无意识地生成、制作、发布口碑题材，并借助一定的渠道和途径进行口碑传播，以满足顾客需求、实现商品交易、赢得顾客满意和忠诚、提高企业和品牌形象为目的，而开展的计划、组织、执行、控制的管理过程。

2．通过搜索引擎加注、搜索引擎排名、商务平台一站式发布、邮件广告发送、通用网址注册、论坛发帖、文本交换、友情链接、有偿网络广告、电子邮件杂志等方法。

3．用搜索引擎以最快的速度把自己的产品推销出去，内容包括最快搜索，产品注册，推广产品，售后反馈，电子商务的类型；企业与消费者之间的电子商务；企业与企业之间的电子商务；企业与政府之间的电子商务、消费者与政府之间的电子商务。

4．旗帜广告、文字链接广告、插入式广告、电子邮件广告、赞助广告、丰富媒体广告。

5．理性的消费行为主要表现为：①大范围地选择，比较；②理智的价格选择；③主动地表达对产品及服务的欲望。

五、实训题

1．评价网络营销效果可以从4个方面入手。

（1）网站设计评价，包括：①关于网站内容的优化设计方面；②关于网站功能方面的评价；③关于网站服务有效性方面的评价；④关于网站权威性与可信度方面的评价。

（2）网站推广评价，包括：①登记搜索引擎的数量和排名；②在其他网站的链接数量；③注册用户数量。

（3）网站流量评价，包括：①独立访问者数量；②页面浏览数量；③每个访问者的页面浏览数；④用户在网站的停留时间；⑤每个用户在网站的停留时间；⑥用户在每个页面的平均时间。

（4）其他网络营销活动的效果评价，如发行电子优惠券的反应率等。

2．网络社区的主要形式有以下几种。

（1）论坛（或BBS）：是虚拟网络社区的主要形式，大量的信息交流都是通过论坛（或BBS）完成的，会员通过张贴信息或者回复信息达到互相沟通的目的。

(2) 聊天室(Chat Room)：在线会员可以实时交流，对某些话题有共同兴趣的网友通常可以利用聊天室进行深入交流。

(3) 讨论组(Discussion Group)：如果一组成员需要对某些话题进行交流，通过基于电子邮件的讨论组会觉得非常方便，而且有利于形成大社区中的专业小组。

(4) 网络寻呼(QQ/OICQ)：现在上网的人中多数都有 QQ 或 OICQ 号，在线好友可以即时交流，也可离线留言，更有人喜欢用 QQ 群来交流，发送广告也非常方便。

3. 网络营销主要考虑的因素有以下几方面。

①对企业整体利益的影响；②网上企业竞争优势；③增强竞争调研的透明度；④寻找顾客；⑤市场开拓；⑥销售；⑦公共关系；⑧附属服务；⑨顾客服务；⑩网上广告；⑪降低产品支持费用；⑫增强品牌形象；⑬全面拓展业务。（从以上选6个方面进行论述即可）

项目七

一、单选题

1. B   2. B   3. C   4. A   5. C   6. A   7. D   8. A

二、多选题

1. ABC   2. ABCD   3. ABC   4. ABCD   5. BCD   6. ACD

三、判断题

1. ×   2. √   3. √   4. ×   5. ×

四、简答题

（略）

五、实训题

（略）

项目八

一、单选题

1. B   2. C   3. A   4. B   5. B   6. A   7. B   8. A

二、多选题

1. ABC   2. ABC   3. AB   4. ABC   5. ABC   6. ABC   7. ABCD

8. ABC

三、简答题

（略）

四、实训题

（略）

参 考 文 献

[1] 刘春青.网络营销实务[M].北京:外语教学与研究出版社,2015.
[2] 单兴华.全国电子商务人才专业化从业认证考试初级教程[M].北京:中国人民大学出版社,2014.
[3] 白东蕊.电子商务基础[M].北京:中国邮电出版社,2015.
[4] 许研,张炜,刘爱琴.电子商务概论[M].北京:经济科学出版社,2014.
[5] 刘磊,梁娟娟.电子商务物流[M].2版.北京:电子工业出版社,2014.
[6] 喻跃梅.电子商务概论[M].2版.北京:电子工业出版社,2014.
[7] 方玲玉,李念.电子商务基础与应用——"学用做"一体化教程[M].3版.北京:电子工业出版社,2015.
[8] 王蓓,付蕾.电子商务物流管理实务[M].北京:北京交通大学出版社,2014.
[9] 谢希仁.计算机网络[M].5版.北京:电子工业出版社,2006.
[10] 王丽芳.电子商务安全技术[M].北京:电子工业出版社,2015.
[11] 中国互联网信息中心.第38次中国互联网络发展状况统计报告[R].2016.